최고의 교사는 어떻게 가르치는가 2.0

Teach Like a Champion 2.0
62 Techniques that Put Students on the Path to College by Doug Lemov and Norman Atkins

Copyright © 2015 by Doug Lemov
All Rights Reserved.
Korean translation copyright © 2016 by Hainaim Publishing Co., Ltd.
This translation published under license with the original publisher John Wiley & Sons, Inc.
through Amo Agency, Seoul, Korea

이 책의 한국어판 저작권은 AMO 에이전시를 통해 저작권자와 독점 계약한 (주)해냄출판사에 있습니다.
신 저작권법에 의해 한국 내에서 보호를 받는 저작물이므로 무단 전재와 무단 복제를 금합니다.

Teach Like A CHAMPION 2.0

최고의 교사는 어떻게 가르치는가 2.0

더그 레모브 지음
이주혜 옮김
구정화 감수

학업 성취도를 높이고 효과적으로 교실을 이끄는
62가지 수업 매뉴얼

해냄

『최고의 교사는 어떻게 가르치는가』와 함께한
독자들의 생생한 이야기

🏫 '수면제'라는 별명을 처음 들은 것이 아마 교사가 된 지 3년째였을 겁니다. 처음 그 얘기를 들었을 때 정말 충격이었습니다. 그간 내 수업 때 자는 학생들이 있다는 걸 알긴 했지만 수면제라니. 지루한 수업을 바꿔보려고 참 다양한 방법을 시도했지만 결과는 별로 좋지 않았고 이윽고 저도 그냥 손을 놓아버렸습니다. 방법이 없다고 생각했기 때문이죠. 헌데 이 책에선 그런 제게 일침을 놓았습니다. "교사 스스로 수업이 지루할 것이라 속단하지 마라!" 책에 소개된 기법을 찬찬히 읽으며 '아, 이런 방법도 있구나' 감탄했습니다. 앞으로 이런 책이 더 많이 나와서 교사들의 답답함을 해소해 주었으면 좋겠네요. 이번 신학기에는 수면제라는 별명을 없애야겠습니다!
—ku*** 님 | 예스24

🏫 교사라면, 또한 앞으로 교사가 되고 싶은 사람이라면 꼭 읽어보길 권하는 책이다. 훌륭한 지침서가 될 것이다. 지금도 더 좋은 수업을 위해 고민하고 연구하는 모든 선생님들께 응원의 말과 감사의 말을 전하고 싶다. 공교육이 무너지고 선생님들의 권위가 떨어지고 있는 안타까운 현실 속에서 이 책처럼 최고의 교사가 되기 위해, 더욱 좋은 수업을 만들기 위해 고민하는 선생님들이 계시다면 다시금 공교육이 살아나고 교사와 학생, 학부모 모두가 행복한 교육이 되지 않을까?
—주빛*** 님 | 예스24

🏫 어렸을 적 정말 존경하는 선생님 한 분이 계셨다. 그분을 보며 교사에 대한 꿈을 키웠고, 노력 끝에 교사가 될 수 있었다. 하지만 그 시절의 선생님과 지금의 내 모습은 거리가 있었다. 항상 당당하고 웃음이 넘치고 자상했던 선생님과 달리 나는 스트레스와 한숨으로 표정이 점점 굳어갔다. 대체 무엇이 잘못된 걸까 자책하기도 하고 변한 세상을 탓하기도 했다. 그러다 이 책을 보면서 아주 작은 희망을 발견했다. 이 책을 계기로 선생님 같은 교사가 되기 위해 다시 노력해야겠다.
—en*** 님 | 인터넷 교보문고

🏫　국어 선생님 수업이 워낙 재미없고 지루해서, 그 수업은 잠을 자는 시간으로 정해놓고 정말 대놓고 잔 적이 있었다. 왜 그랬을까 생각이 들기도 하지만 다시 그때로 돌아간다면 분명 또 잤을 것이다. 만약 그 당시 국어 선생님이 이 책을 읽고 좀 다른 시도를 했다면 어땠을까? 이 책을 읽고 나니 그런 생각이 많이 든다. 나는 교편을 잡는 사람은 아니지만 이 책을 읽으면서 정말 도움이 되겠구나 싶었던 구절이 참 많았다. 더 좋은 수업을 고민하는 교사들의 필독서, 교편을 잡는 사람이라면 한 번쯤 읽어보기를 추천한다.

―bo*** 님 | 인터넷 교보문고

🏫　선생님을 꿈꾸는 학생으로서 '최고의 교사' '훌륭한 교사'라는 타이틀이 탐나지 않을 수 없습니다. 과연 어떻게 하면 최고의 교사가 될 수 있을까, 기대를 갖고 이 책을 읽었고 정말 많은 걸 배울 수 있었습니다. 특히 '수업에 참여하는 비율과 생각하는 비율을 조절하라' 기법은 정말 인상 깊었습니다. 과연 효율적인 수업을 만들기란 얼마나 어려운 일인지 깨닫게 해주었죠. 그것 외에도 정말 많은 것들을 깨달았지만 일일이 나열하기 힘드네요. 정말 많은 도움을 받았습니다. 열심히 공부해서 최고의 선생님이 되겠어요!

―지니*** 님 | 인터파크

🏫　책을 읽으면서 공감되는 부분에 고개를 끄덕이고 미처 몰랐던 부분에는 밑줄을 그으며 열심히 읽었다. 어느새 단순히 책을 읽는 게 아닌 공부를 하고 있었다. 내가 적용시켜야 할 부분과 내가 이미 가지고 있는 것들을 잘 파악하고 내 것으로 만들어서 내 수업에 적용시켜 보고 싶다. 오늘도 이 책을 열심히 보면서 더 나은 수업 방법을 탐색 중이다.

―채연*** 님 | 인터파크

추천의 글

희망의 교육을 위한 새로운 언어를 창조하다

1983년 미국 교육위원회는 깜짝 놀랄 만한 발표를 했다. "우리는 평범함의 거센 물결이 미래를 위협하는 위험에 처해 있습니다." 그리고 현재 변변치 못한 K-12(유치원부터 고등학교 졸업까지 미국 공립 교육 기간—옮긴이 주)의 수행도를 높이기 위한 '전쟁'에 뛰어들어야 한다고 했다.

사상 최저의 학업 성적을 기록한 여러 주 당국의 교육기관에서는 교사와 시민들을 초대해 무너진 체계를 다시 세울 수 있는 새로운 아이디어와 접근법, 학교 제도를 제안하게 했다. 이 과정에서 1991년 처음 출발해 서서히 이름을 알려온 차터스쿨(Charter School, 미국 공교육 개혁의 일환으로 만들어진 대안적 공립학교로 자율적인 운영을 보장받되 일정한 교육 목표를 완수해야 한다)이 공교육의 연구 및 개발 부문으로 기능하게 되었다.

지난 사반세기 동안 새로운 이상주의자들은 교육 개혁에 힘써 왔다. 개혁은 주로 수백만 명의 가난한 아이들이 거주하는 도시 지역에서 일어났다. 이 아이들은 비효율적이고 대우가 형편없는 학교에 다녔지만 국가는 이를 무시해 왔다. 개혁가들은 관료주의 장벽을 뛰어넘고 어려움과 싸워가며 직접 학교와 교실을 건설해 나갔다. 실용주의로 무장한 그들은 교육적 형평성을 추상적으로만 추구하지 않고, 실천 위주의 학습 공동체를 통해 가차 없이 교육 문제를 해결해 나갔다.

이런 과정에서 수십 년 동안 외부인과 동료 교사들 모두에게 똑같이 굳게 닫혀 있었던 교실 문이 벌컥 열렸다. 많은 이들이 모범 사례를 찾아 최고의 교사들의 교실로 몰려왔다. 최고의 교사들은 학생들이 즐겁게 수업에 참여하고, 학업에 집중하며, 팀을 이루어 배우는 경이로운 수업를 만들었다.

이런 '아웃라이어'들의 교실을 탐구한 사람들 중 유난히 오래 머물던 키가 크고 겸손한 교사가 있었다. 더그 레모브였다. 그는 대부분이 놓치거나 알아보지 못했던 세밀한 교육 기법을 눈여겨보았다. 교사가 교실 안을 전략적으로 돌아다니고, 학생 전원을 수업에 참여시키고, 특정 학생을 겨냥한 질문을 던지고, 긍정적인 면을 제시하고, 타이머를 활용하는 등 모든 세세한 기법의 중요성을 알아보았다.

레모브에게는 좋은 수업의 세밀한 면을 알아보는 눈과 학생들의 생활을 올바르게 이끄는 교사들을 존경하고 사랑하는 마음이 있었다. 그는 검은색 공책 여러 권을 알아보기 어려운 열정적인 메모로 가득 채웠고, 그것들을 천천히 견고한 언어와 생각들로 바꾸어 나갔다. 그리고 모범적인 사례를 생생하게 포착하기 위해 교실에 카메라를 보냈다.

레모브는 수업 동영상을 여러 차례 돌려보고 현장에서 분주히 끼적인 메모를 효과적인 교수법으로 정리했다. 처음에는 개인적인 용도로 시작한 일이었지만 점차 '비범한 학교(Uncommon Schools)' 교사들의 연수 자료가 되었고 나아가 전국 교사와 교장 수천 명을 교육하기 위한 기본 자료로 발전했다. 자료가 스물여덟 번째 개정되었을 무렵 우리는 그에게 책을 내보라고 채근했다.

그가 수고롭게 모은 교수법을 한 권의 책으로 묶어냈을 때 초판 수십만 부가 들불처럼 온갖 형태의 학교—공립학교, 독립학교, 교구 학교, 도시 학교, 교외 학교, 시골 학교 등—로 번져갔다. 미국 전역의 교사 중 4분의 1이 그의 책을 보았다. 그의 책은 수업을 계획하는 단계만이 아니라 실제 교실에서 수업 도중에도 활용할 수 있는 실질적인 내용으로 가득 차 있었다.

새내기 교사들은 수업을 관리하고 즐거운 교실 문화를 창출하고 생산적인 학습이 일어날 수 있는 기반을 다지기 위해 그의 책이 제시하는 기법들을 받아들였다. 경험 있는 교사들은 "미국의 교육을 위한 새로운 언어를 창조했다"며 레모브를 찬양했다.

1만 8,000명이 넘는 각급 학교의 교사와 교장이 비범한 학교를 통해 레모브의 교사 연수에 참가했고, 수천 명 이상이 우리가 설립한 릴레이 교육대학원을 통해 그가 묶어낸 효과적인 교수법을 배웠다. 그의 교육 기법은 브라질과 인도 그리고 남아프리카에서도 선풍적인 인기를 끌었다. 요르단 왕비가 직접 아랍어 번역을 부탁했고 중국, 한국, 호주, 네덜란드, 영국의 교사들이 『최고의 교사는 어떻게 가르치는가』를 들고 교실에 들어갔다.

『최고의 교사는 어떻게 가르치는가』가 세계적인 찬사를 받는 동안 재미있는 일이 벌어졌다. 교사들이 레모브에게 배우는 동안 그 역시 교사들에게 배워나간 것이다. 지난 10년 동안 그는 1만여 곳의 교실을 방문해 1만여 건의 수업 동영상을 보았다. 책이 출판된 후 수많은 교사가 그의 기법을 개선하고 발전시켰다. 초판을 발표한 이후 4년간 레모브는 수많은 교사들의 도움을 받아 교수법에 관한 분류와 생각을 한층 더 발전시켜 나갔다.

이에 따라 당연히 2.0 버전이 출판되었다. 초판의 독자라면 핵심 기법들을 훨씬 더 예리한 형태로 만나게 될 것이다. 『최고의 교사는 어떻게 가르치는가 2.0』에서는 학생들이 수업 내용을 이해했는지 여부를 점검하는 방식을 더 깊이 있고 구체적으로 다룬다. 또 인지 과정의 비율을 교사에서 학생으로 이동시키고 있으며 학생들의 글쓰기에 대해서도 새롭게 지면을 할애했다. 레모브는 이 책을 통해 교사들에게 그 어느 때보다 철저한 질문을 던지며 학생들을 더욱 철저한 학습에 참여시키고 있다.

   수업 방식과 접근법이 서로 다른 다양한 교사들이 이 책에서 자신을 발견할 것이다. 각자 교실에 적용할 수 있는 새로운 기법들을 만나고 스스로 개선과 향상을 이룰 새로운 언어를 발견하게 될 것이다. 그와 동시에 수많은 교사가 수십 년 후에 등장할 차세대 교수법을 실천하고 개선하며 창조해 나갈 것이다. 최고의 교사들이 더욱 많아지기를, 실천 공동체가 확대되기를, 당신 역시 역사를 바꿀 교사 세대의 일원이 되기를 바란다.

2014년 11월

노먼 앳킨스 | 비범한 학교 및 릴레이 교육대학원의 설립자

감수의 글

수업 향상의 열쇠는 교사에게 있다

더그 레모브의 『최고의 교사는 어떻게 가르치는가』 개정증보판이 나왔다. MBA 자격증을 보유하고 차터스쿨을 경영한다는 이력이 그가 이 책에서 말하고자 하는 바를 상당 부분 설명해 준다. 미국의 대안적 공립학교인 차터스쿨의 경우, 학생들의 학업 성취도를 올리는 것이 학생들의 삶을 개선하는 한 가지 방법이라고 생각하고 이를 위해 다양한 교수법을 적용해 수업을 개선하려고 노력한다.

더그 레모브는 자신이 운영하는 차터스쿨 외에 다양한 대안 학교에서 만난 최고의 교사들이 어떻게 수업을 하는지 관찰한 후 알아낸 비결을 책으로 묶어 내면서, 다른 교사들도 저마다 학생의 성공을 도울 수 있기를 기대한다.

학교가 무엇을 가르치는 곳이어야 하는가에 대해서는 다양한 의견이 존재하며, 모든 학생이 성공적으로 학교 생활을 하는 것은 아님을 우리는 안다. 그럼에도 불구하고 학생들이 학업에서 소외되지 않고 교사와 원만한 관계를 맺으며 학업을 성취해 나가도록 하는 것은 중요한 일이다. 학교에서 많은 시간을 보내는 학생들이 즐거운 학교 생활을 하도록 돕고, 학업 성취도를 높여 그들이 원하는 미래에 한 발 더 다가서도록 해줄 수 있다면 더 바랄 나위가 없을 것이다.

더그 레모브는 『최고의 교사는 어떻게 가르치는가』 초판에서 52가지의 기법을 우리에게 알려주었다. 많은 교사들이 이미 실천하고 있는 기법도 있었지만 이 책을 통해 새롭게 접한 기법도 있었기에, "책에 나오는 많은 기법을 제 수업에 적용하고 있어요"라고 언급하는 교사들을 만날 기회가 적잖이 있었다. 이는 초판 번역자로서 누릴 수 있었던 조그마한 즐거움이었다.

저자는 개정증보판에서 62가지의 기법으로 다시 우리를 유혹한다. 새로운 기법을 더 찾아낸 것이다. 그뿐만 아니라 저자 스스로 '2.0'이라고 표기할 정도로 더 강력하면서도 매력적인 방법을 기존 기법에 더한 경우도 있다. 그래서 초판을 읽었던 사람들도 개정증보판을 읽어보면 "아하, 이렇게 다르게 할 수도 있구나"라고 느낄 만한 장면들이 많을 것이다.

오늘날 우리나라 각급 학교에서도 다양한 교수법을 도입하여 수업을 개선하려는 노력을 기울이고 있다. 아무리 세상이 변하고 아이들이 달라져도 학교교육을 바꾸어나가는 중심 인물은 교사이기에 수업 향상의 핵심 열쇠는 바로 교사가 가지고 있다. 수업을 이끌어나가는 교사가 학교와 학생을 바꿀 수도 있는 것이다. 그렇기 때문에 이 책에서 제시하는 다양하고 놀라운 기법들이 우리의 교실에서 재해석되어 강력한 기법으로 다시 태어났다는 이야기를 들을 수 있기를 기대해 본다.

2016년 8월

구정화 | 경인교육대학교 사회교육과 교수

머리말

위대한 가르침은 예술이다

    회화나 조각, 문학 등 예술 분야의 위대한 거장들은 돌, 종이, 잉크 같은 기본적이고 평범한 재료로 매우 가치 있는 작품을 만들어낸다. 이때 사용하는 도구가 보통 사람은 거의 주목하지 않는 아주 평범한 것이어서 이러한 연금술은 더더욱 놀랍다. 누가 끌, 작은 망치, 쇠줄에 주목할 것이며, 미켈란젤로가 이런 것으로 다비드 상을 만들 수 있었으리라고 상상이나 하겠는가?

    위대한 예술품은 부지런히 연마하여 익힌 기술의 결과이다. 우리는 작은 망치를 이용해 끌을 두드리는 법을 배운다. 어떤 각도로 또 얼마나 세게 두드려야 하는지 배우면서 끌을 사용하는 정교한 기술을 익힌다. 몇 년 후 당신의 작품이 박물관에 전시된다면 관람객들은 그 작품이 표현하는 바가 무엇인지에 대해 이야기할 것이다. 그러나 그들은 작품을 만드는 데 사용된 도구에 대해서는 크게 관심을 갖지 않을 것이다. 많은 사람들이 독특한 예술적 상상을 할지라도 그것에 실체를 부여하는 것은 예술가의 기술이다.

모든 예술가는 예술가이기 이전에 솜씨 좋은 숙련공이다. 교사를 포함해 예술가라면 누구나 자신의 도구를 연구하고 그 쓰임새의 비결을 알아낼 책무가 있다. 일단 도구를 사용하는 데 숙달되면 창조를 할 수 있게 될 뿐만 아니라 창조에 대해 배울 수도 있다. 이 과정은 겉보기에는 전혀 매력적이지 않다. 예술가의 삶이란 손에 못이 박이고 돌가루가 묻어나는, 부지런과 겸손이 필요한 삶이다. 그러나 이러한 장인의 삶은 평생 매진할 가치가 있을 정도로 어마어마한 보람을 안겨준다.

대학 3학년 때 나는 바르셀로나에 있는 피카소 박물관에서 피카소가 학생 때 사용한 공책을 본 적이 있다. 그 가운데 가장 기억에 남는 것은 공책을 가득 채운 스케치들이다. 나는 항상 피카소를 정확하고 실재적인 것과는 관계없는, 상징파와 추상파를 대표하는 화가라고 생각해 왔다. 그러나 공책의 가장자리에 이르기까지 빼곡한 스케치를 보면서 그가 자신의 기술을 정교하게 다듬기 위해 필요한 기초를 평소에 꾸준히 연마했음을 알 수 있었다. 일생 동안 무려 178권의 스케치북을 사용한 일이 증명하듯 그는 예술가이기 이전에 숙련된 기능공이었다. 이처럼 먼저 기초가 되는 기술과 도구를 부지런히 익히면, 그 뒤에 따라올 무엇인가를 할 수 있게 된다.

이 책은 가르치는 기법에 대한 책이다. 좀 더 구체적으로 말하자면 대도시 공립학교에서 가정 형편이 어려운 학생들에게 성공적인 교육 서비스를 제공하기 위해 필요한 교수법을 설명한 책이다. 오늘날 도시 공립학교들은 거대한 도전에 직면해 있다. 너무나 열악한 환경에서 근무하고 있는 교사들에게 실패는 어쩌면 당연한 결과로 보인다.

그러나 그곳에서도 학생들의 삶을 변화시키는 마법 같은 일이 벌어질 수 있고, 드물게나마 이미 벌어지고 있다. "위대한 문학작품을 읽을 수 없어요." "대수나 미적분을 할 수 없어요." "배울 능력이 없어요. 그리고 배우고 싶지도 않아요." 이런 학생들을 데리고 '할 수 있는' 학생으로 바꾸어내는 교사들이 있다. 그들이 누구인지는 몰라도, 어느 곳에나 존재한다.

도시 공립학교의 교사이자 컨설턴트, 경영인으로 일하는 동안 나는 어려운 상황에서도 훌륭한 기지를 발휘하는 교사들을 만나고 관찰하는 행운을 누릴 수 있었다. 이 최고의 교사들 덕분에 빈부 격차에 따른 학업 성취도 격차를 줄이고, 인생에서 낙오할 위험에 처한 학생들을 성공으로 이끌며, 모든 학생들에게 기회의 평등을 제공하기 위한 관련 프로그램들을 실행해 나갈 수 있었다.

내가 관찰한 교사들은 저마다 특별하지만, 그들의 교수법에는 공통적인 요소들이 있다. 『성공하는 기업들의 8가지 습관』과 『좋은 기업을 넘어 위대한 기업으로』의 저자 짐 콜린스의 연구물들을 수년 동안 읽고 참고하며 나는 교사들이 할 수 있는 일에 관한 목록을 만들었다. 누구나 수월하게 따라할 수 있는 지침이라는 점에서 이 목록은 단순히 훌륭한 교수법과 그렇지 않은 교수법을 구분해 주는 것 이상으로 흥미롭다.

시간이 흐를수록 나의 목록은 양적인 측면(다루는 주제의 수)과 질적인 측면(구체성의 정도) 모두 발전했다. 내가 관찰한 교사들이 이 모든 기법을 빠짐없이 사용한 것은 아니지만, 적어도 이 책에서 소개하는 기법들은 최고의 교사들이 보편적으로 활용하는 것들이다. 최고의 교사들은 저마다 다른 모습과 방식으로 학생들을 대한다. 조용한 사람도 있고 활발한 사람도 있고 엄격한 사람도 있다. 기본에 충실한 교사가 있는가 하면 교과과정에서 한참 벗어난 내용을 가르치는 교사도 있다. 그러나 이렇게 다양한 면면에도 불구하고 이들을 하나로 묶어주는 특성이 있다. 바로 이들은 성취도 격차를 줄이기 위한 저마다의 해법을 가지고 있다는 점이다.

이 책의 초판을 출간한 후에도 그들은 계속해서 자신들의 교수법을 개선해 왔다. 그들의 노력을 더욱 정확하게 반영하기 위해서 나는 개정증보판을 낼 수밖에 없었다. 최고의 교사들이 활용하는 기법과 그 기법을 사용하는 순간을 정확히 포착하고 묘사하려는 나의 노력이 바로 이 책에 담겨 있다.

만약 당신이 교수법을 연구하기 시작한 신임 교사라면 나는 당신이 학생들의 내면에 숨어 있는 재능과 기술을 끄집어낼 수 있는 교사가 되도록 도와주고 싶다. 당신이 이 일에 능력을 쏟아붓는다면 분명히 성공할 것이다. 성공한다면 행복을 느낄 테고 행복하면 그 일을 더욱 잘하게 될 것이다.

당신이 숙련된 교사라면 아마 이 책에서 설명하는 내용의 상당 부분을 이미 알고 있을 것이다. 다만 미처 생각해 보지 않았던 유용한 응용법이나 변형된 형태의 기법을 접함으로써 조금이나마 도움을 받길 바란다. 노련한 교사의 성장도 신임 교사의 성장만큼이나 중요하다. 사실 가르침은 우리 사회에서 가장 중요한 일이다. 그러므로 가르치는 사람들이 끊임없이 성장하고 배워야 한다. 이것이야말로 우리가 학생들에게 바라는 바가 아니었나.

당신이 학교를 이끄는 입장에 선 사람이라면 이 책을 통해 교사들이 성공적으로 도전에 나설 수 있도록 지원해 주기를 바란다. 어느 분야든 조직의 첫 번째 임무는 조직원의 성공을 돕는 것이다. 교사들이 성취감을 느끼며 하루를 마감하고 스스로 한 뼘 더 성장했다고 느낀다면, 오랫동안 교직에 몸을 담고 탁월한 성과를 창출하며 즐겁게 일하는 자세로 다른 사람도 감동시켜 거꾸로 조직에 엄청난 보상을 안겨줄 것이다.

최고의 교사들이 가르치는 교실에 들어설 때마다 나는 스스로 최고의 교사가 아니라는 사실을 절감하며 그들과는 거리가 있는 나의 모습을 겸허하게 받아들인다. 그리고 탁월한 교사들은 어떻게 교수법을 계발하는지, 그 교수법을 더욱 효과적으로 활용하는 방법은 무엇일지를 연구한다. 이는 각각의 기법들에 이름을 부여하고 교실에서의 활동을 논의하고 분석할 공통 어휘들을 만들어내는 과정이기도 하다.

따라서 이 책에서 언급하고 있는 기법들은 나만의 것이 아니며 탁상공론도 아니다. 이 책은 탁월한 교사들의 노력을 관찰하고 기록해 정리한 결과물이다. 탁월한 교사들의 성실함과 기술은 교수법에 관한 유용한 정보를 제공하면서 다른 교사들에게 의욕을 불어넣어 준다.

개정증보판에 대하여

초판 『최고의 교사는 어떻게 가르치는가』와 같은 제목을 쓰지 않고 굳이 '2.0'을 덧붙인 것은, 개정증보판의 구조가 초판과 다를뿐더러 초판과는 다른 내용이 가득 담겨 있어서 나로서는 같은 책이라고 보기 어려웠기 때문이다. 지난 4년 동안 나는 최고의 교사들의 수업을 관찰하며 새롭게 많은 것을 배울 수 있었다. 재능과 동기를 지닌 교사들이 유익한 기법을 제 것으로 만들 때 얼마나 큰 효과를 얻을 수 있는지도 뼈저리게 느꼈다.

사실 훌륭한 교사는 좋은 생각을 받아들여 감동적인 결과를 낳기도 하지만 한편으로 새로운 것을 배우는 즉시 자신에게 맞게 조정하고 개선하기 시작한다. 무엇보다 최고의 교사들은 무엇을 받아들이든지 더욱 철저하고 정밀하게 만들어낸다. 그렇기에 나는 초판에서 내가 제시한 기법들이 최고의 교실에서 실행되는 모습을 관찰할 때마다 한층 더 발전하고 개선된 것을 확인할 수 있었다.

이 과정을 선순환이라고 부르고 싶다. 교사들에게 좋은 것을 주면 그들은 더 좋은 것, 더 똑똑한 것, 더 빠른 것을 만들어낸다. 왜 처음부터 이렇게 좋은 생각을 떠올리지 못했을까 안타까울 정도이다. 그러므로 '2.0'은 이 선순환이 만들어낸 지식의 깊이를 반영한 것이다.

『최고의 교사는 어떻게 가르치는가 2.0』에는 초판에는 실려 있지 않은 새로운 기법들이 포함되어 있다. 미시간 대학교 교육대학장 데보라 볼은 교육 현장에 '고질적 문제'가 가득하다고 말한 바 있다. 여기서 '고질적'이라는 말은 '색다른'의 반대말로서 완전히 예측 가능한 문제, 일어날 줄 미리 알고 있었던 문제를 말한다. 학생이 포기해 버리고 다시 시도하지 않으면 어떻게 할 것인가? 구석 자리에 조용히 앉아 있는 학생이 무엇을 어떻게 배우고 있는지 알아낼 방법이 있을까? 학생에게 자리에 앉으라고 말했는데, 학생이 능글맞게 웃으며 "당신이나 앉으라"라고 대꾸한다면? 이런 것들이 전형적인 고질적 문제이다.

예측 가능한 문제라고 해서 해결책까지 간단히 찾을 수 있는 것은 아니다. 고질적 문제를 해결하겠다고 나선 교사가 십수 년 동안 야만적인 시행착오를 겪고 고생하다 지치는 일이 있어서도 안 된다. 나는 교실을 더욱 깊숙이 관찰하려 했고 그 결과, 수많은 고질적 문제들에 뛰어난 해결책으로 대응하는 교사들을 만날 수 있었다.

교사들이 받는 조언에 대하여

교사들은 조언의 홍수에 빠져 허우적거린다. 실제로 매일 수업을 하지도 않는 사람들이 던져대는 온갖 아이디어와 지시 사항을 실행해야 한다. 이 가운데 대부분은 수업 중에 생기는 일상적이고 고질적인 문제를 해결하기 위한 지시 사항이라기보다는 다른 목적을 위한 것이기에 오히려 교사들의 수업 의욕을 떨어뜨리기도 한다. 그러므로 우리는 어떤 형태의 조언 혹은 지시 사항이 가치가 있는지 따져볼 필요가 있다. 나는 지시 사항을 크게 세 가지로 나눈다. 이데올로기 지향적, 연구 지향적, 자료 지향적 지시 사항이다.

이데올로기 지향적인 지시 사항은 교사들에게 주어지는 가장 일반적인 형태의 조언이다. 아주 옛날부터 사람들은 교실에서 어떤 일이 일어날 수 있는지, 어떤 일이 일어나야 하는지를 생각하고 "교실이라면 마땅히 이러이러해야 합니다"라는 규범을 정해 교사들이 따르도록 해왔다. 여기에는 문제가 있다. 이데올로기의 효율성을 평가할 때 교사는 학생의 수업 성취도 향상과 같은 중요한 목표에 관련해 스스로 적합하다고 생각한 어떤 아이디어를 이용하고 응용했는가로 평가받지 않는다. 그보다 점점 늘어가는 '필수 항목'을 제대로 이행했는지를 점검받는다.

다시 말해 교사들은 영어, 수학, 과학, 역사, 미술, 경제, 환경, 개인위생 등을 가르치면서 동시에 학생들의 자존감을 높이고 학생들을 토론 대형으로 앉히고 모든 문제에 다양한 해결책을 제시하고 잔소리를 하지 않고 학생이 이해하지 못하는 어려운 단어가 5개 이상 포함된 텍스트를 절대로 보여주지 않는 환경을 만들어야 한다. 그 결과 할 일 목록을 짊어지고 점검을 일삼는 행정가만 남는다.

한편 교사들에게 주어지는 지시 사항은 점점 연구 지향적으로 변해 갔다. 연구는 올바른 방향으로 가는 길이지만, 여기에도 문제가 도사리고 있다. 연구는 추출하고 소화시켜 응용할 때 의미가 있다. 만약 연구 결과 어떤 행동이 유용하다는 게 드러났다면, 다른 행동은 모두 배제하고 오직 그 행동에만 매달려야 할까? 아니면 다른 행동과 결합해야 할까? 그렇다면 얼마나 자주 어떤 환경에서 어떤 행동과 같이 실행해야 좋을까? 그것들을 하나로 융합할 방법은 무엇일까? 이렇게 꼬리를 무는 의문을 모두 해소했다고 해도 연구가 필요한 구체적인 사항, 예를 들면 화요일 오전 46분 동안 능력 수준이 다양한 31명의 4학년 학생들과 수업을 진행하는 구체적인 방법을 알아낼 때까지는 어떤 연구도 효과적이라고 증명된 것이 아니다. 연구는 구체적인 목표를 성취하기 위해 전문가들이 수행하고 개선한 후 그 목표를 어떻게 충족시켰는지 평가를 내리는 것이며, 지령이 아닌 도구이다.

이는 세 번째의 자료 지향적 지시 사항으로 자연스럽게 이어진다. 자료 지향적 지시는 교사가 하고자 하는 일이 아니라 실제 교실에서 어떤 일이 벌어졌는가를 바탕으로 한다. 모든 아이디어와 연구가 어떻게 하나로 엮여서 시큰둥하던 28명의 7학년 학생들이 높은 성취도를 보일 수 있도록 했는가? 교사들은 자신의 성격과 배경, 상황을 고려해 어떤 목표와 변형된 기법을 도입했는가? 자료 지향적 지시는 간단하지 않고 그 자체로 함정을 내포하고 있기도 하지만, 고질적인 문제를 성공적으로 해결한 동료 교사들의 업적을 기초로 교사들에게 도움이 되는 조언을 안겨주기 위한 노력의 일환이다.

자료 지향적 접근법의 주된 이점은 교사들에게서 지식을 이끌어낸다는 점이다. 이 순간 교사는 해당 분야의 지식을 수용하고 도입하는 사람에 그치지 않고 지식을 창조하고 문제를 해결하는 진취적이고 통찰력 있는 전문가가 된다. 교사가 곧 지식인인 것이다. 이는 교사와 교수법을 존중할 뿐만 아니라 교육 분야에 대한 인식과 교직의 위상을 높여준다는 점에서 중요하다.

흔히 성취도 격차에 대해 말하지만, 차이는 무수히 많은 곳에 존재한다. 부유층과 빈곤층의 차이도 있지만 학생들이 생각하는 것과 표현하는 것 간의 차이, 우리나라 학교와 세계 최고의 학교 간의 차이, 우리 학교가 제공할 수 있는 것과 실제로 제공하는 것 간의 차이도 있다. 그중 수업 성취도 차이를 극복할 수 있는 해결책이 존재한다는 게 이 책의 핵심 메시지이다. 우리가 어려움을 겪는 것은 해결책이 없어서가 아니다. 이는 통찰력으로 무장해 자신의 생각을 교육 현장에서 실천한 훌륭한 교사들에게 배우지 못한 데서 오는 어려움이다.

수업 현장에 바로 적용할 수 있는
구체적이며 실행 가능한 기법들

내가 신임 교사였을 때 사람들은 나에게 많은 충고를 해주었다. 연수를 받으면서 나는 교수법에 대한 이상적인 이야기를 많이 들을 수 있었다. 이는 나에게 깊은 영감을 주었고, 누군가를 가르치고 싶게 만들었다.

"항상 학생들에게 최상의 것을 기대하라." "아이들의 눈높이에서 가르쳐라."

이런 말을 들을 때마다 나는 고무되었고 전보다 나아질 준비가 되었다고 여겼다. 다음 날 학교에 출근하기 전까지는 말이다. 나는 이내 "음, 그런데 내가 뭘 어떻게 해야 하지? 학생들에게 나의 높은 기대치를 표현하려면 아침 8시 25분에 어떤 행동을 취해야 하지?"라고 자문할 수밖에 없었다.

더 잘 가르치는 법을 배우고자 할 때, 유능한 동료가 다음과 같이 구체적으로 말해 준다면 큰 도움이 될 것이다.

"학생들이 교사의 지시를 따르기를 원할 때에는 일단 가만히 있어라. 교사가 돌아다니면서 종이를 나누어 준다면 그 일이 다른 무엇보다 중요해 보일 것이다. 지시한 내용이 중요하다는 것을 알려주고 일단 가만히 있어라. 그러면 학생들은 반응할 것이다."

이처럼 구체적이고 실행 가능한 충고는 시간이 흐를수록 교실에서의 내 행동에 큰 영향을 주었다. 이 책에 소개된 기법들은 그러한 경험을 반영한다. 나는 최고의 교사들이 쓰는 기법을 당신도 당장 내일부터 활용할 수 있도록 구체적이고 실질적이며 실행 가능한 방식으로 설명하려고 노력했다.

내가 생각하기에 '전략(strategies)'이 문제를 해결하는 데 정보를 주는 식의 일반적인 접근 방식이라면, '기법(techniques)'은 보다 구체적이고 특정한 방식을 말한다. 당신이 만일 단거리 주자라면 당신의 '전략'은 빨리 앞으로 뛰어가는 것이겠지만, '기법'은 몸을 5도 정도 앞으로 기울이고 다리를 위로 힘차게 들어서 전진하는 것이다. 결국 당신을 빨리 달리게 해주는 것은 기법이다. 뛰어난 단거리 선수가 되기를 원한다면 이러한 기법을 갈고 닦아야 한다.

기법은 일종의 행동이므로 연습하면 할수록 더 잘할 수 있다. 앞으로 달려가는 일에 대해 열심히 고민하는 것은 무엇도 나아지게 하지 않지만, 올바른 전력질주 자세를 연습하는 것은 당신의 기록을 향상시킬 것이다. 특정한 기법을 갈고닦는 데에 초점을 두는 것이 성공에 이르는 가장 빠른 길인 이유가 여기에 있다.

이때 기법들이 하나의 '체계'에 속하지 않는다는 사실에 주목하자. 기법들은 하나하나가 작은 별개의 연구 단위이다. 독자들은 이 중 흥미로워 보이는 것을 선택해 살펴보고 빨리 향상시켜 좋은 결과를 얻을 수 있다. 전체적인 접근법을 다시 설계할 필요 없이 새로운 기법 한 가지를 기존의 교수법에 통합할 수도 있다.

댄과 칩 히스가 저서 『스위치』에서 언급했듯이, 사람들이 접하는 정보가 유용한가 아닌가는 그들의 삶을 변화시키고 향상시키기 위해 그 정보를 얼마나 성공적으로 사용할 수 있는가와 밀접한 관계가 있다. 흔히 우리가 어떤 변화에 대해 거부반응을 일으키는 것은 변화하기 위해 구체적으로 무엇을 해야 하는지가 명확하지 않을 때이다. "좋아, 내가 더 엄격하게 수업을 해야 한다는 건 알겠어. 하지만 구체적으로 어떻게 해야 좋을까?"

사람들에게 아주 작은 아이디어를 제공하려는 시도는 그들이 하는 모든 일을 포괄하는 엄청난 체계를 전달하는 것보다 덜 효율적으로 보일 수 있다. 그러나 한꺼번에 모든 것을 하려고 시도한다면 이는 오히려 실행력이 떨어지는 방식이다. 스스로 관리할 수 있는 한 가지 아이디어에 집중하는 편이 추구하기에도 쉽고 안전한 변화와 향상을 이루는 데 도움이 된다. 단기간의 작은 변화를 통해 장기적으로 더 큰 변화를 성취할 때가 있다는 것을 기억하자.

『스위치』에서 또 한 가지 눈여겨볼 점은 흔히 해결책의 크기가 문제의 크기와 일치해야 한다고 생각하는 경향이다. 정말 그럴까? 가끔은 작은 변화가 큰 문제에 심오한 영향을 미칠 수 있다. 내겐 오랫동안 체중 조절로 고생한 친구가 있다. 그는 생활방식 자체를 완전히 바꾸느라 점점 가정과 직장에 소홀해져 갔다. 그러던 어느 날 음식을 먹다가 문득 어금니 한 개가 아파서 그동안 음식을 한쪽으로만 씹어왔다는 사실을 깨달았다. 통증 때문에 한쪽으로 대충 씹어 꿀꺽 삼키곤 했는데, 그게 과식의 원인이었는지도 모르겠다는 생각이 들었다. 문제의 어금니를 뽑고 몇 주가 지나자 몸무게가 4.5킬로그램이나 줄었다. 가르치는 일 역시 이와 비슷하다.

평범하고 일상적인 기법이 만드는 최고의 교실

처음 이 책을 접한 독자들은 책에 나오는 교수법 가운데 상당수가 일상적이고 평범해 보여 실망할지도 모르겠다. 효과적인 교수법이 언제나 특별하고 혁신적인 것만은 아니며, 지적인 영감을 주는 것도 아니다. 이 책에서 소개하는 기법들은 언뜻 보아 매력적이지 않을 수 있지만 기대 이상의 놀라운 결과를 불러온다.

이 기법들을 통해 학업 성취도가 저조한 대도시 학교에서 학생들이 스스로 사고하고 공부하려는 의욕을 갖게 한 마법 같은 일이 일어났다. 이들 교실에는 다른 교사들이 일반적으로 활용하는 교수법과는 차별화된 기법을 실행하는 교사들이 있었다.

교실에서 강력한 결과를 낳을 수 있는 기법 중 상당수가 교육 이론가들의 눈길이 닿지 않는 곳에 머물러 있다는 게 가장 큰 모순이다. 예를 들어 학생의 성취도를 높이기 위한 필수 장치라고 할 수 있는 자료 배포와 취합에 대해 생각해 보자.

코네티컷 주 뉴헤이븐의 아미스타드 아카데미와 어치브먼트 퍼스트의 설립자인 더그 매커리는 학기 첫날이나 둘째 날 학생들에게 수업 자료를 나눠주는 방법을 가르친다. 그는 1~2분 정도를 할애해 줄을 따라 전달하기, 교사의 지시에 따라 일제히 시작하기, 필요한 경우에는 전달하는 사람만이 자리에서 일어날 수 있다는 점 등을 구체적으로 가르친다. 그런 다음 스톱워치로 시간을 재며 연습을 한다. "10초! 잘했어. 이제 8초 만에 자료를 다시 모을 수 있는지 보자." 학생들은 이 시간을 더없이 즐거워한다. 학생들은 도전을 즐기고 스스로 향상되는 모습에 만족을 느낀다. 동영상 속의 학생들은 모두 웃고 있다.

이 동영상을 보고 회의적인 반응을 보이는 사람도 있다. 그들은 이런 연습을 굳이 수업 시간에 할 필요가 없다고 주장한다. 또 이토록 평범한 행동을 연습시키는 것은 품위를 떨어뜨리는 행위라고 말하기도 한다. 학생들의 이성을 마비시키고 세뇌해 로봇처럼 취급한다는 주장도 있다. 이러한 반대 의견에 대해 다음 수치를 생각해 보자.

보통 수업 시간에 학생들은 하루에 스무 번 정도 자료를 돌리는데, 한 번에 평균 1분 20초가 걸린다. 더그의 학생들이 이 일을 단 20초 안에 해낼 수 있다면 하루 20분이라는 시간을 절약할 수 있다. 그렇게 절약한 시간에 남북전쟁의 원인이나 분모가 다른 분수의 덧셈법을 배울 수도 있다. 1년 수업일 190일 동안 하루 20분씩을 절약했다고 해보자. 더그는 학생들에게 한 가지 간단한 일상 행동을 가르침으로써 1년간 3,800분이라는 시간을 얻을 수 있었다. 학기 첫날 한 시간을 모두 할애해 이러한 행동을 가르치고 연습하는 데 쓴다고 해도 이 작은 투자가 대략 60배의 추가 학습 시간으로 되돌아오는 셈이다.

최고의 교사들을 관찰한 결과 많은 기법이 이토록 기본적이고 일반적인 문제를 다루고 있었다. 최고의 교사들은 철학적인 수준에 이르기는커녕 대개의 경우 구체적이고 자잘한 행동을 선별해 내 효과적인 기법을 구축한다. 그리고 이러한 기법들이 강력한 교실을 만든다. 책임성 있고 자율적인 일상을 확립하고자 하는 계획의 평범한 세부 사항이 차이를 만든다.

각 기법 사용에 대한 숙련과 통찰

이 책을 집필하며 나는 교수법을 자유롭게 활용하는 일이 일종의 예술이라는 사실을 깨달았다. 수업 과정은 정형화되어 있지 않기 때문에, 교사는 단순한 기술자가 아닌 예술가가 될 수 있어야 한다. 최고의 교사들은 그들만의 시각과 교수법을 상황에 맞게 능동적으로 활용한다. 이것은 한마디로 예술적 기교이다. 물론 이러한 단계에 이르기 전에 각 기법에 숙달하도록 노력해야 한다.

특정한 기법을 확실하게 익혀 사용할수록 교수법은 더욱 훌륭해진다. 조각상을 만들기 전에 끌 사용법을 통달했기 때문에 미켈란젤로의 천재성이 다비드 상에 온전히 반영될 수 있었던 것이다. 그러므로 이 책에서 제시하는 기법들을 언제 어떻게 활용할지는 교사 스스로 통찰력을 가지고 결정해야 한다.

최고의 교사란?

내가 일하는 '비범한 학교(Uncommon Schools)'는 차터스쿨을 운영하는 비영리 조직이다. 비범한 학교는 교사와 수업에 대해 진지하게 접근하며 교사를 지원하고 학생의 성취도를 높이는 방향으로 모든 노력을 집중하려고 한다. 이 두 가지 목표는 매우 깊은 수준에서 상호 의존적이다. 그러나 이 책은 차터스쿨에 관한 책이 아니라 수업에 관한 책이다. 또한 교실 밖의 정책 결정이 아닌 교실 안의 행동에 관한 책이다. 이 책에 써야 할 내용을 내게 가르쳐준 것은 각지의 차터스쿨에서 부지런히 자신의 일을 해나가는 교사들이다.

각각의 수업을 촬영한 동영상을 돌려보면서 나는 최고의 교사들이 보여준 두드러진 실용성과 수천 가지 뛰어난 가르침의 순간을 발견할 수 있었다. 이렇게 각급 교실에서 포착한 뛰어난 기법들을 최상의 품질로 포장해 책에 담고자 했다.

최고의 교사들이 일하는 교실의 상당수가 선순환의 중심지이다. 그곳에서 교사들은 뚜렷한 목적의식을 품은 채 기법들을 적용, 향상시키고 기꺼이 시간을 투자해 그 과정을 돌이켜본다. 그들은 서로 깊이 있는 대화를 지속적으로 나눠가며 기법을 개선하고, 탐구와 성찰을 위해 스스로 끊임없이 연구한다. 이들이 새로운 2.0 버전의 기법과 훌륭한 수업을 만들어낸다. 결국 가르침이란 교사들이 연구를 통해 통찰력을 공유하는 강건한 문화를 확립하고 가장 빠른 속도로 서로를 향상시키는 팀스포츠인 것이다.

무엇이 효과적인가

이 책에서 소개될 교사들과 학교들을 어떻게 선정했는지, 또한 학생들의 학업 성취도 격차를 줄이는 데 있어 성공이라는 말이 무엇을 의미하는지 설명하고 넘어가는 게 좋겠다.

나는 기본적으로 미국 주 정부에서 관할하는 각종 시험 결과를 판단의 기준으로 삼았다. 이러한 기준은 이 책에 정보를 제공해 준 교사들의 교수 활동이 어떤 점에서 모범이 되는지를 강조할 목적으로 사용되었다. 이 방법을 통해 빈곤층 학생을 가르치며 인구통계학적 관점에서의 어려움을 고스란히 헤쳐나가면서도 특권층 학생들의 성취도에 비견할 만한 성과를 거둔 교사들, 즉 '긍정적인 아웃라이어'를 찾아냈다.

위의 표는 2011년 뉴욕 주 6학년 수학 시험 성취도를 보여준다. 표 오른

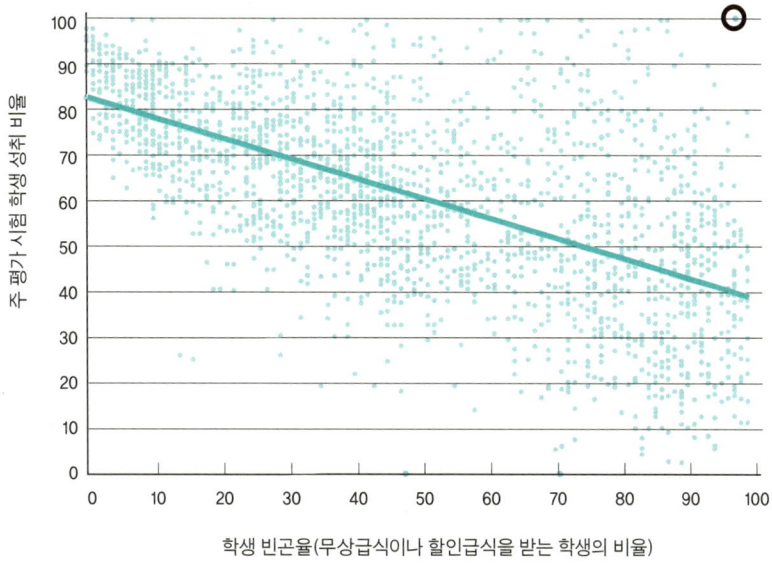

2011년 뉴욕 주 6학년 수학 시험 결과

쪽 상단에 동그라미로 표시한 학교는 재학생의 96퍼센트가 교육 분야에서 빈곤 정도를 측정하는 기준인 무상급식을 받고 있다. 자료를 보면 비슷한 계층의 학생들로 구성된 다른 학교들의 경우 평균 40퍼센트 정도의 학생들이 2011년 주 정부 시험에 통과했다. 이 자료를 통해 볼 때 빈곤 정도와 성취도 사이의 상관관계는 강력하다. 무상급식을 받는 학생이 전혀 없는 학교의 경우에는 약 83퍼센트의 학생이 시험에 통과했다. 그런데 동그라미로 표시된 학교에서는 훨씬 더 많은 학생이, 정확히 말하자면 학생 전원이 그 시험에 통과했다. 이 표에는 드러나 있지 않지만, 해당 학교 학생의 60퍼센트가 우수한 성적을 기록했다. 이는 인구통계 분포와 상관없이 뉴욕 주의 상위 5퍼센트 학교에서 보여준 결과와 일치한다.

  이러한 경향이 시간이 흘러도 지속되었다는 게 중요하다. 이 학교 6학년 학생들은 극적으로 높아진 빈곤율에도 불구하고 2013년 주 전체 평균의

130퍼센트가 넘는 비율로 시험에 통과했다. 2011년에 6학년이었던 학생들의 강력한 성취도도 지속되었다. 이 집단은 2013년 뉴욕 주 8학년 수학 시험에서 74퍼센트의 합격률을 보였다. 수치만 보면 학업 성취도가 하락한 것처럼 보이겠지만, 사실은 정반대이다. 2013년 뉴욕 주 수학 시험은 훨씬 더 까다롭게 출제되었고 전체 평균 합격률은 28퍼센트였다. 우리의 아웃라이어 학생들은 주 평균보다 2.5배 높은 합격률을 자랑했다.

이들의 빈곤율이 주 평균보다 2배 이상 높았다는 사실에 주목하자. 해당 학교, 즉 뉴욕 주 트로이 예비학교(비범한 학교 네트워크의 일원)와 그곳의 수학 교사 브라이언 비랜저, 케이티 벨루치, 브리짓 맥엘더프, 애나 오닐을 관심 있게 지켜보는 게 당연하지 않겠는가? 그들이 어떻게 수업을 하고 수업 계획을 세우는지 관찰한다면 확실히 배울 게 있을 것이다.

나는 이러한 아웃라이어를 가능하면 더 많이 찾아내는 것을 목표로 삼았다. 되도록 많은 자료를 활용하려고 했고 시간이 흘러도 지속적으로 성과를 내는 사례를 찾으려고 노력했다. 어느 학교가 장기적인 성공을 이루면 그 학교 교장이 교사 채용에 어떤 노력을 기울였는지도 살펴보았다.

행정가로서 교장의 역할을 고려한 데에는 몇 가지 이유가 있다. 첫째, 자료를 활용하는 일이 늘 쉽지만은 않기 때문이다. 예를 들어 실력이 유창해지기까지 몇 년이 걸리는 언어 과목에 대해 생각해 보자. 어느 영어 교사가 깜짝 놀랄 만한 성취도를 보여주었는데, 사실 그 결과가 해당 교사가 학생들과 함께한 6개월 덕분이라기보다 그전에 아이들을 가르쳤던 다른 교사의 업적인 것은 아닐까?

올바른 평가가 가능하도록 충분히 많은 자료를 확보하고 자료 측정점을 확인하고 검증을 거쳐 명확한 결론을 얻으려면 교장의 역할도 고려할 수밖에 없다. 또 과학, 사회, 예술 과목 자료는 거의 없었기 때문에 언어와 수학에서 성취도가 두드러진 학교를 찾아가 그 학교 운영자가 발굴한 다른 과목 교사들도 관찰했다. 어느 정도 추정치에 기댈 수밖에 없지만, 이쪽 과목들을 완전히 무시하는 것보다는 낫다고 판단했다.

내가 기본적인 판단 기준으로 삼은 것은 미국 주 정부에서 관할하는 각종 시험 결과이지만 물론 이것만으로는 충분치 않다. 대학에서 학생들이 성공적으로 학업을 수행하기 위해서는 수많은 능력과 광범위한 지식 기반이 필요한데, 이 가운데 상당 부분은 주 정부 관할 시험으로는 측정할 수 없다.

그럼에도 불구하고 주 정부 수준의 평가에서 측정하는 능력을 향상시키는 데 탁월한 교사들을 주목하는 이유는, 그러한 교사들은 대부분 그보다 더 높은 수준의 능력도 효과적으로 길러내기 때문이다. '비범한 학교'에서도 이를 확인할 수 있다. 엄격한 내부 평가(예를 들면 주 정부 수준의 평가보다 훨씬 많은 것을 요구하는 작문 평가 등)의 경우와 비교했을 때도 두 유형의 시험 모두에서 높은 성취를 보여준 교사들과 학생들 간에는 밀접한 연관성이 있었다. 게다가 주 정부 수준의 평가에서 최고의 성과를 거둔 교사는 학생들을 대학에 입학시키고 성공적인 대학 생활을 하도록 이끄는 데에도 높은 성과를 거두었다. 요컨대 주 정부 수준의 평가를 통해 측정한 학생의 성취를 통해 대학 입학 여부뿐 아니라 대학에서의 학업 성취도까지 예측할 수 있다는 것이다.

마지막으로 국가 표준 시험 같은 단순한 유형의 시험에서 성공하는 것과 최고 수준의 학문적 성취 사이의 연관성을 살펴보는 것도 유익할 것이다. 나는 종종 기본적인 학습 능력과 높은 사고력은 대립 관계에 있다는 신념을 지닌 교육자들을 만나곤 한다. 하지만 전 세계의 공교육 체제 가운데 가장 높은 성취도를 기록한 바 있는 아시아의 교육을 보라. 아시아에서는 구구단 암기와 같은 기본적인 능력이 오히려 사고력을 높여주고 깊은 통찰을 가능하게 한다고 생각한다.

어떤 문제를 해결하는 데 전과 다른 방법을 사용하거나 문제에서 추상적인 원칙들을 발견하는 통찰력이 필요할 때는 계산에 집중할 수 없다. 두뇌 처리 용량을 충분히 남겨두어 문제에 대해 자유롭게 생각하려면 계산은 자동으로 처리할 수 있어야 한다. 즉 단순 계산에 숙련되면 그만큼 깊은 사고나 문제 해결에 도움을 받을 수 있다. 이처럼 기본적인 '저차원' 능력에 숙달될수록 '고차원' 능력을 훨씬 더 능숙하게 발휘할 수 있다.

이 책을 효과적으로 이용하려면

나는 최고의 교사들에 대한 관찰을 바탕으로 교육 현장을 기록했으며 그 결과물을 지침서의 형태로 정리했다. 그리고 수업의 네 가지 핵심 과제를 기준으로 모두 4개의 부로 나누었다.

배운 내용을 이해했는지 확인하기

『최고의 교사는 어떻게 가르치는가』 초판을 보면 '배운 내용을 이해했는지 확인하기'를 하나의 기법으로 다루고 있음을 알 수 있다. 개정증보판을 쓰면서 나는 이 부분을 확대해 살펴봐야 할 필요성을 깨달았다. 영어 교사로 출발해 UCLA 농구 코치가 된 존 우든은 수업을 하는 교사에게 가장 중요한 임무는 '내가 가르친 것'과 '학생들이 배운 것'을 구별하는 능력이라고 말했다. 학생들이 제대로 이해했는지 점검하는 기법을 이보다 더 정확히 설명하는 말은 없을 것이다.

나는 우든의 말이 일깨워준 중요성을 염두에 두고 이 주제를 1부에서 다루기로 했다. 그런데 지난 몇 년간 학생들의 이해 여부 확인법에 관해 무수히 많은 것을 배운 덕분에 이를 하나의 장으로 다루기가 불가능해 2개의 장으로 나누었다. 여기에 수록된 총 10개의 기법은 완전히 새로 다루는 내용이다.

엄격한 학업 기풍 세우기

2부는 학업 수준을 최대치로 추구하며 엄격한 학업 기풍을 세우는 일의 중요성을 다루고 구체적인 실천 방안에 대해 살펴본다. 초판에서 다루었던 4개의 장—'학업 성취에 대한 기대 설정하기', '효율적으로 수업 계획하기', '수업 내용을 체계적으로 전달하기', '수업에 학생을 참여시키기'—을 개정한 내용으로 이루어져 있다.

수업에 참여하는 비율과 생각하는 비율 조절하기

3부는 학생들이 수업에 참여하는 비율과 스스로 생각하는 비율을 높여 학생들의 인지적 사고 과정을 향상시킬 방법을 다룬다. 질문을 던지고 토론하고 글을 쓰는 세 가지 방법론으로 크게 나누어 '참여하는 비율'과 '생각하는 비율'을 구별하고 각 비율을 높이는 방법을 알아볼 것이다.

교사가 먼저 진지한 자세로 학생들에게 많은 지식을 전달하고 배우게 하지 않는다면 학생들은 엄격한 사고를 기피하게 된다. 지식이란 분석하고 생각하는 것이다. 잘 알지 못하는 내용을 깊이 생각하려고 노력한다면 처음에는 높은 성취도를 보일지 몰라도 곧 공허한 결과를 드러내게 마련이다.

학생들이 지식의 토대를 쌓을 수 있게 교사가 직접적인 실천에 투자한다면 엄격하고 본질적인 인지 활동이 일어날 수 있다. 그러나 지식의 토대를 쌓는 일에 제대로 투자하지 않고서 무조건 인지 활동만 일으키려고 한다면 이는 오히려 학생들의 가치관을 침해하는 결과를 낳을 수 있다. 사실적 지식과 엄격한 사고는 일부 교육자들이 생각하는 것처럼 상반되는 관계가 아니라 상호 영향을 미치는 동반자적 관계이다.

강력한 교실 문화 창조하기

4부는 교실에서의 행동과 문화에 초점을 맞춘다. 특히 우리의 교사 연수에 참가한 교사들과 학교 운영자들이 무척 유용하다고 평가했던 기법들이 수록되어 있다. 긍정적이고 강력한 교실 문화는 교실에서 일어나는 모든 일에 변화를 가져온다. 한편 빈약한 교실 문화가 가져오는 폐해도 크다. 교실에 바람직한 문화가 형성되지 않았다는 생각이 든다면 우선 규율과 통제, 관리, 개입, 영향력을 통해 어떤 효과를 거둘 것인지부터 생각해 봐야 한다.

이 책에서는 교사들이 강력한 교실 문화를 형성하고자 할 때 두 가지 결정적인 요인을 반드시 이해해야 한다고 강조한다. 첫째, 교실에 질서를 세우려는 목적은 학생들이 제대로 배울 수 있도록 하기 위해서이다. 둘째, 교실 문화가 잘못된 방향으로 어긋나지 않도록 막는 것과 즐겁고 긍정적이며 생산적이고 서로 배려하는 문화를 만들어나가는 것은 별개의 일이다. 이 두 가지 결정적 요인을 보다 간단하게 말하자면 다음과 같다. 첫째, 질서는 필요하지만 학습의 충분조건은 아니다. 둘째, 훌륭한 교실 문화를 이루려면 방해 요소를 없애는 것 이상의 노력이 필요하다.

강력한 교실 문화를 확립하는 일은 통제와 책임만으로 이루어지지 않는다. 그래서 나는 교사와 학생의 관계가 지닌 힘에 대해 말하는 '우리 교실만의 즐거운 요소를 만들어라'(기법 62)로 책을 끝맺었다. 학교교육이 어떤 행복을 줄 수 있고 또 주어야 하는지, 그리고 교육이 단지 지식을 전달하는 데에 그치지 않고 즐거움이나 기쁨과 같은 정서적 자극을 통해 얼마나 강력한 힘을 발휘할 수 있는지에 대한 숙고는 독자 여러분의 몫으로 남기고 싶다.

총 12장에 62개의 핵심 기법을 배치한 이 책의 구조는 교사가 한 번에 하나의 기법을 구체적으로 익히고 향상시켜 자신의 수업에 최적화할 수 있도록 짜여져 있다. 또한 하나의 기법을 터득하면 또다른 기법을 더욱 잘 활용할 수 있고, 전체가 각 부분의 총합보다 더 바람직한 시너지 효과를 낳도록 했다. 책을 통독한 후에는 처음부터 끝까지 다시 한 번 읽어보고 처음에는 집중하지 않고 넘어갔던 기법들까지 단련하기를 바란다. 그러다 보면 자신이 계발시키기를 원하는 부분이 어디인지 보다 분명하게 이해할 수 있을 것이다.

무엇보다 이 책은 교사가 스스로를 발전시킬 수 있는 기회를 제공한다. 잘못된 것을 고치는 일은 쉽다. 약점을 보완하는 것도 효과적인 발전 전략의 하나이다. 그러나 양자택일의 상황에서는 약점을 보완하기보다 강점을 극대화하는 데 중점을 두어야 한다.

그간 관찰해 온 유능한 교사들도 그렇게 했다. 그들 또한 저마다 교수법에 취약점이 있었지만, 깜짝 놀랄 만한 결과들을 만들어냈다. 그들이 성공할 수 있었던 것은 자신이 특출하게 잘하는 기법들을 모아 핵심적으로 활용했기 때문이다.

자신이 이미 잘하고 있는 부분을 다룬 내용은 건너뛰려고 할지 모르겠다. 하지만 이미 잘하고 있기에 더더욱 그 부분에 특별한 주의를 기울여야 한다. 그것이 당신을 더욱 뛰어나게 만들어줄 수 있기 때문이다. 자신의 강점에 투자하고 이를 극대화하는 것은 약점을 보완하는 것보다 훨씬 더 강력한 효과를 낸다.

차례

추천의 글 희망의 교육을 위한 새로운 언어를 창조하다 7
감수의 글 수업 향상의 열쇠는 교사에게 있다 11
머리말 위대한 가르침은 예술이다 13

1부 | 배운 내용을 이해했는지 확인하기

1장 학생들의 내용 이해를 확인할 자료 수집하기

기법 01 자기보고식 질문을 피하라 45
기법 02 대상을 겨냥해 질문하라 50
기법 03 표준 양식을 활용하라 54
기법 04 목표를 가지고 관찰하고 추적하라 57
기법 05 제대로 이해했는지 학생들이 직접 보여주게 하라 60
기법 06 확실히 짚고 넘어가게 하라 63

2장 실수가 용인되는 문화와 적절한 자료를 바탕으로 행동하라

기법 07 실수에 대비한 계획을 세워라 69
기법 08 실수해도 괜찮은 문화를 확립하라 72
기법 09 실수를 파헤쳐라 79
기법 10 정답과 오답을 분명히 구별하라 85

2부 | 엄격한 학업 기풍 세우기

3장 학업 성취에 대한 기대 설정하기

기법 11 학생들에게서 시선을 거두지 마라 95
기법 12 두루뭉술한 답변을 지나치지 마라 107
기법 13 지식을 확장시켜라 115
기법 14 정확한 언어로 말하게 하라 126
기법 15 교사 스스로 수업이 지루할 것이라 속단하지 마라 131

4장 효율적으로 수업 계획하기

기법 16 뚜렷한 목표를 가지고 수업을 시작하라 137
기법 17 수업 목표를 정하는 네 가지 기준 139
기법 18 수업 목표를 학생들과 공유하라 144
기법 19 교사와 학생 모두를 고려해 수업을 계획하라 146

5장 수업 내용을 체계적으로 전달하기

기법들을 살펴보기에 앞서 '나·우리·여러분' 교수법 155
기법 20 수업 전 준비활동을 하게 하라 160
기법 21 수업 단계마다 이름을 붙여라 163
기법 22 정확하게 필기하는 습관을 갖게 하라 168
기법 23 교사의 통제 아래 소리 내어 읽게 하라 170
기법 24 전략적으로 교실을 순회하라 179
기법 25 반복 연습을 시켜라 184
기법 26 종료 티켓을 활용하라 187

6장 수업에 학생을 참여시키기

기법 27 수업의 흐름을 바꾸어라 193
기법 28 시작과 끝을 분명하게 선을 그어라 199
기법 29 모두 손을 들게 하라 203
기법 30 타이머를 활용하라 208
기법 31 매 순간을 소중하게 여겨라 212

3부 | 수업에 참여하는 비율과 생각하는 비율 조절하기

7장 질문을 통해 생각하는 비율과 참여하는 비율 높이기

기법들을 살펴보기에 앞서 사전 지식은 필수다 225
기법 32 학생들에게 대답을 준비할 시간을 줘라 227
기법 33 무작위로 호명하라 231
기법 34 전체 학생이 응답하게 하라 243
기법 35 질문을 작게 나누어라 249
기법 36 빠른 질문으로 수업에 집중시켜라 255

8장 글쓰기를 통해 생각하는 비율과 참여하는 비율 높이기

기법 37 토론 전 다 함께 글을 쓰게 하라 259
기법 38 완벽한 문장 기술을 익히게 하라 262
기법 39 쓴 글을 전체 학생에게 보여주게 하라 266
기법 40 글쓰기 체력을 길러줘라 274
기법 41 글쓰기를 수업 앞부분에 배치하라 277

9장 토론을 통해 생각하는 비율과 참여하는 비율 높이기

기법들을 살펴보기에 앞서 글쓰기, 질문하기, 토론하기의 균형 283
기법 42 토론 습관을 들이게 하라 285
기법 43 돌아앉아 짝과 함께 토론하게 하라 291
기법 44 모둠 토론을 촉진시켜라 300

4부 | 강력한 교실 문화 창조하기

10장 효율적인 체계와 일상 확립하기

기법 45 교실 입구에서 학생을 반갑게 맞이하라 313
기법 46 수업 시작 전부터 준비하게 하라 315
기법 47 머리글자(두음)로 행동 규칙을 정하라 320
기법 48 효율성을 꾀하라 322
기법 49 절차에서 일상까지 전략적으로 투자하라 326
기법 50 다시 하게 하라 332

11장 수업을 위한 질서와 규칙을 100퍼센트 따르게 하기

기법들을 살펴보기에 앞서 면학 분위기 확립을 위한 질서 세우기 337
기법 51 언제나 학생을 보고 있음을 알려라 339
기법 52 눈으로 확인할 수 있는 지시를 내려라 343
기법 53 최소한으로 개입하라 345
기법 54 침착하고 단호하게 말하라 350
기법 55 문제 행동에 대한 결과를 책임지게 하라 354
기법 56 분명하게 말하라 360
기법 57 구체적으로 지시하라 364

12장 학생과의 신뢰감 쌓기

기법 58 긍정적으로 제시하라 371
기법 59 칭찬은 정확하게 하라 378
기법 60 온화한 동시에 엄격하라 383
기법 61 일관된 감정을 유지하라 385
기법 62 우리 교실만의 즐거운 요소를 만들어라 388

맺음말 끝은 또다른 시작이다 393
감사의 말 지혜를 모아준 교사들에게 바치는 책 396

Teach Like A CHAMPION 2.0

1부

배운 내용을 이해했는지 확인하기

어쩌면 훌륭한 교사가 지닌 가장 탁월한 특성은 '내가 가르친 것'과 '학생들이 배운 것'을 구별하는 능력일 것이다. 교사라면 대부분 경험해 봤겠지만, 아무리 세심하게 수업을 계획하고 제대로 수행했다 할지라도 수업 내용을 이해하지 못한 학생들이 있게 마련이다.

교사가 가르친 것과 학생이 배운 것 사이에 격차가 생기는 일은 교사의 '잘못'이 아닐 수도 있다. 어떻게 보면 잘못이라는 개념 자체가 타당하지 않다. 학생이 어떤 내용을 확실히 습득할 수 있게 가르치는 것이 교사의 할 일이자 도전 과제이다.

학생들이 수업을 이해하지 못할 때 이를 바로잡고 계속 수업을 이어나가는 것은 교사에게 참으로 거대한 도전이다. 철학적인 문제라기보다는 세부적인 실천 과정에 어려움이 있는 것이다. "음, 내가 가르치는 동안 학생들이 실제로 어떤 내용을 배우고 있는지 계속 확인하고 점검해 봐야겠어"라고 생각하는 교사보다 주어진 수업을 위해 할 일이 300가지가 넘는 교사가 훨씬 더 많다.

"학생들이 제대로 배우고 있는지 반드시 확인할 것!"이라고 쓴 메모지를 눈앞에 붙여놓는다고 해서 더 잘 가르치게 되는 것은 아니다. 배운 내용을 이해했는지 확인하는 데 능숙한 최고의 교사들은 계획적으로 작은 변화를 낳는 습관을 통해 성공을 거둔다.

1부에서는 주로 '실시간' 행동 위주로 학생들의 이해도를 점검하는 방법을 살펴볼 것이다. 수업이 끝난 후에 학생들의 이해도를 평가할 방법은 많다. 시험, 퀴즈, 작문, 숙제, 종료 티켓(기법 26 참조) 등 다양하다. 대부분의 교사는 이들 방법 가운데 일부 혹은 전부를 사용한다. 그러나 여기서는 교사가 수업 중 재빨리 상황을 파악하는 데 도움이 될 만한 기법들을 주로 살펴볼 것이다.

한번 수업 내용을 잘못 이해하면 오해가 걷잡을 수 없이 커지게 마련이다. 교사가 학생들의 오해를 재빨리 알아채고 대응해야 상황이 악화되는 것을 막고 손실을 최소화할 수 있다. 학생들이 수업 내용을 잘못 이해했을 때 발생하는 가장 큰 손실은 수업 시간 전체가 무의미해지는 것이다. 10분 정도를 투자해 그러한 손실을 막을 수만 있다면 이는 아주 효율적인 대처인 셈이다.

학생들이 배운 내용을 제대로 이해했는지 확인하는 기법은 크게 세 가지로 분류할 수 있다. 그중 첫 번째가 '자료 수집'이다. 실제 수업에 시간제한이 있다는 사실을 생각하면 자료 수집은 반드시 효율적이어야 한다. 자료를 수집할 시간이 20분쯤 주어진다면 당연히 학생들이 제대로 이해하고 있는지 파악하기 쉬울 것이다. 그러나 현실은 그렇지 않기 때문에 2분 안에 자료를 수집해야 한다. 교사들이 자료를 수집하는 데에는 '질문'과 '관찰'의 두 가지 방법이 있다. 1장에서는 이 질문과 관찰을 효과적으로 하기 위한 기법들을 살펴볼 것이다.

2장은 자료를 수집한 다음에 뒤따라오는 두 가지 임무인 '자료를 토대로 행동하기'와 '실수해도 괜찮은 문화 확립하기'를 다룬다. 2장에서 살펴볼 기법들은 여러 면에서 1장과는 다른 유형의 어려움을 다루고 있다. 자료를 수집할 때의 어려움이 실질적인 대목에서 발생한다면 두 번째와 세 번째 임무의 어려움은 기술적인 면과 심리적인 면 모두와 관련이 있다.

자료를 토대로 행동하는 것에는 학생들의 이해가 부족하다는 판단이 들 때 즉시 수업의 경로를 바꾸는 행동도 포함된다. 가끔은 학생들의 이해도가 낮다는 증거를 보고도 못 본 척 자료를 '묻어버리고' 싶을 때가 있다. 2장에서는 이러한 유혹을 물리치기 위한 전략들을 살펴보고, 배운 내용을 이해했는지 확인하는 과정을 교사와 학생의 협력으로 구축하는 또 다른 심리적, 사회적 노력에 대해 알아볼 것이다.

교사가 자료 수집을 통해 실수에 대응하고 성공적인 수업을 하려면 학생들이 자신의 실수를 감추지 않고 기꺼이 내보일 수 있어야 한다. 훌륭한 교사는 학생들이 더욱 적극적으로 자신의 실수를 드러낼 수 있게끔 '틀려도 괜찮은' 분위기를 만든다. 이러한 분위기 속에서 학생들은 실수를 통해 배우는 것을 지극히 당연한 일로 여기며 틀린 답변조차 존중하는 '실수해도 괜찮은 문화'를 확립한다.

1장

학생들의
내용 이해를 확인할
자료 수집하기

교사는 학생들이 배운 내용을 제대로 이해하고 있는지 두 가지 방법으로 자료를 수집한다. 첫째는 질문을 통해서, 둘째는 관찰을 통해서이다. 교사가 어떤 내용을 가르치고 나면 학생들에게 질문을 던지고 그 대답을 통해 자료를 모을 수 있다. 가끔 풍성한 자료 수집을 위해 질문을 조정하기도 한다.

질문을 통해 자료를 수집할 때에는 함정을 피하는 게 중요하다. 이때 가장 일반적으로 빠지기 쉬운 함정은 수업 내용의 이해 여부를 확인하려고 '예-아니요'로 대답하도록 질문하는 것이다.

자기보고식 질문을 피하라

자기보고식 자료 수집을 피하고 신중하게 고른 질문을 빠른 속도로 연달아 던져 학생의 이해도를 깊이 있게 평가해라.

교사 1 : 이게 기본적인 세포 구조란다. 식물세포와 동물세포의 차이를 다들 분명히 이해했니?

교사 2 : 자, 이게 기본적인 세포 구조이고 식물세포와 동물세포의 차이란다. 알겠니?

위의 두 교사가 던진 것과 같은 자기보고식 질문은 보통 조용한 동의나 "음, 예"처럼 중얼거리는 식의 대답을 이끌어내게 마련이다. 그러면 교사는 대개 다음과 같이 응수한다.

"좋아. 그럼 엽록체의 역할로 넘어가자."

학교에서나 직장에서나 놀이터에서나, 어른에게나 아이에게나, "다들 알 겠니?" 혹은 "모두 이해했습니까?"와 같은 질문을 던진다면 이는 수사적인 기능을 가질 뿐이다. 자주 반복되는 질문이지만 대답은 거의 언제나 수동적인 "예"이며 결코 실제 상황을 정확히 반영하지 않는다.

수많은 사회과학 문헌에 따르면 자기보고는 꽤 신뢰성이 떨어지는 조사 방법이다. 특히 "예-아니요"로 대답해야 하는 경우가 그렇다. 앞의 질문으로 돌아가 보자. "자, 이게 기본적인 세포 구조이고 식물세포와 동물세포의 차이란다. 알겠니?" 아무리 진지하고 성실한 자세로 묻는다 해도 25명의 학생들 가운데 "아니요. 솔직히 저는 식물세포의 정밀 구조가 무슨 말인지 이해하지 못했어요"라고 대답할 사람은 거의 없다.

그 순간 어떤 학생이 뭔가를 이해하지 못했다는 사실을 깨닫고 교사에게 재빨리 털어놓을 시간이 있다고 해도, 그 정도 규모의 집단 속에 있으면 감히 나서지 못한다. 집단의 이익을 침해할지도 모른다는 두려움이나 당혹감 때문이다.

한편 암묵적인 사회적 압박보다 훨씬 더 심각한 문제가 있다. 많은 경우에 학생들은 어떤 내용을 놓쳤기 때문에 뭔가를 놓쳤다는 사실조차 알지 못한다. 식물세포의 정밀 구조에 대한 교사의 설명을 놓쳤다면 자신이 놓쳤다는 사실도 알지 못한다. 그래서 이해하지 못한 내용을 이해했다고 생각해 버리거나 뭔가를 이해했는지 물어보는 질문에 대해 아예 깊이 생각하지 못한다.

교사가 "식물세포와 동물세포의 구조 차이를 알겠니?"라고 물어볼 때 이 질문이 실질적으로 뜻하는 바는 "식물세포와 동물세포의 차이에 대해 네가 알고 있는 내용을 떠올릴 수 있겠니?"이다. 질문이 직접적이지 않으면 학생들은 알아야 할 내용에 관심을 보이지 않는다. 이는 왜곡된 긍정성을 안겨 줄 뿐만 아니라 학생들 스스로 왜곡된 긍정성을 믿게끔 유도한다.

마지막으로 살펴볼 점은 교사 스스로가 자기보고식 질문을 던지면서 학생들이 대답할 때까지 기다려주지 않는다거나, 검증을 생략한 채 학생들의 조용한 동의를 인정해 버리거나, 심지어 계속해서 다음 진도를 나가도 좋다는 신호를 기대하며 학생들의 침묵에 안도의 표정을 짓는 등 진심으로 학생들의 대답에 귀 기울이지 않는다는 사실이다.

심지어는 학생이 제대로 이해하지 못했다고 하는데도 다음 내용으로 넘어갈 준비를 하면서 형식적으로 요점을 되풀이하는 교사도 있다. "음, 데이비드. 현미경으로 봤던 세포의 모양 기억하니? 직사각형 무늬가 있었지? 그 모양이 이것과 상당히 비슷해 보였잖아? 이제 알겠니?"

이런 반응은 "유용한 자료를 제공해 줘서 고맙구나. 우리 다시 그 내용으로 돌아가 보자"가 아니다. "너는 이 대목에서 수업 내용을 놓쳤구나, 데이비드"에 가깝다.

최고의 교사들은 이런 경우 자기보고식 자료 수집을 피하고자 노력한다. 자기보고식 질문 대신 전략적으로 선정한 표본을 향해 신중하게 고른 질문을 연달아 빨리 던져 단 1~2분 안에 학생의 이해 여부를 의미 있게 검증하려고 한다.

자기점검에 대하여

때로 교사들은 학생들이 제대로 이해했는지 확인하기 위해 언뜻 자기보고와 비슷해 보이는 방법을 사용한다. 바로 자기점검이다. 자기점검이 자기보고와 어떻게 다른지를 살펴보고 이를 제대로 활용하기 위해 필요한 기술을 알아보자.

학생들의 자기점검을 통한 자기인식 계발

캘리포니아 오클랜드 어스파이어 중학교의 에이미 쿡 교사는 학생들과 함께 단어 철자를 복습하면서 이렇게 말했다. "이따가 내일 볼 시험에 대해 얼마나 자신감이 생겼는지 각자 1부터 4까지 점수를 매기고 투표를 해볼 거예요. 그러니 지금 단어를 쓸 때마다 계속 자기 점수를 생각해 보세요."

이는 언뜻 자기보고식 질문을 조금 그럴싸하게 바꾼 것에 불과해 보일 수도 있다. 학생들에게 스스로 이해 정도를 평가해 보라고 했으니 말이다. 그러나 이것은 자기보고식 질문이 아니다. 에이미는 적극적으로 객관적인 자료를 수집하고 있었고 학생들이 매긴 점수를 재빨리 살펴보며 학급 전체를 평가했다.

그녀가 학생들에게 자기점검을 요청한 것은 학생들의 숙달 정도를 평가하기 위해서가 아니라 학생 스스로 숙달을 향해 다가가고 있는지 자기인식을 해보도록 자극하기 위해서였다. 그녀는 학생들에게 이렇게 조언했다. "자기 스스로 3, 4점을 주었다면 추가 연습문제를 받아다가 집에 가서 풀어보렴." 학생들이 자신의 숙달 정도를 의식적으로 판단해 보는 것은 자기보고가 아닌 자기점검이다.

계획적인 자기점검은 다른 기법과 함께 활용해 시너지 효과를 낳을 수 있다. 예를 들어 교사는 학생들이 직접 방금 배운 내용을 돌이켜보고 의문이 남는 부분을 골라보도록 시간을 줄 수도 있다. "혹시 질문이 있니? 시간을 조금 줄 테니 방금 배운 내용으로 돌아가 마지막 다섯 문제를 살펴보렴." "선생님이 말한 '혐기성'이 무슨 뜻인지 알아야 해요. 만약 모르겠다면 물어보세요."

목적이 있는 질문으로 평가하기

뉴저지 주 뉴어크 노스스타 아카데미의 케이티 맥니클은 수업 시간에 교사의 지도에 따른 문제 풀이를 한 차례 하고 자율적인 문제 풀이로 넘어가기 직전 학생들에게 복습하고 싶은 문제가 있는지 물어보았다. 언뜻 자기보고식 질문과 크게 다르지 않아 보였지만, 그 순간 케이티의 접근 방식은 매우 의미심장했다.

몇몇 학생이 손을 들자 케이티는 손든 학생들에게 다가갔다. 서두르지 않는 모습이 이런 메시지를 전하고 있었다. "이 시간은 형식적인 게 아니란다. 일부러 시간을 내 진지하게 임하고 있는 거야." 유세프라는 학생이 분배법칙을 설명해 달라고 했다. "아주 좋은 질문이야." 케이티는 다른 학생에게 분배법칙의 정의를 물어보았고 예를 들어가며 설명했다. 그래도 유세프가 어려워하자 수업 자료에서 예시 문제를 하나 골라 또다른 학생에게 풀어보도록 했다. "네가 유세프 대신 2번 문제를 풀면서 구체적으로 설명해보렴. 그런 다음 3번 문제는 유세프가 풀어보자."

케이티는 학생들이 어려워하는 내용이 구체적으로 무엇인지 알아본 후 의문점이 있을 것을 예측하고 돌이켜볼 시간을 충분히 주었으며, 정확한 이해를 위해 복습과 연습을 시키는 식으로 자기점검법을 활용했다. 유세프는 몰랐던 내용을 더 잘 이해하게 되었다고 보고하는 데에 그치지 않고 실제로 얼마나 제대로 이해하는지 보여주어야 했다.

이런 식의 자기점검은 목적이 있는 질문으로 평가를 마무리하고 충분한 시간을 할애해야 하지만 그만큼 중요하다. 그러나 시간의 측면에서 보면 꽤 '비싸게' 먹힌다. 이와 같은 단점을 보완해 조금 더 '저렴하게' 고안된 방식이 바로 다음 기법인 '대상을 겨냥해 질문하라'이다.

대상을 겨냥해 질문하라

전략적으로 선정한 특정 학생들을 향해 짧은 시간에 연달아 신중하게 고른 질문을 던져라.

기법 1이 자기보고식 질문을 피하는 데 중점을 두었다면, 기법 2는 전략적으로 선정한 대상을 겨냥해 1~2분 정도의 짧은 시간에 신중하게 고른 질문을 연달아 던지는 방법이다.

교사 : 자, 세포 구조를 복습했으니까 다들 식물세포와 동물세포의 차이를 분명히 알겠지?

위의 질문을 다음과 같이 바꿀 수 있다.

교사 : 자, 이제 식물세포와 동물세포의 차이를 분명히 알고 있는지 확

인해 보기로 하자. 제이슨, 세포벽이 있다는 건 무슨 세포라는 뜻이지? ……좋아, 식물세포의 또다른 특징은 무엇일까, 찰린? ……엽록체가 있는 세포는 뭐지, 호세? ……엽록체가 있는 이유는 뭐지, 사샤? ……좋아, 이제 다음 내용으로 넘어가도 되겠구나.

수업 내용의 전환점마다 두세 가지 핵심 요점을 선택해 한 차례 질문을 던지는 시간을 미리 계획하자. 다음 내용으로 나아가기 전에 제대로 이해하고 넘어가는 게 나중에 다시 처음으로 돌아가는 것보다 더 효율적이다.

속도가 중요하다

대상을 겨냥한 질문은 보통 1~2분 이내에 끝내야 한다. 정확한 질문을 효율적으로 빨리 던질 수 있는 교사들은 수업의 흐름을 깨뜨리거나 수업 계획을 과도하게 바꾸지 않고도 일관성 있게 질문을 던질 수 있다.

질문은 미리 계획하라

정확하고 효율적으로 질문하려면 미리 질문할 내용을 생각해 두어야 한다. 질문을 미리 계획해 두면 보다 정확한 측정이 가능하고 즉석에서 다음 질문을 생각하지 않아도 된다. 질문을 더 빨리 던지고 학생의 대답으로부터 더 많은 정보를 얻어내려면 학생들의 숙달 경향을 미리 추적해 표로 만들어두는 게 유용하다. 또 질문을 미리 계획하면 더욱 정확한 어휘를 선택할 수 있고 심오한 답변을 직접 유도할 수도 있다. 그뿐만 아니라 수업을 마친 뒤 질문의 기술을 가다듬고 개선하기가 더 쉬워진다.

한편 질문을 미리 계획해 놓으면 학생들의 실수를 예측하고 이에 대한 대비책을 마련하는 데 도움이 되기도 한다. 학생들이 어떤 실수를 하게 될 것인가? 실수를 했을 때 어떻게 할 것인가? 이 두 가지를 고려해 잠재적 실수에 대응할 방법을 미리 계획한다면 학생이 실수를 해도 당황하지 않고 적절한 행동을 취할 수 있다.

대상 학생은 전략적으로 추출하라

대상을 겨냥한 질문을 할 때는 계획적으로 대상을 선택해 수집할 수 있는 자료량을 극대화할 수 있다. 보통 수준의 학생 두 명, 내용을 숙달하는 데 시간이 조금 더 걸리는 학생 두 명, 그리고 성적이 좋은 학생 한 명 정도를 추출해 질문을 던진다. 이렇게 다양한 학생들의 수준을 반영해 질문을 하면, 질문을 받은 학생이 무엇을 얼마나 알고 있는가를 파악할 수 있을 뿐만 아니라 질문을 '받지 않은' 학생이 무엇을 알고 있는지도 짐작할 수 있다.

무작위로 호명하라

대상을 겨냥한 질문을 최대한으로 활용하려면 무작위로 호명하는 방법(기법 33)을 사용하는 게 좋다. 질문에 자진해서 대답하는 학생은 그렇지 않은 학생보다 답을 알고 있을 가능성이 크다. 그러므로 학생들의 이해 정도를 확인할 때 손을 든 학생에게만 질문한다면 당신이 수집한 자료는 현실보다 낙관적인 소식을 전해줄 것이다.

학생들의 이해도를 점검할 때 외에도 무작위 호명 기법을 자주 활용하도록 하자. 학생들도 이 기법에 익숙해져야 대상을 겨냥한 질문을 던질 때 무작위 호명 기법을 사용해도 당황하지 않을 것이다. 누구에게나 언제든지 질문할 수 있으려면 무작위 호명 기법을 일반적인 수업 방식으로 만들어 두는 게 좋다.

자료를 정확하게 분석하라

대상 학생들을 추출해 질문을 던지면 답변을 개별적인 것으로만 보지 않고 한 묶음의 자료로 볼 수 있게 된다. 예를 들어 내가 "주인공은 이 대목에서 무엇을 두려워하고 있을까?"라는 질문을 무작위로 던졌다고 해보자.

첫 번째 학생의 답변은 대부분 정답이 아니므로 나는 "음, 그건 아닌 것 같은데?"라고 반응했다. 다음 학생의 답변은 조금 더 정답에 가까워졌지만 여전히 정답이 아니었다. 그다음 학생은 별로 살을 덧붙이지도 않고 앞 학생의 답변을 되풀이했다. 그러다가 내가 지명한 네 번째 학생이 꽤 수준 높은 대답을 했다. 나는 "맞았어"라고 말하고 속으로 생각했다. '드디어 학생들이 이해했군.' 그러나 학생들은 이해하지 못했다. 네 명 중 한 명이 이해했을 뿐이다. 나는 자료를 잘못 해석한 것이다. '틀린 답, 틀린 답, 틀린 답, 맞는 답'은 대체로 좋은 소식이 아니다.

자기보고식 질문을 피하고 대상을 겨냥한 질문을 일반적으로 활용할 수 있게 되었다면, 학생들의 이해 정도를 더욱 엄밀히 확인하기 위해 질문에 다음 두 가지 특징을 추가해야 한다. 바로 신뢰성과 타당성이다.

표준 양식을 활용하라

TECHNIQUE 기법 03

필요한 자료를 매번 일정한 곳에서 수집할 수 있도록 계획함으로써 관찰 과정을 효율적으로 간소화해라.

　　　　　　수업 중 실시간으로 학생들의 이해 여부를 확인하는 또다른 자료 수집 방식은 관찰이다. 관찰은 질문을 던져 학생들의 성취도를 점검할 때에 비해 복잡한 생각과 사고방식에 더 빨리 반응할 수 있다는 이점을 가지고 있다. 또 하나의 이점은 '병렬처리(parallel-process)'가 가능하다는 것이다. 이를 통해 교사는 학생이 학습하는 동안 곧바로 이해 여부를 점검할 수 있다.

　수업 도중 자료를 수집하려면 늘 심각한 시간 제한을 겪게 된다. 예를 들어 교사가 학생들에게 5분 동안 자율 문제 풀이를 시켰다고 하자. 문제 풀이를 시작하고 학생들이 제대로 풀고 있는지 확인하고 나면 30명의 답을 평가하는 데 남은 시간은 2분 30초이다. 이때 주의를 빼앗길 요인을 반으로 줄이고 정보를 3배 더 빨리 모을 수만 있다면 자료 수집이 가능할 것이다. 또한 자료 수집에 들어가는 거래 비용을 줄일 수 있다면 계획한 대로 수업 시간을 활용할 수 있다.

관찰을 통해 유용한 자료를 모으고 그 과정을 간소화하려면 교사가 포착하고자 하는 내용을 표준화한 양식으로 만들어 활용하는 게 좋다. 이는 필요한 자료를 매번 일정한 곳에서 찾을 수 있도록 한다는 말이다.

예를 들면 학생들에게 교재의 특정 페이지 여백에 답을 쓰게 하거나, 특정한 방식으로 표시하게 하는 것이다. 또 수업을 시작할 때 그날 배울 내용의 핵심이 모두 포함된 과제 꾸러미를 나눠 주고 정확히 어느 공간에 글쓰기를 해야 하는지, 어느 페이지에 나온 문제를 풀어야 하는지를 지시해 교사가 원하는 대로 수업을 할 수도 있다.

7학년 학생들과 함께 『파리대왕』을 읽는 시간에 교사 데이브 자브시카스는 학생들에게 난이도 높은 주제를 내주며 많은 양의 글을 쓰도록 유도하는 과제 꾸러미를 배포했다. 학생들에게 나눠준 과제 꾸러미가 모두 동일한 양식이었기 때문에 학생들이 글을 쓰는 동안 교사가 관찰을 통해 평가하기가 수월했다. 그는 교실을 순회하며 언뜻언뜻 눈길을 주는 것만으로 학생들이 쓴 글의 요점을 점검할 수 있었다.

데이브처럼 정해진 형태의 과제 꾸러미를 사용하면 교실을 돌아다니며 학생이 쓴 글을 관찰할 때 "음, 3장에 관한 주제 단락은 어디에 쓴 거니?" 하고 물어보며 종잇장을 넘기는 시간을 절약할 수 있다. 표준 양식을 사용하면 학생의 답변을 더 빨리 살펴볼 수 있고 글을 쓰고 있는 학생을 방해하지 않아도 된다.

무엇보다도 소모적인 일에 에너지를 허비할 필요가 없어지므로 학생들의 학습이 어떤 경향성을 보이는지 파악하는 데 교사의 인지능력을 집중적으로 사용할 수 있다.

데이브의 아이디어를 다른 상황에 응용하는 것도 가능하다. 예를 들어 학생들에게 표로 된 양식을 건네주고 한쪽 칸에 주장의 근거나 정의를 써 보게 하는 것이다. 그러면 교사는 손쉽게 정보를 찾아볼 수 있고 학생들도 두 가지 생각을 쉽고 빠르게 구분하고 비교할 수 있게 된다.

TECHNIQUE 기법 04

목표를 가지고 관찰하고 추적하라

교실을 살펴볼 때는 계획적으로 해라. 무엇을 찾고 있는지 목표를 구체적으로 정하고 주의를 빼앗는 온갖 요인을 만나도 목표를 엄격히 지켜라.

관찰을 할 때 약간의 의도성을 추가하면 더욱 효과적이고 효율적으로 자료를 수집할 수 있다. 사실 관찰의 목적이 자료 수집이라면 이는 관찰이라기보다 추적이라고 표현하는 편이 더 정확할 것이다. 관찰만 하지 않고 추적한다는 것은 자신이 무엇을 찾고 있는지를 구체적으로 정하고 주의를 빼앗는 온갖 요인을 맞닥뜨려도 처음의 목표를 엄격히 지킨다는 뜻이다. 이는 쉽게 들릴지 몰라도 전혀 간단하지 않은 일이다. 원래 사람은 자신이 무언가를 알아채지 못했다는 사실을 거의 인식하지 못한다. 또한 무엇을 알아챌지 '결정'할 수도 없다.

예를 들어보자. 처음 교단에 섰을 때 나는 학생들에게 자율 문제 풀이를 시키고 교실을 돌아다니며 관찰해야 한다는 것을 알고 있었다. 그렇게 하면서 내가 정말로 관찰을 잘하고 있다고 생각했다. 기분이 좋은 날은 마치 빈 캔버스를 들여다보는 것처럼 교실을 돌아다니며 학생들을 관찰했다. 그러면 캔버스 위로 알록달록한 멋진 그림이 나타나곤 했는데 그건 정말이지 매혹적인 광경이었다.

그러나 사실 내 눈에 들어온 것들은 모두 임의적인 우연의 결과물이었다. 그러므로 내가 학생들에게 준 피드백도 임의적일 가능성이 컸다. 어떤 목표를 가지고 학생들의 결과물을 살펴볼지 미리 정하지 않았기 때문이다. 나는 추적한 게 아니라 그냥 바라보았을 뿐이다.

학생들의 구체적인 실수와 성공 지점 추적하기

추적한다는 것은 의도적인 관찰을 의미한다. 이는 학습이 제대로 이루어지고 있다는 가장 중요한 신호를 찾는 적극적인 행위이다. 이때 주목해야 할 두 가지 신호가 있다.

첫째는 구체적인 실수의 신호이고 둘째는 성공 지점의 신호이다. 구체적인 실수를 추적한다는 것은 학생들이 무엇을 이해 못 하는지, 누가 이해 못 하는지를 확인하고 실수의 규모가 어느 정도인지 가늠한다는 뜻이다. 반대로 성공 지점을 추적한다는 것은 학생들이 과제를 '완성'했을 때와 '탁월함'을 보였을 때를 구분하는 기준이 무엇인지 미리 정해놓고 학생들이 그렇게 하고 있는지 관찰한다는 뜻이다.

구체적인 실수를 추적할 때와 성공 지점을 추적할 때 공통적으로 명심해야 할 점은 두 가지 모두 정신적, 물리적으로 수치를 측정해 기록을 남겨야 한다는 것이다. 예를 들어 본문에서 주장의 근거를 찾아 쓰게 했을 때 자기 문장으로 바꿔 쓰지 않고 본문 내용을 그대로 베낀 학생은 이름 옆에 표시해 두는 식이다. 교사는 다음 수업을 시작하기 전 잠깐 짬을 내 학생들이 어떤 실수를 할지 예측해 보고 어떻게 대응할지 미리 계획할 수 있다. 현장에서 다시 가르칠 필요가 있는지 궁리하는 것보다 미리 계획하고 결정하는 쪽이 훨씬 낫다.

베드퍼드스타이베선트의 리더십 예비학교 교사 타린 프리처드는 '수업 전 준비활동을 하게 하라'(기법 20) 시간에 이 기법을 활용한다. 수업 전 준비활동은 시간이 부족한 탓에 학생들이 푼 모든 문제를 검토할 수 없다는 단점이 있다. 그러나 타린은 교실을 돌아다니며 학생들이 준비활동 문제를 제대로 푸는지, 어떤 문제를 틀리는지 계속 기록함으로써 이 단점을 극복한다.

그녀는 문제를 틀리게 푼 학생을 발견할 때마다 그 문제 옆에 표시를 해둔다. 문제를 검토할 때 해당 학생을 호명할 수 있도록 이름 이니셜을 써두기도 한다. 학생들이 어떤 부분을 틀리고 맞았는지도 기록한다. 특히 반복적으로 저지르는 실수에 관심을 기울여 학생 이름 옆에 2회, 3회 하는 식으로 기록한다.

순회를 끝마칠 무렵이면 타린은 귀중한 정보를 상당히 많이 수집하게 된다. 어떤 문제 위주로 검토해야 하는지, 일반적으로 실수가 발생한 문제는 무엇인지, 어떤 학생을 골라 물어봐야 하는지, 모범 사례를 원한다면 누구를 지명해야 하는지, 내일 다시 가르칠 부분은 어디인지 등을 파악하는 것이다. 간단하지만 훌륭한 방식이다.

제대로 이해했는지 학생들이 직접 보여주게 하라

수동적인 학생들로부터 교사가 일일이 직접 자료를 구하는 방식 대신 학생들 스스로가 적극적으로 이해했다는 증거를 보여주게 해라.

일반적인 교실 안 역학관계를 뒤집어 수동적인 학생들로부터 교사가 일일이 직접 자료를 구하는 방식에서 학생들 스스로가 적극적으로 이해했다는 증거를 보여주게 하는 방식으로 전환하면 더욱 효과적으로 학생들의 학습 과정을 관찰할 수 있다. 이해한 것뿐만 아니라 이해하지 못한 게 무엇인지도 더욱 분명하게 드러난다.

손 신호

학생들이 교사의 질문에 손가락을 이용해 구체적인 신호를 보이며 답변하는 방식이다. 이때 학생들은 자신의 이해 여부를 전달하기 위해서가 아니라 실제로 답변을 하기 위해 손가락을 든다. 예컨대 교사가 "만약 정답이 A라고 생각하면 손가락을 하나, B라고 생각하면 손가락을 두 개 세우는 거야"라고 말하고 질문한다고 해보자.

이때 학생들의 대답은 "이 문제를 얼마나 잘 이해했는지 보자"라는 질문에 엄지를 위아래나 옆으로 들어 이해의 정도를 표시하는 것과는 다르다. 후자의 경우는 신뢰성이 떨어지는 주관적 자기보고식 질문의 한 가지 예이다.

보드판 이용하기

관찰할 자료를 모으는 또다른 좋은 방법은 보드판을 사용하는 것이다. 학생들에게 보드판에 답을 적고 교사의 신호에 따라 들어 올리도록 한다. 그냥 종이를 사용하는 교사도 있고 썼다가 지울 수 있는 작은 화이트보드를 사용하는 교사도 있다. 이 방법은 초등학교나 중학교, 고등학교에서 모두 효과적으로 쓸 수 있다.

그래프용지를 들어 올리거나 공책에 그래프를 그려 보이게 할 수도 있고, 예컨대 '신빙성'이라는 단어의 개념을 찾아볼 수 있는 문장을 손으로 가리키게 할 수도 있다. 이런 경우 점검하는 데 시간이 더 오래 걸릴 수 있지만 역시 많은 자료를 수집할 수 있으며, 학생들에게 주어진 과제를 끝까지 완수할 책임을 강조할 때도 효과적이다.

손 신호와 보드판을 활용할 때는 다음의 사항들에 유의하도록 하자.

객관적인 자료를 수집한다 : 이따금 교사들은 자료를 수집하는 과정에서 손 신호와 보드판으로 주관적인 의견을 물어보고 싶을 때가 있다. "스스로 이해한 정도에 따라 손가락을 들어보자. 모두 이해한 사람은 손가락을 하나 들고 전혀 이해 못한 사람은 네 개까지 드는 거야." 그러나 이 방법은 학생들이 학습 내용을 제대로 이해했는지 점검하는 방식으로는 좋지 않다. 손 신호와 보드판을 사용할 때는 오직 객관적인 자료만을 수집하도록 하자.

교사를 '향해' 보여주게 한다 : 이 기법은 학생들이 자료를 시각적인 형태로 적극적으로 보여주는 방법이다. 학생들이 손이나 보드판을 높이 들어 올리도록 하면 교사는 선 자리에서 재빨리 훑어볼 수 있다. 교실 안을 돌아다니지 않아도 된다.

일제히 보여준다 : 이 기법은 학생들이 객관적인 자료를 일제히 보여주기 때문에 효과적이다. 또래의 답변을 참고해 자기 답을 바꾸거나 은근히 묻어가기가 불가능하다.

TECHNIQUE 기법 06

확실히 짚고 넘어가게 하라

다음 단계로 넘어가기 전 올바르게, 생산적으로, 효율적으로 배웠는지 반드시 확인하고 넘어갈 수 있는 구체적인 지점을 만들어라.

로체스터 예비학교 브룩스 캠퍼스 교무부장인 밥 지멀리는 7학년 수학 교사를 지내던 무렵 학생들에게 다원방정식을 자율적으로 풀게 하고 두 문제를 풀 때마다 교사에게 알리도록 했다. 이렇게 중간점검을 하면 모든 학생에게서 자료를 수집할 수 있고 학생이 학습 내용을 제대로 이해했는지 더 정확하게 현장에서 파악할 수 있다. 또 그날의 목표를 달성한다는 공동의 목적에 대해 학생과 교사가 함께 책임을 질 수 있다. 계획을 세우고 실수를 찾아내고 고쳐나가는 과정이 모두 공동의 노력하에 이루어진다.

밥은 교실을 돌아다니며 학생들이 풀고 있는 문제지를 조심스레 살폈다. 표준화한 양식을 활용해 학습 내용과 문제 풀이를 기록하는 자리를 세심하게 배치했기 때문에 짧은 시간에 모든 학생들의 문제지를 살펴보고 경향성을 파악해 대응 준비를 할 수 있었다.

학생들로 하여금 스스로의 이해도를 확실히 점검하고 넘어가게 할 방법은 많지만, 효과적인 실행을 위해서는 다음의 사항들을 명심해야 한다.

점검할 지점을 빨리 훑고 지나간다 : 교사가 교실을 돌아다니며 점검하는 동안 학생들이 기다려야 한다면 이는 수업 시간을 낭비하는 셈이다. 학생들이 "선생님의 확인이 끝날 때까지 기다려야지" 하고 팔짱을 끼고 있거나 연필을 내려놓거나 옆자리 친구와 잡담하는 것은 바람직하지 않다. 그러므로 빨리 움직여라.

점검은 동시다발적일 수 없다 : 당연하게도 학생들은 주어진 과제를 각기 다른 시간에 끝낼 테고 그만큼 점검할 대상이 넓게 퍼지기 때문에 교사로서는 어려운 상황을 맞이할 수 있다. 그래서 밥 지멀리는 점검을 시작하기 전 학생들에게 두 문제씩 풀 때마다 손을 들어 알리게 했다. 이렇게 처음 두 문제를 다 푼 학생부터 점검을 시작함으로써 확인하는 데 걸리는 시간을 반으로 줄일 수 있었다.

추가 문제를 줘라 : 밥은 학생들에게 문제를 3개씩 묶어서 주고 세 번째 문제는 시간이 남을 때 풀게끔 했다. 그러면 학생들이 앞의 두 문제를 다 푼 다음부터 교사의 점검이 시작되고 다른 학생이 점검을 받는 동안 시간이 남는 학생은 세 번째 문제를 풀어볼 수 있다. 이때 세 번째 문제의 난이도는 앞서 푼 문제들과 같은 수준이어야 한다.

기법 5와 6을 통합해 학생들이 '준비되었어요'라고 알릴 수 있는 신호를 만든다면 훨씬 더 빨리 점검을 마칠 수 있다. 교사의 점검을 기다리며 3분 동안 손을 들고 있어야 한다면 다음 문제를 계속 푸는 게 불가능하므로 다른 신호를 만드는 게 좋다. 학생들이 완성한 과제를 들어 올리면 교사가 알아보고 점검해 주는 방식도 유용하다.

브루클린 엑설런스 여자 차터스쿨의 1학년 교사 힐러리 루이스는 자율 과제를 시키기 전 학생들이 얼마나 제대로 이해했는지 알아보기 위해 '확실히 짚고 넘어가게 하라' 기법을 활용한다. 우선 학생들에게 초록색 스티커 용지에 수학 문제 하나를 풀게 하고 다 풀면 그 종이를 '티켓'으로 삼아 자율 과제를 풀도록 하는 것이다. 마치 실제로 표를 구해 영화를 보러 가는 것처럼 상황을 설정해 학생들의 흥미와 긴장감을 조성한다.

학생들은 자율과제 문제 풀이를 '특권'으로 생각한다. 이 특권을 얻으려면 티켓 문제를 맞게 풀어야 하기 때문에 대충 하고 빨리 넘어가는 게 불가능하다. 그런 식으로 힐러리는 학생들에게 학습에 있어서 속도보다 질이 중요하다는 메시지를 전해준다.

학생이 주도하는 확인 과정

'확실히 짚고 넘어가게 하라' 기법은 교사가 학생들의 이해 수준을 끊임없이 점검하고 학생들도 자신의 수행 정도를 지속적으로 파악할 수 있게 해주는 훌륭한 방식이다. 또 성취도에 관한 충분한 자료를 수집해 이를 바탕으로 계속 진도를 나갈지 뒤로 돌아갈지를 결정할 수 있다. 이 기법은 학생들의 이해도를 점검하는 데 큰 도움이 되지만 교사의 집중적인 노력을 필요로 한다. 사실 한 반의 모든 학생을 일일이 점검하려면 많은 에너지가 필요하다. 또한 교사가 한 학생을 점검하는 동안 나머지 학생들이 가만히 앉아 시간을 낭비하고 있어서는 안 된다.

이 기법의 효율성을 증가시킬 한 가지 방법은 학생들의 노력을 동원하는 것이다. 확실히 짚고 넘어가기 위한 중간점검을 꼭 교사 혼자 해야 하는 것은 아니다. 교사가 제시한 요점을 참고해 학생 스스로 점검할 수도 있고 학생들끼리 짝을 이루어 서로 점검해 줄 수도 있다.

학생에게 점검을 맡길지 고려할 때에는 이 기법의 두 가지 핵심 목적을 염두에 두는 게 좋다. 하나는 학생들이 더 어렵고 복잡한 내용으로 넘어가기 전 제대로 이해했는지 확실히 알아보는 것이고, 또 하나는 교사가 학생들의 이해 수준에 관해 자료를 수집하는 것이다.

학생들이 스스로 점검을 하게 되면 첫 번째 목적은 효율적으로 이룰 수 있지만, 교사가 자료를 수집할 기회는 줄어들 위험이 있다. 이 문제를 균형 있게 해결해야 한다. 때로는 학생들끼리 점검하게 하고 또 어느 때는 교사가 직접 점검하는 방식으로 균형을 이루거나, 학생들끼리 점검하는 동안 교사가 따로 자료를 수집할 방법을 찾아낼 수도 있다. 혹은 두 가지 점검 방법을 동시에 사용하는 것도 가능하다.

결론

　학생들이 배운 내용을 제대로 이해했는지에 대한 자료를 수집하기 위해서는, 관찰 기법을 사용하든 질문 기법을 사용하든 매 상황에 따라 다른 조합이 필요하다. 일단 학생들의 이해도에 관해 타당한 자료를 모두 수집했다면, 이제 그 자료를 가지고 무엇을 할 것인가?

　다음 장에서는 최고의 교사들이 학생들의 일반적인 실수를 어떻게 예측하고 개선하는지, 실수가 용인되는 문화를 확립해 도전과 학습의 비율을 향상시킴으로써 학급 구성원 전체의 숙달이라는 목표를 향해 어떻게 나아가는지 살펴볼 것이다.

2장

실수가 용인되는 문화와 적절한 자료를 바탕으로 행동하라

교사가 전략적이고 계획적이며 효율적으로 자료를 수집하고 그 자료를 토대로 재빨리 행동을 취한다면 학생들의 성취도는 크게 향상될 것이다. 사실 자료에 기반해 행동하는 것은 생각보다 훨씬 어렵다. 학생 성취도에 격차가 있다는 사실을 인정하더라도, 교사 스스로가 수집한 자료를 토대로 행동하지 못하는 경우가 많다.

때로 교사는 학생들이 수업 내용을 충분히 이해하지 못한 정황을 포착해도 그 자료를 '묻어버리고' 넘어가고픈 유혹을 느낄 때가 있다. 이럴 경우 교사가 즉각적인 행동에 나서지 않는 데에는 기술적인 문제 외에 심리적인 문제도 큰 관련이 있다.

그만큼 여러 접근법이 필요하며, 보통 이 과정은 수업이 시작되기 전 계획을 세우고 행동하는 것에서부터 시작된다.

TECHNIQUE 07 기법

실수에 대비한 계획을 세워라

학생들이 일반적으로 저지르기 쉬운 실수를 미리 예측하면 실수를 포착하고 적절히 대응할 가능성도 커진다.

심리적인 측면에서 볼 때 자료를 토대로 행동하는 것에는 위험이 따른다. 수집한 자료를 통해 수업에 뭔가 잘못된 부분이 있음을 알아냈다고 해보자. 그러면 교사는 해독제를 마련하기 위해 야심차게 준비해 온 수업 계획을 바꿔보거나 10분밖에 안 남은 수업 시간에는 부적합한 뜻밖의 교수법을 동원해 본다. 그사이 시간은 째깍째깍 흘러가고 몇 분 안에 학생들을 집중시키지 못하면 안 좋은 일이 벌어질 것만 같은 예감이 든다.

사실 수업 계획에 변화를 줄 때 교사는 과감하게 새로운 것을 창조하고 있지만 동시에 어떤 것을 파괴하는 셈이다. 구체적으로 말하면 애써 배치한 수업 계획을 파괴하는 것이다. 그러므로 자연히 실패할지도 모른다는 두려움, 불확실성에 대한 두려움, 변화에 대한 두려움, 시간이 부족할지 모른다는 두려움, 이해 못한 학생들을 데리고 복습을 하는 동안 이미 이해한 학생들을 기다리게 해야 한다는 두려움이 마구 몰려온다. 수집한 자료를 묻어버리고 모른 척하고 싶어지는 것도 당연하다.

두려움을 조금이라도 줄이고 구체적인 행동에 나설 가능성을 높이려면 우선 실수에 대비한 계획을 세우는 게 좋다. 어떤 학생이 어떤 문제로 힘들어할 것인지 정확하게 예측하기는 어렵지만, 실수는 거의 늘 발생하게 마련이다. 누가 언제 실수하느냐의 문제일 뿐이다. 구체적인 실수를 단 하나 예측하는 것은 어렵지만 일반적이고 광범위한 예측은 어렵지 않다. 실수를 예측하고 대비하면 실수 때문에 수업이 궤도를 벗어나는 게 아니라 오히려 실수를 관리하고 활용할 수 있게 된다.

학생들의 실수에 대비한 계획을 세우는 방법

구체적으로 계획하라

교사는 매 수업 시간마다 일어날 가능성이 가장 큰 실수를 상정하고 예측한 대로 실수가 발생하면 어떻게 반응할지 계획을 세워두어야 한다.

학생들이 다소 어려워할 것 같은 내용을 두세 가지만 미리 기록해 놓아도 수업에 도움이 된다. 실제로 학생들이 그런 실수를 저지르는가는 중요치 않다. 설령 예측한 것과는 다른 실수가 발생하더라도 미리 실수를 예상해 보는 것만으로 막상 그런 상황이 닥쳤을 때 불편한 마음을 느끼거나 깜짝 놀랄 가능성을 줄여준다. 일단 어떤 것이든 실수가 일어날 줄을 알고 있기만 해도 거기에 효과적으로 대응할 수 있다.

내 동료이자 세계 최고 수준의 교사인 줄리 잭슨은 다음과 같은 활동으로 실수에 대비한다.

- 내일 수업 시간에 물어볼 가장 중요한 질문을 3~5개 만든다.
- 각 질문마다 예상할 수 있는 오답을 2개씩 만든다.
- 각각의 오답에 어떻게 반응할 것인지 계획한다.

다시 가르칠 계획을 세워라

실수를 발견했을 때 다시 가르쳐야 한다는 부담감 때문에 즉각적인 행동에 나서지 않는 경우도 있다. 이에 대비하려면, 문제가 발생한 지점으로 되돌아가 가르칠 시간을 구체적으로 마련해 놓아야 한다. 물론 모든 수업마다 이것을 실행할 수는 없겠지만 가끔은 분명히 실행할 수 있다.

예를 들어 1분 동안 대상을 겨냥한 질문을 던지며 자료를 수집했다면 이후 5분은 '양자택일'의 시간으로 삼아 수집한 자료를 토대로 이전 내용으로 돌아가 복습을 하거나 혹은 더 어렵고 복잡한 내용을 가르칠 수 있다.

TECHNIQUE 기법 08
실수해도 괜찮은 문화를 확립하라

실수해도 괜찮은 문화, 실수에 대해 논의할 수 있는 문화를 만들어라. 실수를 찾아내고 바로잡는 시간을 줄일 수 있다.

실수해도 괜찮은 문화가 확립되면 학생들은 틀려도 안전하다는 것을 알기에 교사에게 자신의 실수를 감추지 않게 된다. 교사의 목표는 학생들의 실수를 찾아내 고치는 것인데, 학생이 실수를 감추려 든다면 수업하기가 훨씬 더 어려워질 것이다. 반대로 학생이 자신의 실수와 오해를 기꺼이 드러내 보인다면 교사도 실수를 찾는 데 들이는 시간과 에너지를 줄임으로써 실수를 바로잡고 교훈을 전달할 시간을 늘릴 수 있다.

노스스타 아카데미의 케이티 맥니클은 실수해도 괜찮은 문화가 어떻게 확립되는지 잘 보여주었다. 케이티는 어려운 문제를 연달아 풀어본 다음 학생들에게 '복습하고 싶은' 문제를 골라보라고 했다. 7~8명이 조용히 손을 들었다. 한 학생이 분배법칙이 무슨 뜻이냐고 물었다. "좋은 질문이야." 케이티는 개념을 설명했다. 그래도 그 학생이 혼란스러워하자 다른 학생을 지명해 문제 하나를 예로 들어보게 했다. 이 과정에서 케이티의 말투는 한결같았다. 꾸준히 침착한 태도를 유지하며 질문한 학생의 수준을 판단한다는 느낌을 주지 않았다. 또다른 학생도 케이티의 요청에 따라 문제를 설명하면서 처음 학생이 어려워했던 점에 대해 조금도 비난하는 기색을 띠지 않았다. 이 모든 것은 우연히 일어난 일이 아니었다.

나는 케이티에게 학생들이 편안하게 자신의 실수를 드러내고 어려워하는 친구를 도와주는 문화가 형성된 비결을 물었다. 그녀는 매일 학생들에게 꽤 어려운 문제를 몇 개씩 묶어서 낸다. '최우수' 수준의 문제이다. 몇 개나 맞혔는지 자료를 추적하기는 하지만, 금요일까지는 성적에 반영하지 않는다. 학생들은 4일간 최대한 많이 배우려고 노력한다. 그래야 5일째에 성공할 수 있다. 가능하면 많이 물어보는 편이 유리하다.

실수해도 괜찮은 문화를 조성하기 위해 케이티는 학기 초부터 '용감하게 질문하는 학생'을 칭찬해 왔다. 학생들이 자신의 점수를 말하면 표에 그 점수를 기록하고 점수가 오른 사실만 언급했다. "5점 올랐구나, 티아라." 케이티는 높은 성적을 거둔 학생을 칭찬하는 게 아니라 점수가 향상된 학생들을 칭찬했다. "또 학생들끼리 서로 도와주도록 가르쳤습니다. 누구라도 기꺼이 손을 들고 친구에게 학습 내용을 설명하겠다고 하면 대단히 훌륭한 일이라고 칭찬해 주었어요. 그렇게 학생들은 학급을 하나의 팀으로 보기 시작했고 숙달이라는 공동의 목표를 향해 함께 나아가기 시작했죠."

교사와 학생이 함께 만드는 교실 문화

교실 문화는 교사만이 아니라 학생의 말과 행동을 통해서도 이루어진다. 실수해도 괜찮은 문화는 교사 혼자서는 확립할 수가 없다. 예를 들어 어떤 학생이 오답을 말했을 때 어디선가 킥킥 웃는 소리가 들리거나 한 학생이 더듬거리며 대답을 하는 동안 성급한 학생들이 "저요, 저요" 하고 마구 손을 든다면 실수해도 괜찮은 문화가 이루어지기 어렵다.

학생들이 서로를 곤란하게 만드는 일이 없도록 미리 일반적인 상황에 올바르게 대처하는 법부터 가르치는 게 좋다. 학생들이 어떤 원칙을 낯설어 하면 어떻게 행동해야 하는지 기대치를 설명해 주고, 원칙을 거스르는 일이 생기면 단호하지만 너그러운 마음으로 긍정적인 문화를 재설정해라. "잠깐만, 꼭 짚고 넘어갈 점이 있어. 우리 교실에서는 서로 반드시 존중하는 모습을 보여주어야 한단다. 서로 돕고 지지해 주어야 해."

학습을 어려워해도 괜찮은 문화를 확립하려면 학생들의 부정적 행동을 교정하기만 해서는 안 된다. 학습 과정을 어려워하는 사람이 있을 때 서로 적극적으로 돕고 지지하는 분위기를 조성하는 데까지 나아가야 한다. 뉴올리언스의 컬리지에이트 아카데미는 이러한 문화를 장려하기 위해 훌륭한 정책을 펼치고 있다. 누군가가 교사의 질문에 대답하지 못하고 어려움을 겪으면 교사나 또래 학생들이 '사랑의 신호'를 보낸다. 이는 "나는 너를 지지하고 있어"라는 뜻을 담은 미세한 손짓이다.

마지막으로 실수는 꼭 학생들만 하는 게 아니라는 사실을 기억하자. 교사도 때로는 실수를 한다. 어느 정도는 불가피한 일이다. 게다가 교사의 실수 쪽이 더 눈에 띈다. 서른 명의 학생이 교사가 실수하는 모습을 지켜보고 있다. 학생들은 교사가 실수를 부인하거나 최소화하려고 애쓰는지, 적극적으로 받아들이고 인정하는지, 아니면 실수를 검토하는지 모조리 지켜볼 것이다. 학생의 실수든 교사의 실수든 교사가 실수에 대해 어떻게 말하고 묘사하는지가 매우 중요하다.

실수를 존중하고 정상적인 일로 대하며 실수에서 배우는 것을 가치 있게 여기는 문화는 학업 성취도가 높은 교실의 특징이다. 실수해도 괜찮은 문화를 확립하는 방법은 크게 네 가지로 나눌 수 있다.

1. 실수를 예상하라

학생들의 실수를 발견했을 때 최고의 교사들은 어떤 언어를 사용하는지 살펴보자.

밥 지멀리는 학생들이 문제를 풀면서 서로 비슷한 실수를 하는 것을 관찰하고 잠시 수업을 중단했다. "너희가 이런 실수를 해서 선생님은 정말 기뻐. 너희를 도와줌으로써 선생님도 발전할 수 있거든." 밥은 학생들에게 실수는 정상적인 일이고 여러 면에서 귀중한 경험이며 통찰력의 원천이라는 메시지를 전달했다. 실수를 성가셔하지 않았고 오히려 그 실수를 분석해 올바른 학습으로 이끌고 싶다는 뜻을 전달했다. 그리고 실수한 부분을 다시 가르쳐주었다.

이때 교사가 학생들의 실수를 조금이라도 꺼려하는 듯한 반응을 보인다면 학생들은 자신의 실수가 선생님에게 실망감을 안겨준다는 것을 재빨리 배운다. 결국 학생들은 실수를 감추려 들 것이다. 그러면 오히려 교사가 학생들이 어려워하는 지점을 알아채지 못하는 결과만 낳을 뿐이다.

일단 실수가 발생하면 가장 먼저 교사는 실수를 발견하게 되어 기쁘다는 사실을 알리고, 실수가 누구의 '잘못'인지 파헤치는 게 아니라 실수가 발생한 원인을 찾는 게 중요하다는 메시지를 전달해야 한다. 흔히 교사는 학생들이 수업에 집중하지 않아서 혹은 배우는 것을 소홀히 해서 실수를 한 거라고 여기게 마련이고, 또 실제로 그럴 때도 있다. 그러나 교사가 낸 문제가 너무 복잡해서, 설명이 불완전해서, 또는 한 번 더 검토하고 넘어갈 필요가 있어서라고 생각하는 쪽이 훨씬 더 생산적이다.

이제 록스버리 예비학교 수학 교사 제이슨 암스트롱의 사례를 살펴보자. 그는 어떤 문제를 복습하기 전 자신의 예상치부터 설명했다. "2번 문제를 풀어볼 텐데, 의견이 다를 수 있으니 각자 답을 들어보자." 그리고 네 명의 학생에게 답변을 들었다. 그때마다 "다른 대답은 없니?"라고 물어보았다. 이러한 과정을 통해 그는 어려운 문제를 풀 때 저마다 다른 답을 내는 것은 당연하고 정상적인 일이라는 메시지를 전달했다.

2. 곧바로 정답부터 말하지 마라

위 사례에서 제이슨은 학생들과 논의해 볼 두 번째 문제를 소개했다.

> 제이슨 : 좋아, 이제 우리 앞에는 A, B, C, D라는 네 가지 답이 있어. 그중 어떤 게 옳다고 생각하는지 묻고 싶지는 않구나. 답을 맞히는 것보다 설명에 집중하고 싶거든. 우선 D에 대해 어떻게 생각하는지 말해 보자. D가 정답인지 아닌지 물어보는 게 아니야. 그냥 D에 대한 너희들의 생각을 듣고 싶어. 에디, 네가 말해 볼래?

제이슨은 수학적 사고의 중요성을 말하고 있다. 이는 매우 귀중한 자세이다. 보통의 교사들과 제이슨의 다른 점은, 제이슨은 우선 학생의 대답이 정답인지 아닌지를 알려주지 않았다는 것이다. 다만 학생들에게 어떻게 해서 그 답에 도달했는지만 말해 보게 했다.

우리는 흔히 정답부터 밝히고 문제를 살펴보기 시작한다. 그러면 긴장감이 사라진 상태에서 문제를 논의하게 된다. 학생들은 정답을 아는 순간 맞았는지 틀렸는지, 스스로 얼마나 잘했는지에 대해 생각한다. 만약 제이슨이 "정답은 B이지만 어디 한번 D를 살펴보자"라고 말한다면 일부 학생들은 이렇게 반응할 것이다. "아싸! 그럴 줄 알았어." 그리고 정답을 맞혔다는 이유로 더 이상 설명을 들을 필요가 없다고 여길 것이다.

실수해도 괜찮은 문화를 확립하기 위한 가장 간단하고 쉬운 방법은 문제를 논의할 때 답이 맞았는지 틀렸는지를 미리 밝히지 않는 것이다. 논의가 충분히 진행될 때까지 정답 확인을 미루면 학생들의 주의가 산만해질 염려 없이 긴장감을 갖고 논의에 생산적으로 참여하게 만든다.

3. 무의식적인 신호를 조심하라

교사는 학생의 답이 맞든 틀리든 혹은 가치 있든 그렇지 않든 간에 의도치 않게 자신의 생각을 드러낸다. 그리고 이러한 무의식적 신호를 통해 생각보다 많은 사실을 전달하기도 한다. 그러다 보면 정답을 미리 밝히지 않으려는 노력이 수포로 돌아갈 수도 있고, 또 은연중에 학생의 실수를 못 본 척하고 넘어가려는 마음을 들킬 수도 있다.

한때 나는 "흥미롭구나"라는 말을 자주 썼다. 다정한 말투였지만 살짝 선심을 쓰는 듯한 느낌이 담겨 있었고 "음……"이라는 소리를 덧붙이며 양쪽 눈을 천천히 한 번 깜박였다. 학생의 문장 해석이 불충분하다고 생각할 때면 나도 모르게 그런 무의식적인 신호를 보내곤 했다. 어느 날 학생이 본문을 해석하는 것을 듣고 나도 모르게 "음…… 흥미롭구나"라고 말했다. 그때 교실 뒤쪽에 앉은 한 학생이 분명한 목소리로 말했다. "어이쿠, 너 다시 해야겠다, 대니!" 그 아이는 나의 "흥미롭구나"라는 말이 "음, 실망스럽구나"라는 뜻임을 간파하고 있었다.

누구나 하나둘 혹은 여러 개의 무의식적 신호를 보내곤 한다. 무의식적 신호는 은연중에 드러나기 때문에 우리가 의식적으로 전달하려는 메시지를 약화시킬 수 있다. 학생들은 놀라울 정도로 빨리 그 신호를 파악하기 때문에 교사 스스로 자신의 무의식적 신호를 찾아내 관리해야 한다. 물론 교사는 절대로 완벽할 수 없다. "흥미롭구나"라고 말하지 않고 보다 분명하게 "더 좋은 답을 찾아낼 수 있을 거야"라든가 "아니야, 그건 정답이 아니란다"라고 말해도 괜찮다. 다만 의사소통은 계획적이고 의식적으로 이루어져야 한다.

교사들이 일반적으로 보내는 무의식적 신호를 알아보자. "누구 다른 답을 말해 볼 사람?" 그전에 정답이 나왔는데도 이렇게 물어볼까? 의도하지 않았는데 이 말을 무심코 썼다는 것은 일단 앞서 들은 답변이 틀렸다는 뜻이고 학생들은 그 답변에 관해 더는 깊이 생각하지 않게 된다. 또 앞서 대답한 학생에게 "그게 네가 생각해 낼 수 있는 전부라면 아예 말을 하지 마"라는 뜻을 전달하는 것과도 같다.

보통 무의식적인 신호는 틀린 답에 대한 반응일 경우가 많지만, 정답의 경우에도 무의식적으로 신호를 보낼 수 있다. 학생이 정답을 말했을 때 자기도 모르게 환히 웃거나 "왜 주인공이 두려워한다고 생각했니?"에서처럼 '왜'라는 단어를 강조해 묻는 것이다. 좋은 답을 인정하고 격려하는 게 나쁜 일은 아니지만, 혹시 너무 빨리 많은 것을 드러낸 건 아닌지 혹은 너무 남용해서 의미가 퇴색해 버린 것은 아닌지 살펴볼 필요가 있다.

4. 모험을 칭찬하라

학생이 위험을 무릅쓰고 과감하게 어려운 문제에 도전할 때 이를 인정하고 칭찬하면 실수해도 괜찮은 문화를 확립하는 데 도움이 된다. 케이티 맥니클은 용감하게 질문하는 학생을 늘 칭찬한다. 특히 확신이 서지 않을 때도 틀릴 위험을 무릅쓰고 답변하도록 격려한다. "이건 아주 어려운 문제야. 문제가 어렵다는 건 좋은 신호지. 자, 누구 용감하게 나서서 풀어볼 사람?" 혹은 "이건 참 어려운 문제인데 이렇게 많은 사람이 손을 들어서 선생님은 정말 기쁘구나"라고 말해 긍정적으로 해당 행동을 강화할 수도 있다. "누가 과감히 도전 문제를 풀어보겠니? 와, 정말 멋지구나. 저 용감한 손이 정말 자랑스러워. 디앨로, 나와서 풀어보렴." 이렇게 '용감한 손'이라는 말만으로도 많은 메시지를 전할 수 있다. 실수해도 괜찮은 문화에서는 학생들이 옳든 틀리든 테두리를 벗어나 모험에 나섰다는 사실만으로 만족감을 느낄 수 있다.

TECHNIQUE 09 기법

실수를
파헤쳐라

학생들이 가장 어려워하는 지점을 파악해 그 문제를 어떻게 해결해야 하는지 이해할 수 있도록 실수를 파헤치고 살펴봐라.

실수를 공개적이고 편안한 것으로 받아들일 때 실수해도 괜찮은 문화가 자연스럽게 형성된다. 학생들의 이해 여부를 점검하기 위해 진단 평가를 활용하는 교사들은 실수를 살펴보고 분석하는 게 얼마나 중요한 교수법인지 잘 안다. 해당 문제를 누가 맞혔는가만 보는 게 아니라 누가 틀렸는지, 어느 부분을 틀렸는지, 왜 틀렸는지까지 평가한다.

본문에서 일어난 사건을 정확하게 설명하지 못한 12명의 학생이 누구인지 알아내고, 어느 등장인물이 다른 등장인물을 향해 한 말에서 빈정거리는 기색을 눈치채지 못한 9명이 누구인지 파악한다. 이를 통해 학생들의 학습 능력을 개선할 방법에 대해, 또 다음 수업을 더 잘 가르칠 방법에 대해 결정적인 단서를 얻는다.

오답을 살펴보고 왜 오답을 썼는지 파악하는 과정은 학생들에게도 매우 강력한 효과를 가져다준다. 실수해도 괜찮은 문화를 만들면 학생들은 문제를 어려워해도 괜찮다는 격려를 받는다. 이런 분위기는 매우 중요하다. 이 기법에서 무엇보다 중요한 것은 실수의 가치를 가르치는 일이다. 그러므로 실수를 파헤친다는 것은 바로 그런 목적으로 실수를 들추고 분석하는 것을 말한다.

실수를 파헤치는 방법은 수없이 많겠지만, 실수의 유형과 정도에 따라 3단계로 나눌 수 있다. 우선 평가하고 다음 내용으로 나아가는 방법이 있고 실수를 가볍게 파헤치는 방법이 있으며 마지막으로 깊게 파헤치는 방법이 있다. 세 가지 모두 상황에 따라 효과적으로 사용할 수 있다.

평가하고 다음 내용으로 넘어가기

학생들이 배운 내용을 제대로 이해했는지 점검하려면 평가를 통해 실수를 발견하고 그에 따라 대처하면 되지만, 학급 전체를 상대로 이미 배운 내용을 다시 가르칠 필요는 없다. 실수를 저지른 학생만 자율학습 시간에 따로 틀린 문제지를 꺼내 살펴보고 분석하도록 하고 수업은 계속 진행해 다음 내용으로 넘어가는 것이다.

브라이언 빌랜저는 학생들이 문제를 푸는 동안 부지런히 교실을 돌아다니며 실수 지점을 추적했다. 거의 모든 학생이 정답을 맞혔다. 그래서 브라이언은 전체 학급을 대상으로 이 문제를 검토하지 않기로 하고 대신 교실을 돌아다니는 시간에 한두 학생 옆에 멈춰 서서 그 문제를 풀게끔 도와주었다.

언뜻 보면 브라이언이 실수에 대응하지 않은 것 같겠지만, 사실 그는 아주 조용한 방식으로 평가하고 행동에 나섰다. 이 경우에는 가장 효율적인 결정을 내렸다고 볼 수 있다. 수집한 자료에 대해 언제나 공개적으로 반응해야 하는 것은 아니다. 특히 소수의 학생이 실수했을 때 그렇다. 평가를 통해 다음 내용으로 넘어가기로 정하는 것도 수집한 자료를 이용하는 한 가지 방법이다.

가볍게 파헤치기

소수의 학생이, 심지어 단 한 명만 틀렸더라도 그 실수에 중요한 가치가 있다면 학급 전체와 함께 논의해 보는 게 좋다. 수업 계획에 포함되지 않은 시간을 이용해 가볍게 실수를 파헤치고 넘어가는 것이다.

당신은 로이스 로리의 소설 『기억 전달자』를 가르치고 있다. 이 소설은 사람들이 색깔을 볼 수 있는 능력을 비롯한 여러 가지 감각을 상실한 미래 사회를 다루고 있다. 주인공 조너스는 친구에게 사과를 건네다가 문득 색깔을 인식한다. 그러나 색깔을 본 적이 단 한 번도 없기에 자기 눈에 들어온 그것이 무엇인지 이해하지 못하고 제대로 설명하지도 못한다. 그래서 이 대목은 언뜻 이해하기 어렵고 애매모호한 표현으로 이루어져 있다.

당신은 학생들에게 "이 대목에서 조너스가 다른 사람은 볼 수 없는 어떤 것을 보고 있는지 교재 페이지 가장자리에 한 문장으로 써보자"라고 과제를 주었다. 교실을 돌아다니며 살펴보니 많은 학생이 이 문제를 어려워했다. "변하고 나서 또 변했다"처럼 애매한 문장을 쓰거나 "조너스는 사물이 움직이는 것을 볼 수 있다"처럼 잘못 이해한 학생도 있었다.

당신은 학생들이 난해한 본문을 제대로 이해하려면 조금 더 깊이 살펴볼 필요가 있겠다고 판단하고, 조너스가 색깔을 볼 수 있게 되었다는 사실이 본문에서 어떻게 암시되고 있는지, 그리고 학생들이 이 암시를 어떻게 놓쳤는지를 같이 알아보기로 했다. 이때 당신이 활용할 수 있는 대응법 몇 가지를 살펴보자.

다른 답변을 물어본다 : 학생 한 명을 호명해 뭐라고 썼는지 발표하게 한 다음, 그 학생이 본문을 제대로 이해했는지 미리 밝히거나 혹은 밝히지 않은 상태로 다른 답변을 물어본다. "이 대목에서 조너스가 무엇을 볼 수 있었는지에 대해 다르게 해석한 사람?"

답변을 비교한다 : 계속 다른 답변을 물어보는 대신 두 개의 답변을 나란히 놓고 비교할 수도 있다. 교실을 돌아다니며 관찰하다가 서로 다른 답을 쓴 학생들을 미리 골라놓는 것도 괜찮다. "달시는 조너스가 색깔을 볼 수 있다고 했고 케빈은 움직임을 볼 수 있다고 했어. 자, 두 사람의 답변 가운데 어느 한쪽에 동의하거나 반대하는 근거를 말해 볼 사람?"

틀린 답변을 분석한다 : 학생이 어느 대목에서 잘못 이해했는지 추측해 본다. "여기서 조너스가 색깔이 아니라 움직임을 볼 수 있다고 생각했던 건 어느 대목 때문일까?"

다른 학생의 답변에 대한 의견을 물어본다 : 교사가 직접 '일반적인 실수'에 대해 말하지 않고 다른 학생에게 말하게 할 수 있다. "이 부분은 선생님이 생각해도 많이 어려운 것 같구나. 케빈은 어떤 이유로 조너스가 움직임을 볼 수 있다고 생각했을까?"

실수를 가볍게 파헤치는 것은 실수가 발생했을 때 곧바로 짧은 시간을 내 실수에서 배울 기회를 마련하기 위함이다. 학생들의 답변을 모두 긍정적으로 받아들이면서("좋은 생각들이 많이 나왔구나") 동시에 실수를 통해 배움을 얻을 기회("우리가 더 세심하게 읽었더라면 포착할 수 있었을 특별한 문장이 바로 마지막 부분에 있단다")까지 강조하는 게 바람직하다.

깊게 파헤치기

학생들의 답변을 살피다 보면 단 하나의 '대안' 답변만이 아니라 그 이상을 분석하고 싶을 때가 있다. 더 다양한 답변과 실수 지점을 살펴보고, 학생들이 어떻게 해서 혹은 무엇을 하지 않아서 틀렸는지 체계적으로 분석해 보고 싶어지는 것이다. 최근 나는 제이슨 암스트롱의 수업에서 이렇게 실수를 깊이 파헤치는 모습을 관찰할 수 있었다. 그날의 수업 주제는 반올림이었는데, 제이슨은 학생들이 주로 어느 대목에서 실수를 많이 하는지 알아보고자 했다. 그는 246.718을 반올림하여 백의 자리까지 나타내라는 문제를 냈다.

제이슨이 처음 호명한 자밀라는 답이 247이라고 대답했다. "좋아." 제이슨이 말했다. 사실 자밀라의 답은 틀렸지만, 제이슨의 태도만 봐서는 오답인지 아닌지 알 수 없었다. 한마디로 그는 아무런 무의식적 신호를 보내지 않았다. 제이슨은 노련한 방식으로 이렇게 덧붙였다. "이 외에 다른 답을 떠올린 사람이 있는지 궁금하구나. 자밀라가 말한 수 말고 다른 수를 생각한 사람?"

캐머런이라는 학생이 200이라고 대답했다. 정답이었지만 역시 제이슨의 태도만 봐서는 정답인지 오답인지 알 수 없었다. 제이슨은 이 답도 칠판에 쓰고 다시 물었다. "다른 답은 없니?" 한 학생이 246.72라고 대답하자 제이슨은 그 수도 칠판에 쓰고 계속 물었다. "누구 다른 답을 구한 사람? 코라, 넌 어떻게 생각하니?" 코라가 대답하자 제이슨은 그 수도 칠판에 썼다. 칠판에 총 4개의 숫자가 쓰였다.

이제 제이슨은 어느 것이 정답인지 찾아내는 토론을 시작했다. 그러나 정답을 밝힌 후에도 계속해서 다른 숫자를 분석했다. 그는 자밀라의 답을 가리키며 말했다. "여기 이 수는 반올림하여 백의 자리까지 나타낸 수는 아니지. 백의 자리까지 나타내면 200이니까. 그렇다면 이 수는 반올림하여 어느 자리까지 나타낸 걸까?" "일의 자리요." 한 학생이 대답했다. "그래, 일의 자리야. 보통 반올림하여 전체 수를 나타낸다고도 하는데, 전체 수가 일의 자리로 시작하기 때문이란다." 이렇게 그는 학생들과 함께 각 답변에서 어느 부분이 맞고 어느 부분이 틀렸는지 살펴보았다.

학생들이 무엇이 정답인지 알거나 모를 때, 2개의 다른 답이나 정답과 오답을 나란히 비교해 보는 게 가볍게 파헤치기라면, 여러 개의 오답을 체계적으로 살펴보는 것이 깊게 파헤치기이다. 제이슨은 학생들이 생각해 낼 수 있는 모든 답변을 찾아내 다 함께 각각의 답변에 대해 분석하고 토론한다는 목표를 세웠다.

이 방법에는 몇 가지 이점이 있다. 첫째, 학급 전체를 대상으로 실수를 다룬다. 정답이 무엇인지 알려주는 데에 그치지 않고 오답 안에서도 어느 부분이 틀렸고 어느 부분이 맞았는지를 분석한다. 이를 통해 실수해도 괜찮은 편안한 분위기를 만들 수 있다. 둘째, 한 학급 안에 얼마나 다양한 답변이 존재할 수 있는지를 보여준다. 학생들은 어려운 문제를 만나도 자기 혼자만 어려워하는 게 아니라는 사실을 알게 된다.

제이슨이 이 문제를 푸는 데 상당한 시간을 할애했다는 사실을 짚고 넘어가자. 모든 문제를 깊이 파헤친다는 건 시간 관리 측면에서는 재앙과도 같다. 어떤 답변 뒤에 숨은 생각이 무엇인지 많은 시간을 들여 알아내려고 한다면, 그만큼 중요한 내용이어야 한다. 보통은 이틀에 한 번꼴로 "오늘 학생들에게 물어볼 가장 중요한 질문은 무엇인가?"라고 자문하고 그 질문에 대한 실수 지점을 예측해 본 후 발생한 실수를 깊이 파헤쳐 보는 정도가 적당하다.

TECHNIQUE 10
기법 10

정답과 오답을 분명히 구별하라

학생들 스스로 교정이나 개정을 통해 정답이 무엇인지 확실히 알고 넘어가게 해라.

실수를 분석하다 보면 자칫 학생들이 혼란을 겪을 수 있다. 앞서 살펴본 제이슨 암스트롱의 수업을 예로 들어보면, 학생들은 오답을 분석하고 토론하는 과정에서 정답과 오답을 구별하지 못하고 오히려 교사가 설명한 실수들만 더 선명하게 기억한 채 넘어갈 수도 있다. 특히 학업 성취도가 낮은 학생들의 경우가 그렇다.

  실수 분석은 이미 정답에 이르는 과정을 잘 알고 있으며 실수를 분석하는 과정에서 유익한 결과를 얻을 수 있는 '상급' 수준의 이해력을 갖춘 학생들에게나 바람직하다.

  제이슨은 어떤 게 정답이고 오답인지 학생들이 혼동할 위험을 막기 위해 구체적인 대비책을 세웠다. 첫째, 정답과 오답을 구별하고자 정답에는 네모

1부 배운 내용을 이해했는지 확인하기

를 치고 오답에는 가위표를 치게 했다. 둘째, 학생들이 쓴 오답을 반드시 수정하게 했다. 깊이 있는 토론을 마치고 나면 학생들은 정답을 공책에 적고 실수 지점에 대해서도 자세히 기록했다. 이런 식의 활동은 실수해도 괜찮은 문화를 확립하기 위해 거쳐야 하는 마지막 단계인 '정답과 오답을 분명히 구별하라'에 해당한다.

정답과 오답을 분명히 구별하려면 학생들은 반드시 자신의 과제나 답변을 고치거나 바꿔 써야 한다. 일단 정답을 알고 나면 교사는 학생들이 모두 그 답을 이해하고 머릿속에 확실하게 새겨두기를 바랄 것이다.

이 시간은 교사가 단순히 지켜보기만 하는 것이 아니라 목표를 추적하며 교실을 순회해야 할 결정적인 순간이다. 교사가 할애한 시간 동안 학생들은 정답을 구별해 내고 오답을 제대로 표시하고 자신의 실수 지점을 알아낸다.

또한 제이슨은 정답과 오답을 구별한 다음에는 오답을 지우고 정답만 남겼다. 여러 가지 답변이 칠판에 오래 노출되어 있으면 학생들이 정답이 아닌 답들까지 기억할 가능성이 높다.

학생들이 정답과 오답을 분명히 구별하도록 교사는 다음과 같이 도울 수 있다.

- "답을 맞힐 때의 과정을 단계별로 확인해 보고 빠진 게 있으면 메모해 두세요."
- "답 B에 가위표를 치고 여백에 이 답이 왜 틀렸는지 써두세요."
- "문법이 틀린 부분에 밑줄을 치고 옳게 고쳐 써보세요."
- "여기 선생님 자료를 보고 너희 자료도 똑같이 채워보렴."
- "자기가 쓴 답변을 다시 읽어봐. 방금 우리가 살펴본 내용 중에서 자신의 답변을 더 확실하게 보충할 수 있는 근거를 적어도 하나 이

상 추가해 보자."

수학처럼 답이 깔끔하게 떨어지는 과목이 아닌 경우에 정답과 오답을 분명히 구별하려면 어떻게 해야 좋을지 살펴보기로 하자.

예를 들어 나는 지금 로버트 프로스트의 시 「가지 않은 길」을 4학년에게 가르치고 있다. 나는 학생들에게 시의 주제를 묻는다. 여기서 내가 말하는 주제란 이 시가 '텍스트의 다른 부분과 관련해 하고자 하는 말'을 뜻한다. 주제는 한 단어로 그쳐서는 안 되며 적어도 하나의 구절을 이루어야 하고 보통은 동사를 포함해야 한다.

학생들에게 그러한 개념을 먼저 일러주고 30초 동안 이 시의 주제를 쓰게 한다. 그런 다음 네다섯 명에게 뭐라고 썼는지 물어본다. 학생들의 답변을 모두 칠판에 받아 적는데, 이때 모든 학생의 답변에 관심을 보이되 각각의 주장에 동의하는지 속마음을 들키지 않도록 무의식적 신호를 조심한다. 네 명의 학생이 다음과 같이 대답했다.

"독립."

"선택하기."

"프로스트는 길을 선택한다."

"자신의 길을 가는 게 낫다."

먼저 학생들에게 칠판에 적힌 답변을 옮겨 쓰게 하고 물어본다. "자, 이 가운데 어떤 답이 선생님이 말한 주제의 개념에 들어맞는지 함께 알아보자." 학생들은 곧바로 '독립'은 한 단어이기 때문에 주제가 될 수 없다는 것을 알아챈다. 오답임을 확인한 답변은 지운다.

정답과 오답을 더 분명하게 구별하고 싶으면 '독립'이라는 답변을 지우지 말고 옆에 '한 단어는 주제가 될 수 없음'이라고 쓴 다음 학생들에게도 각자 공책에 적게 한다. 조금 더 긍정적으로 대응할 수도 있다. "하나의 단어가 핵심적인 생각의 실마리를 제공할 수는 있지만 주제는 될 수 없어요. 더 발전시켜 보자." 또는 이 답변이 주제의 기준을 충족시킬 수 있게끔 학생들 각자가 공책에 고쳐 써보게 할 수도 있다.

다음 답변으로 넘어가자 한 학생이 텍스트의 다른 부분들은 로버트 프로스트의 선택에 관한 내용이라고 보기 어렵다고 지적한다. 나는 '텍스트의 다른 부분과 연관성이 없음'이라고 쓰고 다시 한 번 학생들에게 각자 공책에 적게 한다. 이런 식으로 다양한 답을 보여주고 각 답변의 가치를 살펴보는 과정을 통해 실수를 분석하고 정답과 오답을 분명하게 구별하도록 한다.

결론

학생들이 학습 내용을 제대로 이해했는지 확인하고 교실에서 수집한 자료를 바탕으로 행동에 나설 방법은 많다. 실수해도 괜찮은 문화를 만들고자 할 때 교사마다 선호하는 방법이 있을 것이다.

2부에서는 저마다의 고유한 방법으로 교실에 엄격한 학업 기풍을 확립하는 데 적용하고 응용할 수 있는 몇 가지 기법들을 살펴볼 것이다.

최고의 교사들이 가르치는 교실이 모두 한결같은 방식으로 굴러간다고 한다면 거짓말일 것이다. 최고의 교사가 되는 길은 수천 가지가 넘고 최고의 교실도 모두 다른 모습을 하고 있다. 어떤 교사는 아주 떠들썩하게, 어떤 교사는 매우 학구적으로 수업을 진행한다. 각자 다른 기법을 다른 방식으로 다른 시간에 다른 학생들을 위해 사용한다.

그러나 최고의 교실들은 무엇보다 중요한 한 가지 특징을 공유한다. 언제나 엄격한 학업 기풍을 유지하고 실천하며 누구에게나 인정받는 환경을 만들고자 노력한다는 점이다.

학업 기풍이 엄격하고 성취도가 높은 교실을 만드는 비결은 무수히 많다. 교사가 가르치기로 선택한 수업 내용부터 탐구의 깊이에 이르기까지 다양한 요인이 엄격한 학업 기풍을 조성한다. 그러나 학문적인 엄격함과 진지한 목표를 향한 기대치와 바람을 모두 충족하려면 구체적이고도 실행 가능한 몇 가지 단계를 거쳐야 한다.

다음 4개의 장은 그 출발점이다. 엄격한 수업이나 교실은 철저한 학습 내용 없이 만들어지지 않는다. 아무리 꼼꼼하게 계획을 세우고 질문을 던지고 학생들의 적극적인 참여를 이끌어낸다 해도 맛맛한 수업 내용을 벌충할 수는 없다. 어떻게 가르치는가만큼이나 무엇을 가르치는가도 중요하며,

교사의 수업 기술이 뛰어날수록 엄격하게 가르치는 편이 훨씬 유익하다.

먼저 철저한 수업 내용이 중요하다는 사실을 짚어본 후 우리는 다음과 같은 질문들을 검토해 볼 것이다. 학생들과 어떤 주제를 놓고 토론할 때 소소하게 반복되는 상호작용을 통해 어떻게 최고의 생각을 이끌어낼 수 있을까? 어떻게 해야 수업 내용을 매력적이며 도전적이고 생산적으로 전달할 것인가? 효과적인 수업은 어떻게 펼쳐지며 핵심 요인은 무엇인가?

3장

학업 성취에 대한 기대 설정하기

학생들에 대한 교사의 높은 기대는 학업 성취도가 낮은 학생들에게서도 긍정적인 결과를 이끌어낼 수 있는 원동력이 된다. 이는 그 유명한 '피그말리온 효과' 연구를 통해 밝혀진 사실이다. 연구자들은 무작위로 선택된 학생들을 최고의 성적을 올릴 수 있는 집단이라고 거짓으로 소개한 후 교사들에게 수업을 진행하게 했다. 이 학생 집단은 단지 학업 성취도가 높을 것이라는 교사들의 기대 하나 때문에 다른 학생 집단보다 훨씬 더 우수한 성과를 낼 수 있었다.

그렇다면 교사의 이러한 높은 기대가 빚어내는 '특별한 결과'는 무엇이고 이를 위해 교사들은 구체적으로 어떤 행동을 해야 할까? 이 장에서는 교사가 학생에 대해 높은 기대를 가짐으로써 자신의 교실을 다른 교실과 차별화할 수 있는 다섯 가지 행동에 주목한다.

TECHNIQUE 기법 11

학생들에게서 시선을 거두지 마라

질문에 답을 못하거나 답하지 않으려는 학생이 있다면 교사는 그 학생을 끝까지 주시하고 자유롭게 대답할 수 있도록 기회를 주어야 한다.

최고의 교사들은 학생이 수업에 참여하려고 하지 않아도 포기하지 않고 계속해서 기대한다. 스스로에 대한 기대치가 낮은 학생들일수록 교사가 크게 기대하고 있음을 보여주어야 한다. 교사의 질문에 "모르겠어요"라고 대답하면 자신을 그냥 혼자 놔둘 거라고 예상하면서 교사의 시선에서 벗어나려는 학생에게 그런 일은 절대 일어나지 않는다는 점을 알려주어야 한다.

앞으로 수많은 기법을 제시하겠지만 그 모든 기법은 무엇보다도 먼저 학생들로부터 시선을 거두지 않는 데서 출발해야 한다. 시선을 거두지 않는 것은 답을 몰라도 학생들이 열심히 노력하고 분발하도록 돕는 좋은 방법이다. 정말로 답을 모르는 학생들도 스스로 문제를 맞히는 경험을 반복해 나가며 성공을 연습할 수 있다. 교사들은 단순한 성공 경험이 얼마나 강력한 효과를 낳을 수 있는지 종종 잊곤 한다. 또 교사가 학생들에게서 시선을 거두지 않으면 답을 아는 학생들이 긍정적이고 공개적으로 또래를 도와주도록 유도해 학생들 상호 간의 인정과 존중을 이끌어낼 수 있다.

시선을 거두지 않는 방식 1.0 : 끝까지 맞히게 하라

당신은 학년 첫날 4학년 학생들과 곱셈을 복습하고 있다. 찰리에게 3 곱하기 8이 얼마인지 물어본다. 찰리는 무표정한 얼굴로 당신을 바라본 후 알아듣기 힘들 만큼 작은 목소리로 웅얼거린다. "잘 모르……."

이때가 결정적인 순간이다. 학생들은 답을 모르거나 대답할 의사가 없을 때 교사를 밀어내기 위해 흔히 이런 태도를 취한다. 반항적인 학생들은 재빨리 "잘 모르겠습니다"라고 답하는 것이 과제에서 쉽게 벗어나는 길임을 안다.

많은 교사들이 이때 어떻게 반응해야 할지 잘 모른다. 이 순간 교사가 무언가를 변화시키려 하지 않는다면 "잘 모르겠습니다"라고 대답하는 학생이 늘어날 수밖에 없다. 더 나아가 교사가 '저 아이는 수업에 참여시킬 수 없겠구나'라고 생각한다는 것을 학생이 알아차리게 되면, 다른 학생들은 그가 수업에 참여하지 않으며 아주 느긋하게 지내는 상황을 지켜보게 된다. 이는 학급의 모든 학생에게 부정적인 영향을 준다.

만약 이 상황을 바꾸고 싶다면 '학생들에게서 시선을 거두지 마라' 기법을 사용해라. 한 학생이 대답을 못하거나 회피한 경우 교사는 다른 학생에게 같은 질문을 던져야 한다. 다른 학생이 정확하게 답을 했다면 다시 처음 학생에게 돌아서서 "자, 찰리 이제 말해 볼래? 3 곱하기 8은 얼마지?"라고 질문한다. 이렇게 하면 당신이 잠깐 수업을 멈추고 시간을 낭비해 가며 비

효과적인 설교를 늘어놓지 않아도 찰리는 교실에서 어떤 경우에도 과제를 수행해야 한다는 것을 알게 된다.

이 기법은 학생들의 학습 상황을 보다 강력하게 통제하는 것이기도 하다. 뉴욕 주 올버니의 대릴 윌리엄스 교사가 가르치는 3학년 교실을 살펴보자. 제임스라는 학생은 "우리 엄마는 행복하지 않았다"라는 문장에서 주어를 찾지 못했다. 처음에는 "행복?"이라고 대답했다. 이때 대릴은 많은 교사들이 하는 것처럼 "주어가 뭐지?"라는 질문을 인내심 있게 반복했다. 그러나 제임스가 계속 답을 하지 못하자 대릴은 학급 전체를 향해 "내가 주어가 뭐냐고 물을 때는 어떻게 답해야 하나요?"라고 질문했다. 한 학생이 "문장에서 '누가'를 찾아야 해요"라고 대답했다. 교사는 다시 제임스에게 물었다. "내가 주어가 뭐냐고 물은 것은 문장에서 '누가'를 찾으라고 한 거야. 자, 이 문장에서 주어가 뭐지?" 그러자 제임스는 정확히 "엄마"라고 답했다.

이 기법은 비록 처음에는 대답을 할 수 없었다 해도 결국에는 그 학생이 답을 말하도록 만드는 것이다. 불과 몇 분 전에는 할 수 없었던 대답을 함으로써 바로 그 순간 제임스는 스스로 성공 경험을 갖게 된다. 배우는 과정에서는 누구나 틀릴 수도 있고 옳을 수도 있다는 사실을 실제로 경험하고 학습한 것이다.

그러나 이 과정이 순조롭게 진행되지 않을 때 교사가 무엇을 할 수 있는지도 생각해 보아야 한다. 만약 제임스가 두 번째에도 정답을 말하지 못하거나 틀린 답을 댄다면, 또는 어깨를 으쓱하며 거만하게 "잘 모르겠어요"라고 말한다면 어떻게 해야 할까?

그럴 때 교사는 다른 학생에게 "자, 이 문장에서 주어는 무엇이지?"라는 질문을 해야 한다. 그 학생이 "주어는 '엄마'예요"라고 답을 했다면, 교사는 제임스에게 "그래. 자, 제임스, 말해 볼래? 이 문장에서 주어는 무엇이지?"

라고 거듭 물어보아야 한다. 이렇게 하면 대답을 이끌어낼 수 있을 뿐만 아니라 제임스에게 "선생님은 네게서 시선을 거두지 않을 거야. 네가 대답하지 않아도 된다고 착각해서는 안 돼"라는 사실을 알려주는 셈이 된다. 어떤 상황에 직면해 이럴 수도 있고 저럴 수도 있는 애매한 경우를 없애버리면, 학생은 결국 대답을 할 것이다.

또다른 효과적인 방법은 "자, 데이비드, 제임스에게 다시 말해 줄래? 주어가 뭐지?"라고 하면서 정답을 말했던 학생에게 그 내용을 다시 반복하게 하는 것이다. 그런 다음 "제임스, 다시 한 번 말해 보자. 이 문장의 주어는 무엇이지?"라고 묻거나 "제임스, 이 문장의 주어는 엄마야. 자, 네가 답을 해볼래? 주어는 무엇이지?" 하고 교사가 질문의 답을 반복해도 된다. 어떤 방법을 선택하든지 학생이 "주어는 엄마입니다"라는 정확한 대답을 하면 이 과정은 끝난다.

교사가 직면할 수 있는 마지막 걱정스러운 상황을 살펴보자. 만약 상황을 타개하려고 지명한 두 번째 학생마저 대답을 못하거나 심지어는 찰리처럼 수동적으로 어깨만 으쓱하고 만다면 어떻게 해야 할까? 그럴 경우에는 교사가 직접 답을 알려주어야 한다. "얘들아, 3 곱하기 8은 24야. 데본, 뭐라고? 좋아. 이제 찰리 네 차례야." 필요하다면 "너희 모두 열심히 수업에 임해야 한단다. 틀린 답을 말해도 괜찮아. 하지만 노력하지 않는 자세는 곤란해"라고 약간의 메시지를 전달해 줄 수도 있다.

대부분의 교실에서 '학생들에게서 시선을 거두지 마라' 기법은 대단히 긍정적인 결과를 낳는다. 이처럼 작은 행동도 모든 학생들이 학습을 향한 첫 걸음을 떼도록 의욕을 불러일으키는 데 큰 도움이 된다.

이 기법은 학생들에게 대답할 능력이 있음을 교사가 믿는다는 사실을 알려주는 것이기도 하다. 학생들은 교사가 답을 이끌어내는 모습을 보면서 자신이 어떻게 해야 하는지 알 수 있고 정답이 무엇인지를 찾을 수 있다.

이는 학생들로 하여금 성취감을 느끼고 성공에 익숙해지도록 해준다.

학생들에게서 시선을 거두지 않기 위한 기본 방법

다음의 네 가지 기본 유형에서 지켜야 할 공통 수칙은 대답을 못한 학생에게서 시작해 그 학생이 정답을 말할 경우에만 끝내라는 것이다.

1. 교사가 정답을 제시한 후 학생에게 그 답을 반복하게 한다

교사 : 제임스, 무엇이 주어일까?

제임스 : 행복.

교사 : 제임스, 주어는 엄마야. 자 이제 말해 봐. 무엇이 주어일까?

제임스 : 주어는 엄마예요.

교사 : 잘했어. 주어는 엄마지.

2. 다른 학생이 답을 하고 처음 학생에게 그 답을 반복하게 한다

교사 : 제임스, 무엇이 주어일까?

제임스 : 행복.

교사 : 이 문장의 주어가 무엇인지 제임스에게 말해 줄 사람?

학생 2 : 엄마요.

교사 : 잘했어. 제임스, 네 차례다. 무엇이 주어일까?

제임스 : 주어는 엄마예요.

교사 : 잘했어. 주어는 엄마지.

이 방법은 전체 학생에게 정답을 말하게 하고, 그런 다음 처음 학생에게 정답을 반복하게 하는 것으로 변형해 사용해도 좋다.

3. 교사가 단서를 제공해서 학생이 답을 발견하게 한다

교사 : 제임스, 무엇이 주어일까?

제임스 : 행복.

교사 : 제임스, 주어란 문장에서 '누가'에 해당하는 거야. 주어를 찾아볼 수 있겠니?

제임스 : 엄마요.

교사 : 잘했어, 제임스. 주어는 엄마지.

4. 다른 학생에게 단서를 제공하게 해서 처음 학생이 답을 찾게 한다

교사 : 제임스, 무엇이 주어일까?

제임스 : 행복.

교사 : 무엇을 찾아야 하는지 제임스에게 말해 줄 사람?

학생 2 : 문장에서 '누가'를 찾아야 해요.

교사 : 그래, 맞아. 나는 문장에서 '누가'를 찾으라고 한 거야. 제임스, 무엇이 주어일까?

제임스 : 엄마요.

교사 : 잘했어, 제임스. 주어는 엄마지.

단서, 힌트, 질문에 관하여

나는 정답과 관련해 부가적으로 학생들에게 유용한 정보를 제시하는 것을 '단서'라는 용어로 표현한다. 이는 힌트를 주는 것과는 다르다. 힌트를 통해서는 그 어떤 정보도 줄 수 없다. 만일 교사가 "제임스가 이 문장에서 주어를 찾을 수 있도록 힌트를 줄 사람?"이라고 한다면 학생들은 "'ㅇ'으로 시작해요"라고 답할 수 있다. 이 방법은 제임스가 당장 정답을 찾도록 해줄 수는 있겠지만, 궁극적으로는 그가 다음번에도 제대로 대답을 할 수 있도록 도와주지 못한다.

교사가 다른 학생들을 통해 한 학생에게 단서를 제공해 주려고 한다면, 먼저 어떤 종류의 단서가 바람직한지 명확하게 설명해야 한다. 다음과 같은 단서들이 특히 유용할 것이다.

1. 교재에서 정답을 찾을 수 있는 대목을 알려준다.
 "제임스에게 정답을 찾을 수 있는 대목을 알려줄 사람 없니?"
2. 그 순간에 무엇을 해야 하는지를 알려준다.
 "제임스가 가장 먼저 무엇을 해야 할지 알려줄 사람?"
3. 문제에서 사용하고 있는 용어의 다른 이름을 알려준다.
 "제임스에게 분모의 의미를 알려줄 사람?"
4. 어느 지점에서 실수를 했는지 알려준다.
 "제임스가 여기서 무엇을 잘못했는지 알려줄 사람?"

시선을 거두지 않는 방식 2.0 : 엄격함을 더하라

초판을 발행한 이후 나는 최고의 교사들을 관찰하면서 어떻게 하면 이 기법을 더욱 엄격하게 만들 수 있을지를 연구했다. 최고의 교사들은 처음 학생에게 정답을 말하게 하는 데에 그치지 않고 곧바로 심화 문제나 추가 과제를 내주기도 했다. 그렇게 함으로써 학생의 인지적 사고 과정을 성공적으로 강화하는 결과를 낳았다.

이 기법이 실제 수업에서 어떤 모습으로 펼쳐지는지 다음 예를 살펴보자.

교사 : 3 곱하기 5가 얼마지, 카슨?

카슨 : 8이요!

교사 : 8이 아니야. 카슨이 어떻게 계산했는지 누가 말해 볼래?

잴라니 : 곱셈이 아니라 덧셈을 했어요.

교사 : 그래. 자, 카슨. 3 곱하기 5가 얼마지?

카슨 : 3 곱하기 5는 15예요.

교사 : 그래, 잘했어. 그런데 5 곱하기 3은 얼마일까?

카슨 : 그것도 15예요.

교사 : 잘했어. 그럼 4 곱하기 5는?

카슨 : 20이에요.

교사 : 이제 완벽하게 이해했구나! 정말 대단한걸?

교사는 카슨이 습득에 어려움을 겪는 학습 능력을 추가로 연습할 수 있게 해주었고, 그 과정에서 카슨이 한 문제를 맞힌 것으로 끝난 게 아니며 우연한 요행으로 성공한 것도 아니라는 사실을 은연중에 보여주고 있다. 카슨은 연속된 몇 개의 질문에 옳게 대답했고 교사는 '대단하다'라고 인정해 주었다. 이는 실질적인 성공의 경험이다. 이렇게 상호작용을 조금만 바꿔도 '틀린' 답을 낸 후 정답을 맞힐 수 있게 해 학생에게 긍정적인 경험을 선사할 수 있다. 또한 더욱 엄격한 학업 기풍을 세우는 데도 도움이 된다.

교사 : 3 곱하기 5가 얼마지, 카슨?

카슨 : 8이요!

교사 : 8이 아니야. 카슨이 어떻게 계산했는지 누가 말해 볼래?

잴라니 : 곱셈이 아니라 덧셈을 했어요.

교사 : 그래. 자, 카슨. 3 곱하기 5가 얼마지?

카슨 : 3 곱하기 5는 15예요.

교사 : 그래, 잘했어. 만약 답에 자신이 없으면 어떻게 검산해 볼 수 있을까?

카슨 : 나눗셈을 해보면 돼요.

교사 : 그렇지. 어떻게 하면 되는지 말해 보겠니?

카슨 : 15를 5로 나누면 3이 나와요. 그러면 곱셈이 맞았다는 걸 알 수 있어요.

교사 : 고맙다, 카슨.

이 경우 교사는 같은 종류의 질문을 반복해 물어보지 않고 관련이 있는 다른 질문을 던지고 있다. 양쪽 모두 카슨의 학습 능력을 향상시키는 동시에 성공 경험을 제공하기 위한 후속 작업이다.

아래의 사례를 통해 학생에게 더욱 어려운 과제를 제시해 끝까지 책임 있게 수업에 임하는 문화를 형성하고 엄격한 학업 기풍을 세우기 위한 후속 작업 방법들을 살펴보자.

교사 : 복수의 정의가 뭐지, 칼라?

칼라 : 음…….

교사 : 샤카니? 복수가 뭐지?

샤카니 : 복수는 받은 만큼 상대방에게 되돌려주려는 폭력적인 앙갚음입니다.

교사 : 고맙다, 샤카니. 자 그럼 복수가 뭐지, 칼라?

칼라 : 폭력적인 앙갚음이요.

교사 : 그럼 『로미오와 줄리엣』에서 누가 복수를 하려고 하지, 칼라?

칼라 : 티볼트요. 그가 "녀석은 몬터규 집안 사람이 틀림없어. 칼을

가져와"라고 말하는 걸 보고 알 수 있어요.

교사 : 이때 티볼트가 하려는 게 뭐지?

칼라 : 복수요.

교사 : 그래, 복수를 하려고 하지. 이 희곡에서 복수를 하려는 사람은 그 밖에 또 없을까?

칼라 : 아니요. 아주 많은 사람이 복수를 하려고 해요.

교사 : 잘했어, 칼라. 다들 머릿속에 복수심을 품은 것처럼 보이지.

교사 : -3의 역수는 얼마지, 제이슨?

제이슨 : 3입니다.

교사 : 그런데 -3과 3을 곱하면 -9가 나오지 않니? -3의 역수가 얼마인지 제이슨에게 말해 줄 사람? 칼로스?

칼로스 : -3의 역수는 -3분의 1입니다.

교사 : -3의 역수가 얼마지, 제이슨?

제이슨 : -3분의 1입니다.

교사 : 좋아. 그런데 왜 그렇지, 제이슨?

제이슨 : -3분의 1과 -3을 곱하면 1이기 때문입니다.

교사 : 잘했어. 그럼 -5분의 1의 역수가 얼마인지 말해 보겠니?

제이슨 : -5입니다.

교사 : 그럼 4는?

제이슨 : 4분의 1입니다.

교사 : (웃으며) 좋아, 재능을 마구 뽐내는구나.

학생들에게서 시선을 거두지 않음으로써 더욱 긍정적인 경험을 생산하고 특히 교실에 엄격한 기풍을 더할 수 있는 다른 방법들도 많다.

문제를 한 번 더 풀게 하라

비슷한 문제를 다시금 풀어보게 후속 과정을 만들어주자. 3 곱하기 5를 물어본 사례에서처럼 점점 어려워지는 문제를 연달아 풀게 해 학생의 인지 활동을 자극하며 동시에 실질적 성공을 경험할 수 있게 해주자.

지식을 확장시킬 기회를 줘라

학생이 정답을 맞혔을 때 더 어렵고 까다로운 문제를 내서 지식을 확장시킬 기회를 줘라. 정답을 말하게 하는 데에 그치지 않고 '왜' 혹은 '어떻게' 풀었는지 물어보거나 현재 배우고 있는 내용에 다른 내용을 결합해 질문을 던질 수도 있다.

실수를 분석해 줘라

3 곱하기 5를 물어봤을 때 8이라고 대답했던 카슨의 예로 돌아가 보자. 카슨은 곱셈을 해야 했는데 덧셈을 한 자신의 실수를 곧바로 깨달았다. 이때 교사는 "처음에는 왜 틀렸지?"라든가 "첫 번째 풀이와 두 번째 풀이의 차이점이 뭐였니?"라고 물어 카슨의 인지 활동을 자극하고 스스로 실수를 되짚어보게 해 엄격한 학업 기풍을 세울 수 있다.

인정과 칭찬으로 마무리하라

앞서 소개한 제이슨의 사례에서 교사는 "재능을 마구 뽐내는구나"라는 말로 학생을 칭찬했다. 마치 학생의 과제물에 별표를 매기는 것처럼 성공적인 행동을 인정하고 칭찬한 것이다. "끝까지 문제를 붙들고 풀다니, 정말 대단하구나"라고 참을성을 인정해 줄 수도 있고 "처음에는 못하겠다고 하더니 필기 내용을 활용해 결국 해냈어"처럼 성공을 축하해 줄 수도 있다. 이는 학생들의 성공을 강조하고 참을성과 근성 같은 태도를 인정하는 전략적인 긍정 강화 기법이다.

그렇다면 우리는 '학생들에게서 시선을 거두지 마라' 기법의 여러 유형 가운데 어떤 것을 사용하면 좋을까?

단서를 제공하는 것(느리지만 엄격한 방법)과 대답을 제공하는 것(빠르지만 피상적인 방법) 사이에 균형을 맞추기 위해서는 무엇보다 먼저 수업의 목적을 고려해야 한다. 학생에게 던진 질문이 수업의 목적에 매우 근접한 핵심적인 내용이라면 정답을 직접 제시하기보다는 단서를 제공하는 편이 더 유익하다. 반면 단순 정보에 가까운 내용이라면 다른 학생들이 정답을 재빨리 말하게 하면서 처음 학생에게 그 내용을 다시 한 번 반복시키고 넘어가는 편이 좋다.

무엇보다도 학생들로 하여금 정답을 말해야 한다는 책임감을 갖게 하는 것이 중요하다. 교사는 이 메시지를 학생들에게 분명히 전달해야 한다.

TECHNIQUE 기법 12

두루뭉술한 답변을 지나치지 마라

학생들의 답변에 반응할 때는 교사의 엄격한 기준에 맞는 '완전히 옳은' 대답을 말하도록 끝까지 요구해야 한다.

교사는 학생들에게 무엇이 옳은가 혹은 질문에 대한 완벽한 대답이 무엇인가를 알려주는 사람이다. 당연히 높은 기준을 정해두어야 하지만 가끔은 교사 스스로 그 기준을 낮추기도 한다. 우리는 최고의 교사들이 보여준 구체적인 사례를 통해 학문적으로 엄격한 대답을 요구하는 방법을 알게 되었다. 물론 정답이 따로 없는 질문들도 있다. 최고의 교사들도 언제나 해석의 여지가 있고 미세한 구별이 필요한 질문을 던지지만, 그럴 때에도 어떤 답이 가장 완전하고 수준이 높은가에 대한 엄격한 기준을 세워둔다.

많은 교사들이 학생이 정답에 근접한 답을 말하면 두루뭉술하게 처리하는 경향이 있다. 예를 들어 『로미오와 줄리엣』의 도입부에서 캐풀렛 가문과 몬터규 가문의 사이가 어땠는지 한 학생에게 질문을 했다고 하자. 학생이 "그 두 가문은 서로를 좋아하지 않았어요"라고 말했을 때, 교사는 이 대답이 보다 완전해지기 위해서는 조금 더 표현을 가다듬어야 함을 안다. 그런데 교사가 이 답변을 긍정하며 "그 두 가문은 서로를 좋아하지 않았고 오랜 세월 원수지간으로 지내왔지"라고 설명한다고 해보자. 그러면 학생들은 상세한 답변을 하지 않은 채로 지나가는 셈이 된다. 결국 최종적으로 완전한 답은 교사의 입에서 나왔다.

때로 교사들은 "맞아. 카일리는 그 두 가문이 서로 사이가 나쁘고 오랜 세월 원수지간으로 지내왔다고 했어. 카일리, 참 잘했다"라고 말하며 자신이 원했던 대답을 마치 학생이 한 것처럼 두루뭉술하게 처리하기도 한다.

두 경우 모두 교사는 정확도가 낮은 대답을 용인해 주었다. 그러나 이럴 때 교사는 학생이 보다 명확한 답을 할 수 있도록 추가 질문을 통해 깊이 있는 사고를 유도해야 한다.

학생은 "좋아, 내가 해냈어"라고 여기겠지만 그건 사실이 아니다. 교사가 어설프게 인정해 주는 바람에 오히려 학생은 자신의 답변과 최상의 답 사이에 차이가 있다는 사실조차 깨닫지 못하고 넘어간다.

완벽하게 옳아야 한다

두루뭉술한 답변을 그냥 지나치지 않으려면 완벽하게 옳은 답을 요구해야 한다. 『로미오와 줄리엣』 수업을 예로 들면, 카일리가 처음 대답했을 때 교사는 다음과 같은 말로 보다 나은 답을 요구할 수 있다.

- "출발이 좋구나, 카일리. 지금 한 대답을 조금 더 발전시켜 볼까?"
- "서로를 좋아하지 않았다는 말을 조금 더 다듬어보겠니, 카일리?"

- "출발이 좋아, 카일리. 셰익스피어가 두 가문의 관계를 설명할 때 어떤 단어를 썼는지 떠올려볼 수 있겠니?"
- "좋아, 카일리는 캐풀렛 가문과 몬터규 가문이 서로를 좋아하지 않았다고 말했어. 더 정확하게 설명하려면 어떤 단어를 집어넣는 게 좋을까?"

완벽하게 옳은 답을 요구할 때 교사는 정확한 답변을 하는 것이 정말로 중요하다는 기대치를 정한다. 학생들은 교사가 맞다고 인정한 답이 어딜 가나 똑같이 맞는 답이라고 생각한다. 그러므로 정답에 높은 기준을 부여해 놓으면 그저 활용하기에 편한 지식과 학문적인 지식의 구별이 중요하다는 것을 보여주며, 학생들도 어딜 가든 똑같이 학문적인 지식을 활용할 수 있다고 믿게 된다.

정답을 미리 써두는 게 좋다

완벽한 답에 대해 높은 기준을 유지하는 비결은 철저한 준비이다. 어느 정도가 충분히 옳고 뛰어난 것인지 교사가 먼저 명백한 기준을 정해두지 않으면 학생들에게도 정확한 기준을 제시할 수 없다. 그러므로 교사가 학생들에게 던질 질문 외에 학생들에게서 듣고 싶은 모범적인 답안까지 미리 작성해 두면 학생이 답을 말했을 때 "저 답변은 충분히 뛰어난가?", "저 답변은 완벽하게 옳은가?" 등을 쉽게 가늠할 수 있다.

물론 그렇다고 학생이 뜻밖의 통찰력을 발휘해 교사의 기대를 뛰어넘는 훌륭한 답변을 제시했을 때에도 미리 준비한 모범 답안에만 매달려야 한다는 뜻은 아니다.

격려의 말을 준비해 두자

교사들이 가끔 부분적으로 옳은 답도 인정해 주는 이유는 자신의 교실을 중립적으로 바라보지 않기 때문이다. 학생들을 사랑하고 격려해 주고 싶을수록 부분적으로 옳은 답도 인정하고픈 마음이 생긴다. 끝까지 올바른 자세를 유지하려면 우리는 교사로서 우리가 지닌 가장 강력한 충동과 싸워야 할 수도 있다.

두루뭉술한 답변을 지나치지 않는 과정에서 곤란한 상황에 처할 수도 있다는 사실을 고려해야 한다. 완벽한 답을 요구하는 모습이 부정적으로 비치거나 꾸지람하는 것처럼 보일까 걱정이라면 크게 염려할 필요 없다. 대답이 완전하지 않다면 목표에 거의 다 도달했다고, 정답이 코앞에 있다고 격려해 주자. 학생의 답을 어느 정도 인정해 주고 조금만 살을 붙이면 완벽해질 수 있음을 전하는 표현을 몇 가지 미리 생각해 두자.

록스버리 예비학교의 로렌 해리스 밴스는 한 학생에게 선의 기울기가 얼마냐고 물었다. 실제 기울기는 -5분의 4였지만 학생은 5분의 4라고 대답했다. 로렌은 이렇게 반응했다. "음, 거의 맞혔어." 이 짧은 한마디로 "잘했다"와 "아직 완벽하지 않다"라는 뜻을 모두 전달했다. 솔직하면서도 긍정적인 로렌의 반응은 '두루뭉술한 답변을 지나치지 마라' 기법의 한 방향을 제시한다. '거의 올바른' 답변을 만났을 때 교사는 다음과 같이 반응할 수 있다.

- 성취한 부분은 인정하고 격려해 준다.
- 노력이 더 필요하다는 사실을 분명하고 솔직하게 전달한다.
- 교사도 학생도 재빨리 생각하는 과정으로 돌아갈 수 있게 빠르게 대응한다.
- 격려의 말은 거의 자동으로 쓸 수 있도록 간단하고 익숙한 것이어야 한다.

마지막으로, 이 기법은 틀린 답이 아니라 '거의 올바른' 답에 반응하는 방식임을 명심하라.

끝까지 손을 내밀어라

당신은 링컨 고등학교 신입생이 되어 할란 선생님의 미국사 수업을 듣고 있다. 할란 선생님은 엄격한 학업 기풍을 중요시하며 불쑥 지명한 학생에게 어려운 질문을 던지고도 끝까지 정답을 받아내는 것으로 소문이 자자하다. 처음 2주간은 무서울 정도로 적응하기 힘들었고 그 어느 때보다 열심히 공부했다.

그러던 어느 날 식은땀이 흐를 만한 일이 닥쳐왔다. 미국 독립전쟁 시기의 연방규약에 대해 읽어오는 게 숙제였는데 어젯밤 TV를 보느라 대충 훑어보기만 한 것이다. 당신이 안절부절못하는 모습이 얼마나 눈에 띄었는지 노련한 선배 하나가 점심시간에 당신을 한쪽으로 불러낸다.

"어이, 꼬마." 선배가 말한다. "너 신입생이구나? 내가 도와주지. 선물이야." 선배가 당신 손에 책 한 권을 들려준다. 『선생님의 질문 공세를 요리조리 빠져나갈 환상의 기법』이라는 제목이 보인다. "이 대목을 읽어봐." 선배가 한 귀퉁이를 접어놓은 페이지를 가리킨다. "고맙다는 인사는 나중에 해도 돼."

> **7장 : 답을 모른다고요? 걱정 마세요!**
>
> 수업 준비를 못 했다고? 걱정 마시라. 선생님으로부터 어려운 질문을 받았다면, 유서 깊은 아래 기법 중 하나를 골라 시도해 보자. 선생님은 확실히 기분 나빠 하겠지만, 당신은 자신도 모르게 이 기법들을 애용하게 될 것이다.

싱크대 기법 : 답을 모르겠다고? 그냥 아무 말이나 지껄여라. 해당 주제나 책에 관해 뭐든 생각나는 대로 말해라. 결국 정답 비슷한 게 튀어나올 것이다. 그 순간 선생님이 말한다. "그래, 그거야." 그리고 당신의 독백 중 어느 부분에 정답이 있었는지 되짚어줄 것이다. 답은 그때 알면 된다.

미끼 기법 : 이 기법은 어떤 질문을 받았을 때 대신 받았으면 좋았을 질문에 대한 답을 늘어놓는 것이다. 예를 들어 선생님이 "사느냐 죽느냐 그것이 문제로다"라는 햄릿의 말이 무슨 뜻이냐고 물었다고 해보자. 이럴 때는 '미끼 기법'을 써서 왕자 노릇이 얼마나 힘들겠는가, 압박감이 상당했겠다, 가끔은 나도 왕자가 되어보면 어떨까 생각한다…… 하는 식으로 지껄여라.

호소 기법 : 답은 둘째치고 질문이 무슨 뜻인지조차 이해가 안 된다면 그냥 이 세계의 진실에 대해 떠들고 우주의 더 큰 장소를 언급해라. 결국 선생님도 처음 던진 질문이 뭐였는지 까맣게 잊어버릴 것이다.

애매모호 기법 : 추상은 빈 캔버스와 같다. 당신이 빈 캔버스에 아무 색이나 칠하면 선생님은 그 안에서 보고 싶은 그림을 볼 것이다. '그 사람'이라고 말하면 되지 굳이 '주인공'이라는 말을 쓸 필요가 있나? 작품의 핵심 갈등을 말하라고 하면 '이 사람'하고 '저 사람'이 어쩌고저쩌고 하며 대강 둘러대라. "이 사람하고 저 사람하고 어떤 일로 이야기를 나누고 있어요." '어떤 일'이라고 대충 말하면 다 통한다. 정말로 중요한 대목이라면 선생님이 설명해 주겠지.

여기에서 소개한 '기법'들은 물론 웃자고 하는 소리이다. 대다수 학생들은 자신의 답변이 아직 완벽하지 않다는 것을 알아도 되도록 성실하게 배우고 대답하려고 노력한다. 그러나 학생들은 우리 교사들이 의도적이든 아니든 두루뭉술한 답변을 그냥 지나칠 때가 있다는 것을 파악하고 있다. 위의 가상 지침서에 나오는 전략들이 실제로 학습에 대한 책임을 모면하는 데 효과를 발휘하도록 놔둔다면 우리는 전혀 규율이 서지 않는 수업에 직면하고 말 것이다.

다행히 상황은 상당 부분 교사들의 통제 아래 있다. 학생들이 교사가 던진 질문의 틀을 벗어나 대답한다면 아무리 올바른 말이라도 틀린 것이라는 사실을 염두에 두어야 한다.

예를 들어 이야기의 배경을 물었는데 한 학생이 '미끼 기법'을 사용해 예전에 자기 할머니가 겪은 일을 마구 늘어놓기 시작한다면 이렇게 반응하는 게 좋을 것이다. "다니엘라, 그 이야기는 이따가 하기로 하고 지금은 이야기의 배경에 대해 듣고 싶구나."

학생들이 엉뚱한 답을 하는 또다른 상황이 있다. 예를 들어 교사가 "합성어가 무엇인지 말해 볼까?"라고 합성어의 정의를 묻는데, "눈알은 합성어예요!"라고 '사례'를 이용해 학생이 대답하는 경우이다. 또는 "도형의 면적을 다루면서 우리가 무슨 이야기를 했지? 누가 면적에 대해 이야기해 볼래?"라고 개념을 설명하도록 요청했는데, "길이 곱하기 넓이요"라고 풀이 방식을 제시하는 경우도 있다. 이런 답변들을 용납하기 시작하면 앞으로 정답을 듣기는 더욱 어려워질 것이다.

학생들은 때로 자신이 얼마나 영특한지 보여주고자 하는 마음에서 교사의 질문이 끝나기도 전에 답을 하려는 실수를 범한다. 학생들이 그만큼 앞서 나가고 있으니 좋은 일이라고 여기고 싶겠지만 사실 '학생들'이 앞서 나가는 게 아니다. '한 학생'이 그런 것이다.

수업은 단순히 문제의 답을 가르치는 것이 아니라 답을 도출하는 과정을 가르치는 것이다. 만약 수업을 빨리 끝내고자 한 학생이 정답을 말한 것에 반응한다면 그것은 전체 수업을 기만하는 일이 된다. 오히려 "선생님은 그 문제의 답을 묻는 게 아니야. 그러니 우리가 다음에 무엇을 할지에 관해 이야기해 볼래?"라고 되물으며 다시 답하게 해야 한다.

위 가상의 예에 나온 '애매모호 기법'의 경우에는 약간 다른 방식으로 대응할 필요가 있다. 학생으로 하여금 정확한 용어나 단어를 사용하게 하는 것이다. 이는 학생들의 어휘력을 확장시키고 장차 대학에 가서 공부하는 데 필요한 단어들을 익힐 수 있도록 돕는 길이기도 하다.

TECHNIQUE 기법 13

지식을 확장시켜라

학생들이 '정확한' 답을 말할 때에도 더 어려운 질문을 추가로 던져 지식을 확장시키고 책임감을 갖게 해라.

        수업 성취도에 대한 기대치를 높이 설정한 교사들의 핵심적인 특징은 학생들이 일단 정답을 말해도 절대로 가르침을 중단하지 않는다는 점이다. 이들은 정답에 대한 보상으로 더 어려운 질문을 던짐으로써 학습 과정을 연장하고, 집요한 질문으로 학생들이 정확한 답에 도달할 수 있도록 도와준다.

  더 많은 질문을 통해 학생들이 정답에 도달하도록 자극을 주는 기법이 바로 '지식을 확장시켜라'이다. 교사는 "어떻게 해서 그런 답이 나왔지?"라든가 "왜 그렇지?" 등의 후속 질문을 통해 학생의 답변에 대한 신뢰성을 확보한다. 이는 또한 학생들 스스로 도전을 원하고 기대하고 즐기기까지 하는 '성장 마인드'를 적극적으로 받아들이는 문화를 확립하는 데에도 도움이 된다.

2부 엄격한 학업 기풍 세우기

이 기법은 크게 세 가지 행동으로 나눌 수 있다.

- 성공적인 대답에 대해서도 후속 질문을 던진다.
- 다양한 형태의 질문을 던진다.
- 학습은 절대로 중단되지 않는다는 개념을 학생들에게 심어주고 나아가 이를 반기는 문화를 형성한다.

정답에 대한 보상으로 더 어려운 질문을 던져라

내가 아는 최고의 음악 교사 존 버마이스터는 학생들에게 이렇게 말한다. "정답에 대한 보상은 더 어려운 질문이다." 이것은 보다 어려운 후속 질문을 통해 엄격한 학업 기풍을 세울 수 있으며 학생들의 장기적인 학업 성취도에 긍정적인 영향을 미칠 수 있다는 말이다. 학생들은 어떤 일이 있어도 배움이 중단되지 않을 것이며 도전을 극복하고 어느새 찾아올 다음 도전을 기대해야 한다는 것을 안다.

이 기법은 두 가지 면에서 효과적이다. 첫째, 학생이 어떤 학습 과정을 진행 중일 때 이 기법을 사용하면 더 어려운 문제와 씨름할 수 있도록 도와준다. 학생들에게 '성취에 대한 보상은 더 많은 지식을 얻는 것'이라는 메시지를 줌으로써 지속적으로 그렇게 할 수 있도록 만드는 것이다. 둘째, 학생이 완벽하게 내용을 이해했는지 또는 그저 우연의 일치로 정답을 말했는지 분간할 수 있다.

게다가 이 기법은 교실에서 마주치게 마련인 가장 어려운 상황, 즉 서로 다른 수준의 학생들에게 맞추어 수업을 진행하고자 할 때 도움이 된다. 목표 지향적이고 까다로운 질문을 던져보는 것은 수업 내용에 대한 학생들의 숙달 수준을 파악할 수 있는 매우 강력하면서도 단순한 도구이다. 교사는 학생들의 수행에 직접적으로 반응함으로써 그들을 도울 수 있다.

'지식을 확장시켜라' 기법을 효과적으로 적용할 수 있는 여섯 가지 질문 방식을 살펴보자.

1. '어떻게' 또는 '왜'를 질문하라

학생의 답이 믿을 만한지, 해당 주제에 대해 어떤 질문을 던져도 일관성 있게 맞힐 수 있는지 알아보는 가장 좋은 방법은 어떻게 답을 알아냈는지를 묻는 것이다.

교사 : 두랑고에서 푸에블로까지의 거리는 얼마일까?
학생 : 600마일요.
교사 : 그걸 어떻게 알아냈니?
학생 : 지도에서 거리를 측정해 보니 3인치여서 200을 세 번 더했더니 답이 나왔어요.
교사 : 지도상의 1인치가 200마일에 해당한다는 건 어떻게 알았지?
학생 : 지도의 축척을 보고 알았어요.

2. 다른 방법이 있는지 질문하라

학생이 하나의 방법으로 문제를 해결했을 때, 교사는 학생에게 답을 구하는 다른 방법이 있는지 질문할 수 있다. 이는 다른 유용한 방법을 깨닫게 해 주는 좋은 기회를 제공한다.

교사 : 두랑고에서 푸에블로까지의 거리는 얼마일까?
학생 : 600마일요.
교사 : 그걸 어떻게 알아냈니?

> 학생 : 지도에서 거리를 측정해 보니 3인치여서 200을 세 번 더했더니 답이 나왔어요.
>
> 교사 : 세 번 더하는 것보다 더 간단한 방법은 없을까?
>
> 학생 : 200에 3을 곱하면 돼요.
>
> 교사 : 그걸 계산하면 얼마가 나오니?
>
> 학생 : 600이에요.
>
> 교사 : 잘했다. 그게 더 나은 방법이지.

3. 더 정교한 어휘를 사용하도록 질문하라

학생들은 종종 매우 간단한 단어로 개념을 구조화하려고 한다. 학생들에게 익숙한 단어뿐만 아니라 좀 더 복잡하고 정교한 단어를 사용하게 하면 어휘력을 향상시킬 수 있다.

> 교사 : 재니스, 소피는 왜 호흡이 힘들어졌니?
>
> 학생 : 소피가 뛰어들었을 때 물이 차가워서 그랬어요.
>
> 교사 : 차갑다는 것을 다른 말로 표현해 볼래?
>
> 학생 : 물이 얼음장 같았기 때문에 소피는 호흡이 힘들어졌어요.
>
> 교사 : 잘했어.

4. 증명하도록 질문하라

학생에게 그런 결론을 내리게 된 근거를 말해 보라고 하면 합리적인 주장을 구성하고 뒷받침하는 과정을 강조할 수 있다. 또 학생의 주장이 주관적이고 비약하는 것처럼 보인다면 반드시 근거를 제시하라고 요청해라.

> 교사 : 존스 박사의 성격은 어떻게 묘사할 수 있을까? 그를 설명할 수

있는 특성은 무엇일까?

학생 : 그는 악의를 품었어요.

교사 : 악의를 품었다는 것은 어떤 의미지?

학생 : 그건 그가 악하고 다른 사람들을 불행하게 만들려고 한다는 것을 의미해요.

교사 : 잘했어. 그러면 존스 박사가 악의를 품었음을 보여주는 문장을 두 개만 찾아서 읽어줄래?

5. 관련 지식을 통합할 수 있도록 질문하라

실제 세계에서 지식은 엄밀하게 독립적으로 존재하지 않는다. 교사는 학생들이 최근에 익힌 내용과 기존의 지식을 통합하도록 질문함으로써 새로운 지식을 익히도록 할 수 있다.

교사 : 누가 '활보'라는 단어를 사용해 문장을 만들어볼까?

학생 : 나는 거리를 활보한다.

교사 : '활보하다'라는 단어의 의미를 알 수 있도록 더 자세하게 표현해 주겠니?

학생 : 나는 가게에서 사탕을 사기 위해 거리를 활보한다.

교사 : '거리'에 형용사를 더해서 말해 볼래?

학생 : 나는 가게에서 사탕을 사기 위해 넓은 거리를 활보한다.

교사 : 잘했다. 이제 문장에 또다른 주어를 넣어서 말해 볼까?

학생 : 형과 나는 가게에서 사탕을 사기 위해 넓은 거리를 활보한다.

교사 : 과거 시제로 만들어볼 수 있겠니?

학생 : 형과 나는 가게에서 사탕을 사기 위해 넓은 거리를 활보했다.

교사 : 찰스, 이건 매우 중요한 과정이었어. 네가 이 일을 얼마나 잘 해냈

는지 보렴.

6. 새로운 상황에 같은 지식을 적용하도록 질문하라

학생들이 새로운 지식을 습득했다면 보다 도전적이거나 낯선 상황에 그것을 적용하도록 질문해 보자.

교사 : 「멋진 여우 씨」의 배경이 어디인지 말해 볼래?
학생 : 배경은 가까운 과거의 한 농장입니다.
교사 : 어떻게 가까운 과거라는 것을 알 수 있지?
학생 : 그들은 트랙터를 가지고 있었어요.
교사 : 좋아, 그러면 영화는 어떨까? 영화에서도 배경을 알 수 있었니?
학생 : 네.
교사 : 잘했어. 너는 영화의 배경에 대해 말할 수 있다는 것을 보여줬어.

'지식을 확장시켜라' 기법은 수업 목표에 부합해야 한다

학생에게 3 더하기 5를 물어봤는데 8이라고 대답했다면, 교사는 '지식을 확장시키기 위해' 더 어려운 질문을 다양하게 던져볼 수 있다.

"좋아, 그럼 13 더하기 5는 뭐지?"
"좋아, 그럼 8 빼기 5는 뭐지?"
"좋아, 그럼 4 더하기 5는 뭐지?"
"좋아, 그럼 그 덧셈식을 활용할 수 있는 서술형 문제를 하나 만들어볼래?"
"좋아, 그럼 그 문제를 어떻게 풀었는지 말해 보겠니?"

이렇게 다양한 후속 질문 중 어떤 것을 선택해야 할까? 어떻게 해야 수업이 산만해지는 일 없이 학생들의 지식을 확장시킬 수 있을까?

> 교사가 질문의 종류를 다양하게 보유하고 있으면 광범위하고 복잡한 후속 질문을 던질 수 있고 약간의 전략을 더해 수업의 목표에 맞는 질문을 선택할 수 있다.
>
> 질문의 유형을 선택하려면 일단 수업의 목표를 기억해야 한다. 새로운 영역의 질문을 던지는 것도 좋고 이미 습득한 지식에 관련된 질문을 하는 것도 좋지만, 그날의 수업 목표에 가장 부합하는 질문을 통해 지식을 확장하는 게 중요하다.

지식을 확장시켜라 2.0 : 유도하기

'지식을 확장시켜라' 기법에서 쓰는 여섯 가지 유형의 질문은 대부분 직접적이다. "더 좋은 단어로 말해 보겠니?" "왜 그런지 설명해 볼래?" "지수가 0이라면 답이 어떻게 달라질까?"

이런 질문들은 앞서 대답한 내용을 돌이켜보게 해주고 이미 습득한 지식을 구체적으로 더 생각해 보게끔 한다. 그러나 가끔은 직접적이지 않은 질문이 도움이 될 때도 있다. 바로 '유도하기'이다. "더 말해 보자." "방금 말한 답을 발전시켜 보겠니?" 이 질문은 학생에게 어떻게 생각하라고 명령하지 않고 그냥 더 깊이 생각해 보라고 요구한다.

직접적이지 않은 질문으로 유도하면 학생 스스로 어떻게 말하거나 개선하는 게 중요할지 생각하도록 해 자율성과 독립성을 발달시켜 줄 수 있다. 그러나 간접적인 유도는 종종 자율성과 엄격함을 한데 섞어 희석시킨다는 단점이 있다. "더 말해 보렴"이 "내재화된 분노에 대한 랭스턴 휴즈의 시각은 이번 학기에 읽은 다른 작가의 시각과 어떻게 다를까?"라는 질문보다 더 엄격하지는 않다. 많은 경우 학생들은 교사가 던진 질문을 구체적으로 면밀하게 탐구할 때 보다 엄격한 사고를 할 수 있다.

그러나 유도하기는 학생들의 지식을 확장시키는 과정에서 시간과 노력을 절약할 수 있기 때문에 유익하다. "더 말해 보렴"이라는 말은 랭스턴 휴즈의 시각에 대해 구체적으로 물어볼 때보다 더 간결하고 학생의 사고 과정을 덜 방해한다. 절대적으로 단순하기 때문에 수업을 효율적으로 만들 수 있다.

유도하기의 일반적인 형태로는 다음과 같은 것들이 있다.

- "더 말해 보렴."
- "계속해 봐."
- "발전시켜 보자."

교사가 유도하기를 습관화하면 말을 아예 생략하고 비언어적인 신호로 대체할 수 있다. 이때 효율성이 극대화되고, 가장 덜 직접적으로 '지식을 확장시켜라' 기법을 쓸 수 있다. 유용한 비언어적 신호로는 다음과 같은 것들이 있다.

- 고개를 한 번 끄덕인다.
- 눈썹을 추켜올리거나 다른 독특한 표정을 짓는다.

가장 좋은 방법은 직접적인 유도와 간접적인 유도를 균형 있게 사용하는 것이다. 예를 들어 "더 말해 보렴"이라고 유도한 다음 학생의 대답에서 후속 질문으로 다룰 가치가 있는 부분을 골라 주의를 집중시키는 방법이 있다.

『기억 전달자』를 읽는 시간에 조너스가 처음으로 두려움과 만족감을 동시에 느끼는 대목에서 학생들에게 조너스의 감정이 어떠하냐고 물어보았다고 하자. 한 학생이 이렇게 대답한다. "조너스는 혼란스럽고 두려워해요.

한 번도 느껴본 적이 없는 감정이라 고립감을 느껴요." 교사는 "조너스가 겪는 혼란에 대해 더 말해 보렴"이라든가 "왜 그가 고립감을 느끼는지 말해 보겠니?"라고 물어볼 수 있다.

이런 질문법은 학생들에게 자율성을 주면서 동시에 교사가 계속해서 다루기에 가장 생산적이라고 생각하는 부분이 어디인지를 구체적으로 짚어 주고 있다. 즉 직접적인 유도와 간접적인 유도를 적절히 섞어 사용하고 있다고 할 수 있다.

아래의 표는 '지식을 확장시켜라' 기법을 직접성의 정도에 따라 네 가지로 분류한 것이다. 이는 기법의 다양한 스펙트럼을 표현한 것으로서 특정 방식이 다른 방식보다 더 중요하거나 한 것은 아니다. 이 기법을 쓸 때는 직접적인 방식과 간접적인 방식 모두 중요한 역할을 갖는다. 명심해야 할 점은 어디서 어떻게 균형을 이룰 것인가이다.

비언어적 신호	비직접적 유도하기	부분 직접적 유도하기	직접적 후속 질문
계속하라는 신호를 보낸다	"그리고?"	"첫 부분을 조금 더 구체적으로 말해 보렴."	"그렇게 말한 근거가 뭐지?"

직접성 정도에 따라 분류한 '지식을 확장시켜라' 기법

균형을 찾으려면 직접적인 방식과 비직접적인 방식이 어떤 시너지 효과를 일으키는지 알아야 한다. 엄격하고 직접적인 질문을 많이 던지면 학생들도 점점 생산적으로 답을 생각해 내는 방법을 배워나갈 것이다. 이후 덜 직접적인 후속 질문으로 지식을 확장시켜도 학생들은 습관적으로 엄격한 사고를 하게 된다. 처음에는 직접적인 질문에 시간을 투자하다가 점점 비직접적인 질문으로 유도해 나가는 편이 바람직하다는 뜻이다.

한편 비직접적으로 유도하는 방식은 광범위한 대답을 이끌어내고자 할 때만 유익하다는 것을 알아야 한다. 교사가 집중적으로 다루고 싶은 구체적인 주제가 있다면 보다 직접적인 유도 방식을 써야 할 것이다. 요컨대 교사는 자신의 수업 목표에 가장 적합하도록 직접적인 방식과 덜 직접적인 방식 간의 균형을 유지해야 한다.

지식을 확장시키는 문화를 확립하라

지식을 확장시키는 것은 하나의 문화로서 자주 실천할 때 가장 효과적이다. 교사가 다른 유도하기 없이 "발전시켜 보자"라고만 말해도 학생들은 또래의 말에 귀를 기울이고 자신의 생각을 되짚어볼 수 있어야 한다.

지식을 확장시킨다는 것에 대해 설명하라

가장 먼저 학생들에게 이 기법에 대해 구체적으로 설명한다. 어떤 대답이 좋은 대답인지, 다른 사람에게 흥미롭거나 도움이 되는 말은 무엇인지 가르쳐준다. 또 완벽하지 않은 대답이나 수업 내용을 제대로 반영하지 못한 대답을 발전시켜 보라고 하면 어떻게 해야 하는지도 가르친다.

재미있고 투명해야 한다

지식을 확장시키는 문화를 만들려면 도전 과정이 재미있고 투명해야 한다. 학생들에게 학습에서 가장 중요한 것은 바로 도전하는 정신이고, 학생의 답변에 대해 더 어려운 질문을 추가로 던지는 것은 그 답이 마음에 들지 않아서가 아니라 오히려 마음에 들기 때문이라고 설명해 줘라.

지적 도전을 즐기는 것이야말로 학교에서 얻을 수 있는 가장 훌륭한 결실이고 성공의 결정적 요소이다. 이게 바로 스탠퍼드 대학교의 캐롤 드웩 교수가 말한 성공 마인드이다. "오, 안 돼. 어려운 문제일 거야"라고 생각하는 대신 "오, 좋아. 어려운 문제일 거야"라고 생각해야 한다. 학생들이 지식을 확장시키는 과정에 필요한 성공 마인드를 적극적으로 받아들일 수 있도록 부추기고 격려해 주자.

학생들끼리 서로 지식을 확장시키게 하라

진정한 문화는 집단이 만들어간다. 학생들끼리 서로 지식을 확장시키려는 노력이 강건한 교실 문화를 만든다. 그런 교실에 가면 다음과 같은 장면을 쉽게 목격할 수 있다.

- 한 학생이 다른 학생에게 자신의 답을 확장시켜 보라고 한다. "너는 어떻게 생각해?"
- 교사가 학생들끼리 서로 지식을 확장시키도록 한다. "이 답을 더 발전시켜 보자. 재커리?" "자밀라의 생각을 확장시켜 볼 사람?"

정확한 언어로 말하게 하라

정확하고 완전한 문장으로 자신의 생각을 표현할 수 있게 연습시켜라.

자신의 생각을 완전한 문장으로 표현하는 것은 학생들의 학업 성취에 매우 중요한 역할을 한다. 학생들은 명확하고 효과적인 문장으로 자신의 지식과 의견을 전달할 수 있어야 한다. 모든 상황에서 완전한 문장과 정확한 문법을 구사해야 한다는 사실을 명심시키고 학생들을 성공으로 이끌기 위해 '정확한 언어로 말하게 하라' 기법을 활용해 보자.

정확한 문법, 완전한 문장, 또렷한 목소리

이 기법의 중요성을 아는 교사는 정확한 문법으로 말할 것, 완전한 문장으로 말할 것, 그리고 알아들을 수 있는 목소리로 말할 것이라는 세 가지 기대치를 설정한다.

1. 정확한 문법으로 말하도록 하라

평상시에는 표준어가 아닌 사투리를 쓰거나 바르지 않은 표현을 사용하는 것을 어느 정도 눈감아 준다 해도 교실에서는 문법, 용례, 속어 등을 바로잡아 주어야 한다. 주어와 동사가 일치해야 하고, 어휘의 용례는 전통을 따라야 하며, 규칙은 학문적이어야 한다.

하지만 많은 교사들이 학생들의 언어를 교정해 주는 행동이 '해당 언어에 능숙하지 못하면 아예 사용하지도 마'라는 뜻으로 읽힐까 봐 두려워한다. 그러나 누구나 환경이 달라지면 다르게 말한다는 사실을 알려주어야 한다.

"선생님도 교실에서 말하는 방식과 친구들과 함께 있을 때 말하는 방식이 다르단다. 모든 사람이 환경에 따라 다르게 말해. 그러니 우리 교실에서는 대학 수준의 언어를 쓸 거야." 이런 식으로 기본 원칙을 세운 다음 정확한 언어로 말하는 게 중요하다는 사실을 강조할 필요가 있다.

언어를 교정해 주는 일은 학생들의 성공을 돕는 매우 빠른 방법이다. 학생들이 일상적으로 오류를 범한다면 실수를 교정해 주고 명료한 언어를 사용하게 해야 한다. 이를 위한 두 가지 방법이 있다.

오류를 명확히 지적하라 : 학생이 말할 때 오류를 반복한다면 이를 지적하고 스스로 교정하게 해라. 만약 자가 교정에 실패한다면 교사가 정확히 알려주고 반복하게 한다.

수정하게 하라 : 학생이 문법적 오류를 드러내면 수정해 완전한 문장으로 말할 수 있게 해라. 정확한 언어로 답할 수 있게 해주어야 한다.

2. 완전한 문장으로 말하도록 하라

학생이 실수하는 바로 그 순간에 잘못을 지적해서 완전한 문장으로 말하게 해라. 이를 위해 교사가 완전한 문장의 첫머리를 제시해 주는 것도 괜찮다.

교사 : 제임스, 여기 입장권이 몇 장이나 있지?
학생 : 여섯 장.
교사 : 여기……
학생 : 여기 여섯 장의 입장권이 바구니에 담겨 있어요.

또 학생이 대답하기 전에 미리 인지시키는 방법도 있다.

교사 : 이 이야기의 배경이 어디인지 완전한 문장으로 말해 볼 사람?
학생 : 배경은 2013년의 로스앤젤레스 시입니다.

마지막으로 학생이 최소한으로 수정할 수 있도록 간략하고 빠르게 안내해 줄 수도 있다.

교사 : 카이사르가 태어난 해가 언제였지?
학생 : 기원전 100년.
교사 : 문장으로 완성해 볼래?
학생 : 카이사르는 기원전 100년에 태어났어요.

3. 모두에게 잘 들리도록 하라

교사의 질문에 대한 대답은 모든 학생들이 들을 수 있어야 한다. 그렇지 않다면 토론을 진행하거나 학생들의 참여를 이끌어내기 어렵다. 모두가 들을 수 없는 작은 소리의 대답을 용인하면 그 내용이 그리 중요하지 않다고 인정하는 셈이 된다. 가장 효과적인 방법은 교실 활동에 혼란을 주지 않으면서 재빨리 지시를 전달하는 것이다. 목소리가 작은 학생에게 "목소리!"라고 말하는 편이 길게 설명하는 것보다 세 가지 측면에서 더 효과적이다.

첫째, 매우 효율적이다. 최고의 교사들은 "목소리!"라는 간단명료한 메시지로 짧은 시간에 여러 명에게 요구 사항을 인지시킬 수 있다. 둘째, 아무런 군더더기 없이 "목소리!"라고만 하는 것은 큰 소리로 말해야 하는 이유를 굳이 설명할 필요가 없다는 점을 알리는 것이다. 셋째, 무엇을 잘못했는지가 아니라 무엇을 해야 하는지를 말함으로써 잔소리를 피할 수 있다. 이를 통해 학생들과 원만한 관계를 유지하고, 교사가 원하는 바를 따르도록 학생들을 자연스럽게 유도할 수 있다.

이는 학생들이 스스로 행동을 바꾸도록 하는 데도 효과적이다. "목소리!"라고 하면 긍정적으로 기대치를 강화하는 반면 "더 크게!"라는 말은 무언가가 부족하다는 점을 강조하며 부정적인 느낌을 준다.

정확한 언어로 말하게 하라 2.0 : 정밀한 언어가 정밀한 사고를 만든다

번스타인은 사람들의 의사소통 방식을 한정어와 정밀어로 나누었다. 말하는 사람과 듣는 사람이 같은 맥락과 관점을 공유한다는 전제가 있을 때에는 한정어를 사용한다. 한정어는 친구들과 가족, 그 밖에 매우 긴밀한 관계에서 주로 사용된다. 반대로 말하는 사람과 듣는 사람이 같은 맥락과 관점을 공유하지 않을 때에는 정밀어를 사용한다.

번스타인은 계층별로 한정어와 정밀어를 어떻게 사용하는지 실험을 통해 관찰했다. 그는 중산층 이상 가정의 자녀로 이루어진 학생 집단과 노동자 계층 가정의 자녀로 이루어진 집단에 각각 만화를 보여주었다. 소년들이 공놀이를 하다가 우연히 이웃집 창문을 깨뜨리는 장면과 화가 난 이웃의 모습을 묘사한 장면으로 이루어진 두 컷짜리 만화였다. 대사나 지문은 따로 없었다. 학생들은 연구자에게 만화 속 상황을 설명해야 했다.

노동자 계층 가정의 아이들은 한정어를 썼다. "얘가 이걸 차서요. 저리로 갔어요." 그들은 듣는 사람도 당연히 만화를 보아 알고 있다는 듯 공과 창문을 각각 '이거'와 '저리'로 지칭했다. 어차피 만화를 보여준 사람은 연구자이므로 당연히 만화의 내용을 완벽하게 알고 있을 거라고 전제했던 것이다.

반면 중산층 이상 가정의 아이들은 듣는 사람이 만화 내용을 잘 모를 수도 있다고 가정하고 대명사 대신 명사를 썼다. "두 소년이 공을 차고 노는데 그중 한 아이가 우연히 공을 이웃집 창문에 차버렸어요. 이웃이 밖으로 나와 소년들에게 고함을 질러요." 이게 정밀어이다. 번스타인은 계층 간 이동과 장래의 성공 여부가 정밀어 사용과 강력한 상관관계가 있음을 발견했다. 영국 사회에서 경제적으로 상류 계층에 속한 사람들은 정밀어를 사용했고, 자신들과 다르게 말하는 사람들을 금세 알아보았다.

정밀어의 한 가지 종류가 대학의 언어이다. 이는 학문적인 대화에 참여할 때 사용하는 언어로, 문법적으로 정확해야 하고 내용도 대학 강의실에서 오갈 만할 수준의 것이어야 한다. 대학 강의실에서 소설을 읽고 토론할 때는 듣는 사람들이 무엇을 알고 있는지 어떤 것도 가정하지 않는다. 강의실 안에 있는 모든 사람이 그 책의 저자와 주인공이 누구인지 알지만, 의식적으로 형식화된 어법을 구사해 맥락을 온전히 전달하고 기술적인 언어를 사용한다.

명료하고 수준 높은 언어로 표현하는 버릇을 들이면 사고의 수준도 높아진다. 이렇게 정확한 언어를 사용함으로써 자신이 전달하고자 하는 메시지의 신뢰성을 높이고 사고 과정을 더욱 세련되고 정밀하게 다듬는 방법이 '정확한 언어로 말하게 하라' 기법이다.

TECHNIQUE 15 기법

교사 스스로 수업이 지루할 것이라 속단하지 마라

진지한 학습 태도와 도전 정신, 고된 노력이 필요하다고 해서 학생들이 학습에 싫증을 낼 것이라는 가정은 잠시 보류해 두자.

한없이 싫증 나고 지루한 수업. 세상에 그런 것은 없다. 잘 가르치는 방법을 아는 최고의 교사를 만나면, 성공과 성장을 위해 익혀야 하는 내용은 그것이 무엇이든 간에 재미있고 흥미로운 콘텐츠로 탈바꿈한다.

학습 내용에 대한 변명

흔히 교사는 유익한 내용을 가르치기 위해 학생에게 다양한 변명을 하게 마련이다. 하지만 교사 스스로 수업이 지루할 것이라 속단하지 않는다면 이런 실수를 범하지 않을 수 있다.

지루할 것이라고 추측하지 마라

"얘들아, 선생님도 이게 지루하다는 걸 알고 있어. 그래도 우리 같이 해 보자" 또는 "여러분은 이 내용에서 재미를 느끼기 어려울 거예요"라고 학생들에게 말하는 것은 변명이다. 그 내용이 당신에게 흥미롭지 않다고 해서 학생들 역시 싫증 내리라는 가정은 잠시 보류해 두자.

매년 수많은 학생들이 전형적으로 구조화된 수업 속에서도 자부심과 기쁨을 느낀다. 누군가는 자신의 학습 활동에서 진정한 즐거움을 찾는다. 수업이 재미없을 것이라는 믿음은 자기예언적일 뿐이다.

다른 교사들이 고역이라 여기는 주제를 가지고도 얼마든지 흥미로운 수업을 진행하는 교사들이 있다. 학생들을 잘 가르칠 방법을 찾는 과정에서 교사는 무엇보다 학생들이 수업 내용에 친숙해지지 않을 테고 재미없어 할 것이라고 미리 가정해서는 절대 안 된다. 그런 가정은 교육의 힘을 신뢰하지 않는 경우에나 하는 것이다.

시험과 정책 탓을 하지 마라

학교장이나 교육청 등 외부에서 요구하는 내용을 가르쳐야 할 때 "이 내용은 시험에 나오니까 배워야 해", "그들이 이 내용을 읽어야 한다고 말했거든"이라고 비난 투로 말하는 교사들이 있다. 이처럼 부정적인 태도는 자기예언적이고 오만하기까지 하다.

시험에 나온다고 했으면 교과과정에 속하는 내용일 테고, 교과과정에 속한다면 적어도 합리적인 논의를 거쳐 선정되었을 것이다. 이런 사실을 인정하고 이론적인 근거에 바탕해 수업을 진행해야 한다.

"너희가 앞으로 살아가는 내내 도움이 될 기초를 쌓는 데 중요하기 때문에 이 내용을 배우는 거란다"라고 말해 주도록 하자.

무조건 '이해할 수 있는 수준'으로 난이도를 낮추지 마라

학생들이 수업 내용을 이해할 수 있도록 수준을 조절하는 것은 괜찮지만, 학습 내용을 희석시키거나 기준을 낮추는 것은 별로 권장하고 싶지 않다. 학습 내용이 어렵거나 지루할 거라고 속단하고 학생들에게 변명하는 대신에 다음과 같은 표현을 써보자.

- "많은 아이들이 대학에 가서야 이 부분을 배우는데, 너희는 지금 배울 수 있으니 얼마나 멋진 일이니?"
- "성공에 큰 도움이 될 거야."
- "이 내용은 이해할수록 점점 더 흥미로워질 거야."
- "배우다 보면 정말 재미있는 내용이란다."
- "이 부분이 어려울 거라고 걱정하는 사람이 많은데, 일단 확실히 익히고 나면 웬만한 어른들보다 많이 알게 될 거야."
- "이 뒤에 대단한 이야기가 숨어 있단다!"

학생들에 대한 변명

어떤 내용이 학생들에게 너무 어려우리라고 미리 가정하는 것은 위험한 덫이 될 수 있다.

주로 저소득층이 사는 지역에 위치한 한 학교의 학생들이 외국어 시간에 중국어를 배우게 되었다. "그 아이들에게 중국어를 가르친다고?"라며 충격을 받는 교사들은 물론 "우리 아이는 배우기 힘들 거야"라는 반응을 보이는 학부모들도 있었다.

그러나 당시 중국어를 배운 모든 학생들은 결국 그들 자신뿐만 아니라 부모에게도 큰 즐거움을 안겨주었다. 주변 사람들은 그들에게 별다른 기대를 하지 않았지만 학생들은 정확한 중국어를 구사하면서 성취감을 느꼈고, 사람들의 예상을 무너뜨렸다는 특별한 기쁨도 누렸다.

이렇듯 교사가 학생에게 "나는 네가 할 수 있다는 걸 알아"라는 기대를 지속적으로 표현하면 놀라운 변화가 일어난다. 다음은 교사의 기대를 효과적으로 전달할 수 있는 표현들이다.

- "대학에 가면 이걸 알고 있다는 데 자신감을 느낄 수 있을 거야."
- "이 부분은 정말 어렵지만 네가 마음만 먹으면 얼마든지 해낼 수 있어."
- "네가 해낼 수 있다는 걸 알아. 그러니까 이 문제를 다 풀 때까지 쭉 지켜볼 거야."
- "처음에는 헷갈리는 게 당연해. 하지만 넌 결국 이해하게 될 거야. 자, 다른 방법을 한번 적용해 볼까?"

결론

반쯤 올바른 답이 완벽하게 올바른 답으로 완성될 때까지 계속 밀어붙이는 환경, 최선을 다하지 않는 학생들의 모습을 상상조차 할 수 없는 환경, 정확한 답에도 더 엄격한 후속 질문이 따라붙는 환경, 그리고 정확한 언어를 사용하며 학습 수준에 대한 기대치가 높은 환경은 최고의 교사들이 이룩한 엄격한 학업 기풍의 실제 모습이다.

4장에서는 이처럼 엄격한 학업 기풍을 조성하기 위해 효율적으로 수업을 계획하는 방법에 대해 살펴볼 것이다.

4장

효율적으로
수업 계획하기

이 장에서 제시하는 기법들은 교사들이 교실에 들어가기 전에 활용하는 방법들이라는 점에서 다른 기법들과 다르다. 많은 경우 계획이 실행만큼이나 중요하기 때문에 효율적으로 수업을 계획하는 기법들은 보다 성공적인 수업을 위한 사전 준비인 셈이다. 이 기법들은 다른 기법들과 연계성이 매우 높아서 다른 장에서도 따로 지면을 할애해 설명하고 있지만 여기서는 수업 계획 세우기 전반에 대해 검토할 수 있게끔 다양한 사례를 살펴볼 것이다.

뛰어난 교사의 환상적인 수업을 관찰하다 보면 사전에 철저한 계획을 세우고 그에 맞춰 수업을 진행하는 일이 얼마나 중요한지 새삼 깨닫게 된다. 그는 무작위 호명에 적절한 질문을 미리 만들어놓았고 글쓰기를 유도하는 과정에서 할 말도 일찌감치 생각해 두었다. 그렇게 준비한 말을 서너 번에 걸쳐 다듬었고 출퇴근길 자동차 안에서 몇 번이나 읽어 거의 외울 지경에 이르렀다. 수업 중에 즉흥적으로 보이는 모습은 사실 철저한 예측과 계획의 산물이다.

TECHNIQUE 기법 16

뚜렷한 목표를 가지고 수업을 시작하라

단원 계획으로 시작해 수업 계획으로 나아가라. 수업 목표를 결정하고 그 목표를 어떻게 평가할 것인지 정하고 나서 적절한 활동을 선택해라.

신임 교사 시절 나는 늘 "내일 내가 하려는 일은 무엇이지?" 하고 수업 계획에 대해 자문했다. 이 질문을 하면 최소한 두 가지 측면에서 내 수업 계획의 문제점을 발견할 수 있었다.

첫 번째, 수업 목표가 무엇인지를 고려하지 않고 어떤 활동을 할지부터 생각했다는 것이다. 다시 말해 교사는 수업의 목표를 먼저 파악하고 나서 그에 맞춰 학생들이 할 일을 생각해야 한다. 수업 방법은 수업 목표에 따라 달라지기 때문이다. 목표를 뼈대로 수업을 구성하면 "학생들이 오늘 무엇을 해야 할까?" 대신 "학생들은 오늘 무엇을 이해해야 할까?"를 고려하게 된다. 예를 들어 "우리는 『앵무새 죽이기』를 읽어야 한다"라고 활동에 관해 생각하는 대신에 그 책을 읽고 학생들이 무엇을 얻어야 하는지를 생각하

2부 엄격한 학업 기풍 세우기

는 것이다. 그것이 올바른 수업 목표이다.

나의 두 번째 문제점은 수업하기 바로 전날 밤에 이런 생각을 하고 있었다는 것이다. 이는 내 수업이 수업 목표 측면에서 이전 수업과 유기적으로 연결되어 있지 않으며 단절이 생겼다는 뜻이다. 이후 나는 금요일이 오기 전에 다음 주 수업을 미리 계획함으로써 이런 문제를 해결할 수 있었다. 더 나아가서는 한 학기가 시작되기 전에 수업 목표에 따라 모든 것을 계획하고 그런 후에 다시 개별 수업을 계획했다.

다양한 수업 목표에 따라 효과적으로 단원 계획을 세울 때 효율적인 수업을 할 수 있다. 각 수업의 목표는 일정 기간, 예컨대 6주차까지 고려해야 한다. 즉 한 단원에 대한 수업을 계획하는 것은 그 수업이 이전의 수업을 바탕으로 어떻게 진행되어야 하는지, 다음 날의 수업은 어떻게 준비해야 하는지, 그리고 학생들이 수업 내용을 잘 받아들이도록 하려면 수업들이 어떻게 연계되어야 하는지에 대해 방법론적으로 질문하는 것이다.

일련의 수업 계획—목표를 정하고, 활동하고, 목표에 도달했는지 평가하기—을 세우는 훈련을 해보라. "내 수업은 창조적인가?" 또는 "내 수업 계획은 효과적인 전략을 충분히 사용하는가?"가 아니라 "수업 목표를 달성하는 가장 좋은 방법은 무엇인가?"라는 질문을 던져야 한다.

이 기법의 중요성을 과소평가하지 마라. 수업을 평가하는 기준을 갖는 일은 매우 중요하다. "이 수업은 목표를 달성했는가?"라는 기준은 교사의 전략과 기법을 평가하고 재정비하도록 도와준다.

다시 정리하면 이 기법이 의미하는 바는 다음과 같다. 첫째, 단원 계획에서 시작해 수업 계획으로 나아간다. 둘째, 개별 수업의 목적을 정의하는 데 잘 짜인 수업 목표를 사용한다. 셋째, 수업 목표의 달성 여부를 판단하기 위한 기준과 방법을 세운다. 넷째, 세부적으로 수업에서 어떤 활동을 할지 결정한다.

TECHNIQUE 기법 17

수업 목표를 정하는 네 가지 기준

효과적인 수업 목표는 관리할 수 있고 측정할 수 있으며 분명해야 한다. 그리고 무엇보다 학업 성취도를 높이는 것을 우선시해야 한다.

학생들의 집중, 훈련, 그리고 수업 과정에 대한 측정 가능성을 고려하여 수업 목표에 중요성을 부여하고 이를 달성하려면, 무엇보다 효과적이고 유용한 수업 목표를 어떻게 정할 것인가가 중요하다. 유능한 교사인 토드 매키는 효과적인 목표 달성을 위한 네 가지 기준인 4Ms를 활용해 예술적으로 수업을 계획한다.

관리할 수 있도록 하라(Manageable)

수업 목표는 한 시간 수업을 진행하는 동안 가르칠 수 있는 범위 내에서 정해야 한다. 그러나 이는 예컨대 학생들이 한 시간 내에 주인공의 성격을 추론해 낸다는 학습 목표 설정이 비현실적이므로 인물의 성격을 더 깊고 풍부하게 추론하는 학습을 하지 말아야 한다는 이야기가 아니다.

사실 학생들은 기본적인 내용을 명확하게 이해하는 데도 많은 시간을 필요로 한다. 교사는 학생들이 이해력을 기를 수 있도록 깊이 사고할 상황을 만들어주고 수많은 연습 기회를 제공해 지속적으로 이를 반복할 수 있도록 해야 한다.

흔히들 교사는 수업을 하는 동안 수업 목표와 관련성이 떨어지는 내용을 언급하지 않아야 한다고 생각한다. 이는 가장 일반적인 오해이다. 인물의 성격을 잘 파악하기 위해서는 주제나 플롯, 근거 등을 탐구해서 어떻게 효과적으로 추론해야 하는지 논의할 시간이 필요하다.

인물의 성격을 추론하는 과정에서 꼭 필요한 부분은 추론에 필수적인 단계들을 교사 자신의 머릿속에 개념화하는 것이다. 교사는 인물의 성격 파악에 도움이 되는 언어와 행동 등의 근거를 정리하는 것부터 시작해, 그것들 하나하나를 해석하고 분류한 다음 한 번에 여러 가지를 검증해 보아야 한다. 단순하고 흔히 볼 수 있는 인물의 성격을 추론하는 데서 시작해 좀 더 복잡하고 미묘한 인물을 다루도록 학생들을 이끌어나가야 한다.

한편 3주 이상 연속해서 특정 주제에 관련한 목표를 세우는 것은 바람직하지 않다. 매일의 목표를 새롭게 정해라. 이를 위해서는 과제를 더 전략적으로 만들어야 할 뿐만 아니라 학생들이 날마다 목표를 향해 조금씩 전진하도록 해야 한다.

측정할 수 있도록 하라(Measurable)

수업을 마쳤을 때 그 수업이 성공적으로 이루어졌는지를 측정할 수 있도록 목표를 설정해야 한다. 이는 교사가 무엇을 실행했는지 더 잘 이해하도록 도와준다. 대부분의 교사들은 '종료 티켓'(기법 26 참조)으로 수업의 성공 여부를 측정한다. 비록 종료 티켓을 사용하지 않더라도 명료하고 측정 가능한 목표를 설정하면 교사 스스로 책임감을 갖고 수업을 해나갈 수 있게 된다.

측정할 수 있는 수업 목표를 세우는 것은 교사가 다양한 교수법을 훈련할 수 있도록 도와준다. 만약 당신의 목적이 학생들로 하여금 무엇인가를 알거나 이해하게 하는 것, 혹은 생각하게 하는 것이라면, 학생들이 그 목적에 도달했는지를 어떻게 알 수 있을까?

사고(思考)는 측정할 수 없다. 당신은 수업에 사고력을 측정하는 활동을 포함하는가? 혹은 학생들이 수업에서 이해한 것을 표현하도록 하거나 일상에 적용해 보도록 하는가?

나의 경험이 좋은 사례가 될 것이다. 나는 문학 석사 학위를 가지고 있지만 시를 즐겨 읽지 않는다. 나를 가르치신 모든 분들께 시에 대한 사랑이라는 학습 목적을 성취하지 못했다고 말해야 하는 것은 유감스러운 일이다. 그럼에도 불구하고 수업에서 시를 분석하고 그에 대해 논의하고 다른 사람의 시를 비평해 본 경험은 내가 작가가 되고 때로 영감을 떠올리는 데 도움을 주었다. 실제로 나는 문학 수업에서 시를 읽고 연구했던 경험을 매우 값지게 생각한다.

내가 말하려는 핵심은, 유능한 교사는 학생들이 무엇을 할 수 없는지 혹은 어떤 것을 좋아하는지가 아니라 무엇을 해야 하는지 가늠할 수 있도록 도와주어야 한다는 것이다.

교수님들이 수업을 통해 내게 가르치려 했던 것은 시에 대한 사랑이었겠지만, 과연 내가 그 사랑을 깨달을지는 그들이 통제할 수 없는 부분이다. 훌륭한 동기에도 불구하고 그들이 설정한 수업 목표에서는 그 점이 드러나지 않았기 때문이다.

목표를 우선하라(Made First)

수업 목표는 몇몇 가시적인 제안 사항 가운데 하나를 선택해 정당화하는 것이 아니라 전체 수업 활동을 안내할 수 있도록 설계해야 한다. '뚜렷한 목표를 가지고 수업을 시작하라' 기법에서 이미 강조했듯, 그 무엇보다 목표를 우선시해야 한다.

그러나 대개의 교사들이 자신의 수업 목표를 수업 활동과 동일시한다. 예를 들어 "오늘 우리는 『새장에 갇힌 새가 왜 노래하는지 나는 아네』를 읽는다"처럼 말이다. 이는 그저 학습할 내용을 진술한 것이고 교사들이 간혹가다가 참고하는 교육 과정에 대한 공문을 그대로 옮겨놓은 듯하다.

교사는 학생들이 일련의 내용을 완전히 익혀 완벽한 이해에 도달하도록 돕는 하루하루의 수업 목표와 이에 대응하는 수업 전략을 담은 학습 표준을 쉬운 표현으로 제시해야 한다.

학업 성취를 가장 중요시하라(Most Important)

수업 목표는 무엇보다 학생들의 학업 성취도를 높이는 데 초점을 두고 정해야 한다. 아래 소개한 예시들은 4Ms라는 기준에 미치지 못하는 목표의 사례를 보여주는 것으로, 수업 현장에 참고하면 도움이 될 것이다.

> 학생들은 분모가 같은 분수와 다른 분수를 더하거나 뺄 수 있어야 한다 : 이 목표는 한 시간 분량의 수업에서 관리할 만한 것이 아니다. 최소한 4일에서 4주간에 걸쳐 네 가지의 서로 다른 목표로 다루어져야 하기 때문이다. 여기에는 분모가 같은 분수의 더하기, 분모가 같은 분수의 빼기, 분모가 다른 분수의 더하기, 분모가 다른 분수의 빼기 활동이 포함되어 있다.

학생들은 단시와 서사시를 포함한 시의 다양한 형태를 이해할 수 있어야 한다 : 이 목표에서 '이해'는 무엇을 말하는가? 학생들이 이해했는지 어떻게 알아낼 수 있을까? 학생들은 T. S. 엘리엇의 작품을 이해할 수는 있지만 좋아하지 않을지도 모른다. 이 목표는 측정할 수 없고 관리할 수도 없기 때문에 바람직하지 않다.

학생들은 마틴 루터 킹 주니어 기념일 포스터를 만들 수 있어야 한다 : 이 목표는 '가장 중요한' 것이 아니다. 포스터를 만드는 기술이 마틴 루터 킹 주니어의 이야기에 대한 이해와 무관하기 때문이다. 분명 킹 박사의 유산은 매우 중요하며 그에 대한 이해는 포스터 속에 반영될 수 있다. 하지만 포스터를 만드는 것 외에도 학생들의 이해를 강화시키는 데 유용한 방법은 많이 있다. 따라서 이 목표는 킹 박사에 대해 학습하는 것으로 수정되어야 한다.

TECHNIQUE 기법 18

수업 목표를 학생들과 공유하라

누구나 계획안만 봐도 수업의 목표를 알 수 있게끔 수업 목표를 학생들과 공유해라.

    수업 목표가 정해졌으면 교실 안 잘 보이는 곳—매일 같은 위치—에 게시하고 교실에 들어오는 모든 사람, 즉 학생뿐만 아니라 동료 교사들이나 행정가들도 볼 수 있도록 하는 게 좋다. 그날 당신의 수업이 목표하는 바를 누구나 알 수 있도록 분명한 언어로 표현해라.

  학생의 입장에서 보면 교사의 수업 목표를 아는 것은 자신들이 수업 중에 무엇을 해야 하는지를 파악하는 것이기에 중요하다. 수업 목표를 인식하고 나면 학생들은 더욱 열정적으로 목표를 추구하며 학습에 임한다.

  교사는 수업이 시작하거나 끝나갈 즈음에 학생들에게 학습 목표에 대해 토의하거나 받아 적고 읽어보도록 함으로써 그 중요성을 강조할 수 있다. 또 학생들로 하여금 수업 중에 목표를 찾아보게 하거나, 왜 이런 내용을 다루는지를 말하게 하거나, 어제 배운 내용과 연관시켜 보도록 함으로써 목표를 파악하는 습관을 길러줄 수 있다.

한편, 수업 목표를 공유하는 것은 학교 방문객이나 동료 교사, 장학사를 위해서도 중요하다. 이들은 교사의 수업을 참관하고 피드백을 준다. 당신이 『크루서블』의 등장인물 성격이 어떻게 바뀌어가는지 알아보는 것을 수업 목표로 정했다면, 참관자들은 그저 수업이 "좋았다"라고 말하는 데 그치지 않고 "목표에 맞게 토론을 조금 더 연장했더라면 좋았을 거예요"라는 식으로 구체적으로 평가할 수 있을 것이다. 당신의 수업을 평가하는 사람들이 당신이 정한 수업 목표를 숙지하고 있을 때 가장 적절한 피드백을 받을 수 있다.

TECHNIQUE 기법 19

교사와 학생 모두를 고려해 수업을 계획하라

교사는 자신이 수업에서 무엇을 할지 계획하는 것뿐만 아니라 학생들이 무엇을 해야 할지에 대해서도 계획해야 한다.

수업 계획을 짤 때 교사가 무엇을 할지, 무엇을 설명하고 제시하고 수집하며 어떤 과제를 내줄지에 초점을 두는 것은 당연하다. 그러나 최고의 교사들은 교사와 학생 모두를 고려해 이중으로 수업을 계획한다. 그 결과물이 바로 '과제 꾸러미'이다.

과제 꾸러미는 수업 중 학생들의 활동에 대한 세세한 계획이 담긴 유인물로, 교사와 학생 모두를 고려한 수업 계획을 세울 수 있는 효과적인 수단이다. 간단한 메모나 필기를 할 공간이 있고 읽을거리도 실려 있다. 한마디로 말해 학생의 관점으로 보는 수업 계획안이라고 할 수 있다.

과제 꾸러미를 만들 때 교사는 모두 여섯 가지 목표를 만족시킬 수 있도록 고려해야 한다.

목표 1: 모든 것을 한자리에 모아라

과제 꾸러미를 통해 교사와 학생 모두가 수업에 필요한 모든 것을 제공받을 수 있어야 한다. 수업 시간에 학생들이 활용할 수 있는 자료를 한자리에 모아두면 추가 자료를 배포하고 새 자료를 꺼내고 교재를 읽고 읽은 내용에 대해 글을 쓰는 등 여러 가지 활동 사이를 오가는 데 드는 시간과 노력을 절약할 수 있다.

자신과 학생 모두를 고려해 수업 계획을 세우는 교사들은 그래프, 표, 지도, 일차적인 참고 자료, 소설 발췌문, 글쓰기 공간 등 이 모든 것을 하나의 꾸러미에 담는다.

또 과제 꾸러미가 있으면 학생들과 나란히 같은 자료로 공부하면서 학생들의 경험을 직접 관리할 수 있다. 예를 들면 다음에 어떤 활동으로 넘어갈 것인지 혹은 지금 읽는 단락이 어느 대목인지 등을 효과적으로 찾아낼 수 있다.

교사와 학생 모두를 고려한 수업 계획을 효율적으로 세우는 교사들은 수업을 조정해야 할 필요를 느낄 때면 과제 꾸러미 가장자리의 여백에 수업 과정을 기록한다. 보스턴의 록스버리 예비학교 5학년 수학 교사 제이슨 암스트롱은 수업 중 목격한 놀라운 점이나 다음 수업에서는 변화를 주고 싶은 지점 등을 계속 꾸러미에 적어나간다.

예를 들어 사각형의 분류에 관해 수업한 날이면 "문제 풀이 시 앞 페이지를 참고해야 한다는 사실을 깨닫지 못하는 학생들이 있음"이라든가 "각 변이 평행한 동시에 합동일 수 있다는 개념을 이해하지 못하는 학생들이 있음"과 같이 메모한다.

학생들이 미처 완성하지 못한 과제는 접착식 메모지를 붙여 표시해 두고, 과제 꾸러미의 문제를 정확히 얼마 만에 풀었는지 알려주는 시간 도장을 찍어주기도 한다.

교실 벽의 활용과 배치를 신중히 고려하라

최고의 교사들은 수업을 계획하는 과정에서 교실 공간의 배치도 고려한다. 교실 벽을 어떻게 활용할 것인지는 중요한 문제이다. 벽에 잡동사니나 학생들에게 과도한 자극을 주는 자료를 붙이는 일은 삼가야 한다. 벽에는 아주 중요한 것만 붙여야 하며 또한 학생들이 벽에 붙어 있는 것을 가까이에서 살펴볼 수 있게 해야 한다.

교사가 활용 가능한 자료를 벽에 붙이는 것이 가장 좋다. 분수의 덧셈에서 핵심 단계를 상기시키는 내용이나 이야기 속 갈등의 일곱 가지 유형, 최근 배운 어휘 목록 등 이미 가르친 주요 내용을 학생들이 다시 한 번 쉽게 인식하도록 해주는 자료를 벽에 붙여라. 대부분의 교사들은 학생들이 만든 작품이나 학습 결과물 등을 교실 벽에 붙여놓는 경우가 많은데, 복습을 도와주는 도구를 붙이는 편이 더 바람직하다.

그렇다고 학생들의 활동 결과물을 붙이면 안 된다는 말은 아니다. 단, 그럴 경우에는 다른 학생에게 모범이 되거나 본보기가 될 만한 것을 사용해라. 엄선한 결과물을 붙여놓고 학습 목적을 고려한 논평을 제시해라. 학생의 작품 귀퉁이에 "잘했어요"라고 적는 대신 "주제문을 분명하게 작성했군요. 잘했어요"라고 하거나 "주제문이 중요해요. 문장의 핵심을 알아보기 쉽게 간단히 소개했나요?"라고 적어 올바른 학습으로 학생들을 안내할 수 있어야 한다.

마지막으로 통찰력이 뛰어난 교사들은 벽이라는 공간을 단순히 학생들의 인지 활동을 자극하기 위해서뿐만 아니라 자신을 일깨우기 위해서도 사용한다. 어느 학교 교사들은 말을 줄이고 밝은 얼굴을 보여주기 위한 노력의 일환으로 그와 같은 메시지를 일깨워줄 신호를 벽에 붙여놓았다.

이렇게 학생들뿐만 아니라 교사 스스로 최선의 모습을 이끌어내기 위해서도 교실이라는 공간을 효율적으로 배치하고 활용할 수 있다.

그림을 곁들인 단어를 벽에 붙여놓으면 학생들은 각 단어의 뜻을 더 잘 기억하고 더 정확하게 사용할 수 있게 된다.

목표 2 : 속도 조절로 시너지 효과를 내라

과제 꾸러미를 체계적이고 효율적으로 짜놓으면 활동과 활동 사이의 전환에 들어가는 시간과 노력을 크게 줄기 때문에 수업에 밀도 높은 속도감이 생긴다. 사소해 보일지 몰라도 이런 식으로 매일 몇 분씩만 절약하면 학기 전체로 계산해 며칠이라는 시간을 버는 셈이다.

최고의 교사들은 누구나 같은 페이지를 찾아보기 편하도록 과제 꾸러미에 눈에 띄는 표시를 한다. 예를 들어 윌리엄스버그 콜리지에이트의 8학년 역사 교사 라이언 밀러는 꾸러미의 각 페이지를 색깔로 구분한다. 빨간색 종이에는 수업용 자료가, 노란색 종이에는 읽을거리가 담겨 있다. "다 같이 노란색으로 넘어가 사회보장제도에 관해 읽어보자." "빨간색 한 장은 반드시 파일에 철해 두렴." 이렇게 간단히 말할 때마다 몇 초씩 절약할 수 있고 학생들도 쉽게 알아들을 수 있다.

교사와 학생 모두를 고려한 수업 계획을 세우는 교사들은 과제 꾸러미를 통해 학생들에게 수업의 시각적인 흐름을 보여줄 수 있다. 이렇게 하면 수업 속도도 원활하게 유지하면서 동시에 이정표를 따라 길을 찾아가는 여행자처럼 학생들도 흥미와 관심을 잃지 않고 교사의 지도를 따라갈 수 있다. 이 과정에 긴장과 흥분, 기대감을 불어넣고자 과제 꾸러미에 다양한 이미지와 아이콘을 첨가하고 새롭고 흥미로운 활동을 추가하기도 한다.

목표 3 : 과제 꾸러미로 학생들의 책임감을 높여라

과제 꾸러미를 만들 때에는 단계별로 학생들이 수업 내용을 제대로 이해하고 수준 높은 학습을 할 수 있도록 학생들의 책임감까지 고려해야 한다. 트로이 예비학교의 교사 매기 존슨은 학생들이 수업 목표를 기록할 자리부터 토론 중 메모를 할 수 있는 자리까지 모든 것을 적을 수 있는 공간을 미리 마련해 둔다. 심지어 학생들이 나중에 주제 단락을 써야 할 때 한 번 쓴 답을 검토하고 다시 고쳐 쓸 수 있게 "이 공간은 빈칸으로 남겨두세요"라는 구체적인 지시 사항까지 계획해 둔다.

어떤 교수법을 선택하든지 교사와 학생 모두에게 효과적인 수업 계획을 세우려면 끊임없이 학생들의 책임감 있는 행동을 요구하는 지시문을 미리 써두어야 한다.

목표 4 : 수업 내용을 제대로 이해했는지 효과적으로 점검하라

최고의 교사들은 수업 중 교실을 돌아다니며 학생들이 무엇을 알고 무엇을 모르는지 자료를 수집한다. 이때 과제 꾸러미를 활용하면 관찰을 통해 자료를 수집하고 조직하기가 훨씬 편하다. 학생 옆에 멈춰 서서 학생이 쓴 내용을 교사가 미리 자신의 꾸러미에 써놓은 모범 답안과 비교해 볼 수도 있다. 모범 답안을 미리 계획해 두면 처음 정해놓은 기준에 충실하게 수업을 진행할 수 있다. 또 눈으로 수업을 미리 경험하기 때문에 실수를 더 쉽게 예측할 수 있고, 수업 속도를 정확하게 조절할 수 있으며, '무엇을 할 것인가'를 분명하게 지시할 수 있어서 학생들도 원활하게 수업을 따라올 수 있다.

최고의 교사들은 학생이 제대로 이해했는지 점검하며 자료를 수집한 다음 자신의 과제 꾸러미에 일단 기록하고 대처법을 마련한다. 예를 들어 리더십 예비학교의 타린 프리처드는 학생들이 실수를 하면 곧바로 가장자리 여백에 기록한다. 나중에 의도적으로 그 학생들을 '무작위 호명'해 그들의 실수를 다 같이 다루기 위함이다. 또 특별히 우수한 성과를 낸 학생도 무작위 호명함으로써 독특한 접근법이나 통찰력을 학급 전체와 나누게 한다. 윌리엄스버그 콜리지에이트의 라이언 밀러는 수업 내용을 제대로 이해하지 못한 학생들을 따로 표시해 두었다가 자율 문제 풀이 시간에 그들에게 다가가 개별적으로 도움을 주곤 한다.

목표 5 : 성취도를 중시하라

교사와 학생 모두에게 가장 효과적인 수업 계획을 세우려면 높은 수준의 학업 성취도를 기준으로 삼고 과제 꾸러미를 계획해야 한다. 그러려면 학생의 관점에서 수업을 바라보고 장애물을 제거하거나 도움을 줄 수 있는 체계를 마련해야 한다. 그 과정에서 수업의 엄격함을 희석시켜서는 안 된다.

예를 들어 한 역사 교사는 학생이 수업 자료를 얼마나 수준 높게 분석했는지 평가할 수 있는 채점 기준표를 과제 꾸러미에 첨부한다. 또 도움말 코너나 정답의 예시, 기준을 정해 주는 지시문(예 : 문장을 4개 이상 쓸 것), 참고 사항(예:파시즘에 관한 어제 수업 필기를 참고할 것) 등을 추가하는 교사들도 있다. 이러한 첨부 자료를 통해 학생들은 성공 경험을 쌓으면서 동시에 주제 영역 안에서 자신의 성취도가 어느 정도인지 스스로 점검해 볼 수 있다.

목표 6 : 융통성을 발휘하라

최고의 교사들은 학생들의 진화하는 요구에 대응할 수 있도록 과제 꾸러미도 융통성 있게 계획한다. 브라이언 빌랜저는 학생들의 숙달 정도에 맞게 전략적으로 속도를 높이거나 이전 내용으로 돌아갈 수 있도록 과제 꾸러미에 질문을 많이 넣는다.

타린 프리처드도 이와 비슷하게 자율 문제 풀이 시간에 풀 문제를 '쉬움', '보통', '어려움'으로 나눈다. 일단 학생들이 '쉬움' 문제를 다 풀면 '보통'과 '어려움'으로 넘어갈 수 있다. 학생들은 교사에게 일일이 물어보지 않아도 자기 속도에 맞게 진도를 나갈 수 있다. 또 '도전 문제'나 '심화 과정'을 추가해 이원적인 접근법을 마련하는 교사도 있다.

결론

학생의 관점을 고려해 세세하게 공들여 세운 수업 계획은 생산적인 수업의 발판을 마련하기 위한 필수 과정이다. 상황이 계획한 대로 진행되지 않더라도 잠정적으로 문제가 생길 것 같은 지점과 활동을 미리 예측해 구체적인 수업 목표에 맞게 수업을 유지할 대처법까지 마련해 둔다면, 실제로 문제가 발생했을 때에도 훨씬 더 효과적이고 원활하게 수업을 해나갈 수 있을 것이다.

수업에 따라서는 교사와 학생을 모두 고려한 이중 계획을 세울 시간이 없을 수도 있고 종이 울리기 전에 계획한 모든 것을 성취하지 못할 수도 있다. 그러나 자료와 대처법을 미리 철저하게 준비하는 습관을 기를수록 안 그래도 짧은 수업 시간을 더욱 의미 있게 활용할 수 있을 것이다.

5장에서는 최고의 교사들이 수업 내용을 체계적으로 전달하는 방법을 살펴볼 것이다.

5장

수업 내용을
체계적으로 전달하기

최고의 교사들은 수업 중에 계속해서 진보하는 모습을 보여준다. 이것은 흔히들 '직접 교수법(direct instruction)'이라고 부르는 과정으로서, 차터 스쿨 네트워크인 어치브먼트 퍼스트의 설립자 더그 매커리는 여기에 '나·우리·여러분' 교수법이라는 이름을 붙였다.

이는 교사가 학생에게 '알아야 하는 것'과 '해야 하는 것'을 단계적으로 이양하는 수업을 말한다. 이 처방은 매우 단순해 보이지만 실제 교실에서는 이런 방식의 수업이 잘 이루어지지 않는다. 학생들은 무엇을 어떻게 해야 하는지 정확히 알기도 전에 문제를 해결하고 독립적으로 과제를 해결하라는 요청을 받곤 한다. 거꾸로 아직 문제를 해결할 기술이 갖춰지지 않은 상태에서 교사의 숙달된 모습을 지켜보기도 한다. 학생들은 혼자가 아니라 도와줄 어른이 곁에 있을 때 보다 수월하게 목표 지점에 도달할 수 있다.

이 장에서는 '나·우리·여러분' 교수법을 적용해서 수업을 보다 체계적으로 진행할 수 있는 기법들을 다룬다.

💡 기법들을 살펴보기에 앞서

'나·우리·여러분' 교수법

학생들의 학습 동기를 불러일으키고 수업 내용을 체계적으로 전달하기 위한 구체적인 방법을 살펴보기에 앞서 이 장에서 소개할 기법들의 밑바탕이 되는 '나·우리·여러분' 교수법에 대해 조금 더 구체적으로 알아보도록 하자.

'나·우리·여러분' 교수법은 일련의 단계로 이루어진다. 먼저 '나' 단계에서 교사는 학생들에게 핵심 정보를 전달하거나 학생들이 배워야 하는 학습 과정의 모범을 보여주고 설명한다. '우리' 단계에서는 학생들이 적은 도움을 받아 점점 더 많은 임무를 완수한다. 이것은 '교사가 하고 학생은 돕는다'에서 '학생이 하고 교사는 돕는다'로 넘어가는 과정이다. 마지막 '여러분' 단계에서 교사는 학생 스스로 과제를 수행할 기회를 준다. 이때 상황은 점점 더 다양하고 복잡해진다. 사실 '나·우리·여러분' 교수법은 다음 표와 같이 5단계에 가까운 형태를 취한다.

단계	수업의 단위	누가 주도권을 가지고 있는가?	예문
1	나	교사가 한다.	"분모가 다른 분수를 더하려면 가장 먼저 분모를 같게 해야 한단다."
2	우리	교사가 한다. 학생은 돕는다.	"좋아. 이제 한번 해보자. 마틴, 우리가 말한 대로 분모를 같게 하려면 어떻게 해야 좋을까?"
3	우리	학생이 한다. 교사는 돕는다.	"좋아. 카밀라, 네가 우리에게 알려주렴. 여기서 가장 먼저 해야 할 일이 뭐지?"
4	여러분	학생이 한다.	"자, 이제 예시를 풀었으니까 여러분이 각자 해보세요."
5	여러분	학생이 한다. 그리고 학생이 한다. 그리고 학생이 한다.	"잘했어. 이제 제대로 시작해 볼까? 과제 꾸러미에 다섯 문제가 더 있단다. 6분을 줄 테니 몇 문제나 정확히 푸는지 볼까? 자, 시작하자!"

'나·우리·여러분' 교수법의 5단계

 '나·우리·여러분' 교수법의 개요

바람직한 '나' 교수법

- 어떻게 하는지 보여주는 '본보기'와 어떻게 하는지 말하는 '설명'을 모두 포함한다.
- 교사가 주도하더라도 학생과의 상호작용이 포함된다('나' 단계에서도 교사는 학생들에게 질문하고 대화할 수 있다).
- 학생들의 실수를 예측하고 대비할 수 있다. 보스턴 최고의 교사 케이트 머레이는 이렇게 말한다. "아이들이 어떤 실수를 할지, 일반적인 실수 지점이 어디일지 미리 알 수 있게 되면서부터 스스로 진짜 교사가 되어가고 있다고 생각했어요. 실수를 예상하고 계획을 세울 수 있었죠. 계획을 세울 때마다 '어떤 지점에서 실수가 생길까?'라고 자문했어요. 함정이 있을 것 같은 지점을 미리 가르치기로 하고 수업 계획에 바로 집어넣었어요." 백번 옳은 말이다.

바람직한 '우리' 교수법

- '우리' 단계의 목표는 학생들의 인지 활동을 점점 더 자극하는 것이다. "선생님이 이걸 맞게 했나?" "잠깐, 다음 과정이 뭔지 기억이 안 나는데?"처럼 일부러 모르는 척하거나 한 개의 질문을 여러 개로 쪼개 던지는 방법이 있다.
- "우리가 뭘 해야 하지?"와 같은 과정 질문과 "좋아, 이제 어떻게 하는지 보여 주겠니?" 같은 실행 질문으로 나눈다. 지금 무엇을 하고 있는지, 방금 무엇을 했는지, 왜 그랬는지를 간간이 질문해 학생의 이해와 인지 활동을 유도한다.

바람직한 '여러분' 교수법

- 반복이 중요하다. 학생들은 반복을 통해 배운다. 어떤 학생은 세 번은 반복해야 하나의 기술을 제대로 배운다. 어떤 학생은 열 번쯤 해야 한다. 한두 번 만에 배우는 학생은 거의 없다.
- 학생들 스스로 할 수 있을 때까지 계속해라. 자율 문제 풀이 시간 막바지가 되면 학생들 스스로 완전히 책임을 질 수 있는 수준의 문제를 풀어야 한다.
- 다양한 종류의 문제를 다양한 방법으로 풀 수 있어야 한다.
- 시간이 지날수록 더 복잡하고 어려운 문제를 풀게 해라. 그동안 교사는 학생들이 제대로 이해하고 넘어가는지 계속 점검하고 확인해야 한다.
- 다음 단계로 넘어갈 준비가 된 학생들을 위해 추가 문제를 미리 마련해 두고 실력을 키울 기회를 준다.

'나·우리·여러분' 교수법은 기본 중의 기본이다. 효과적이고 도입하기도 쉬운 만큼 수많은 변형이 가능하다. 대부분의 교사가 이 교수법을 상황에 맞게 변형시켜 사용한다.

예를 들어 기본적인 이차방정식의 인수분해를 먼저 교사가 해 보인다

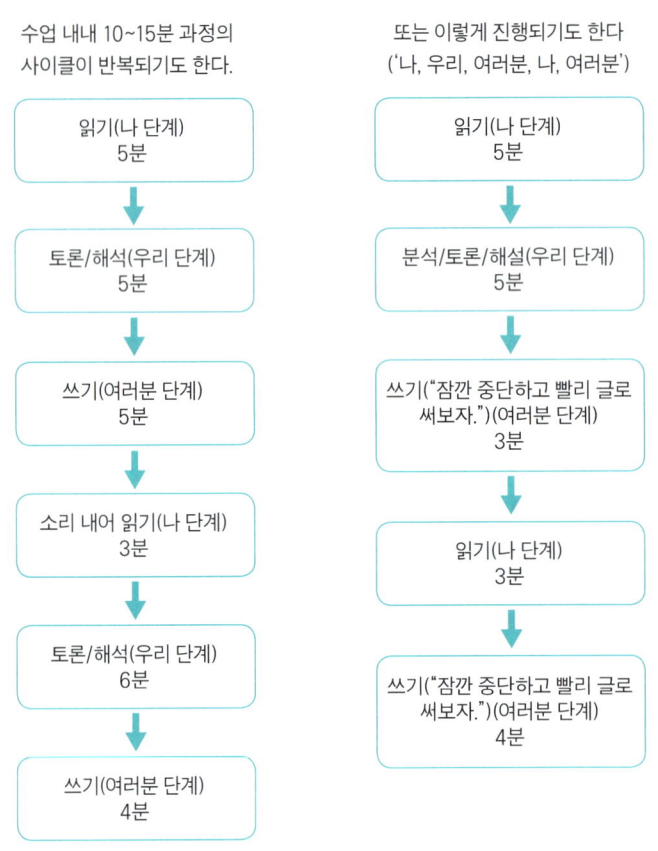

'나·우리·여러분' 교수법의 진행 예시

('나' 단계). 그리고 '교사가 하고 학생은 돕는다'와 '학생이 하고 교사는 돕는다'를 동시에 한다('우리' 단계). 이어서 학생들에게 자율 문제 풀이를 시키는 대신 다시 앞으로 돌아가 더 어려운 문제를 풀어보고 문제가 어려워지면 풀이 방식이 어떻게 달라지는지를 보여준다('나' 단계로 돌아가기). 그러고 자율 문제 풀이를 시킨다('여러분' 단계).

읽기 수업에서도 '나·우리·여러분' 교수법이 널리 쓰이는 것을 볼 수 있다. 교사가 이야기를 들려주는 부분을 '나' 단계라고 하면 '우리' 단계는 함께 토론하며 본문을 해석해 보는 부분이고 '여러분' 단계는 학생들이 본문을 독자적으로 해석하거나 비슷한 문제를 분석해 보는 부분이다.

변형이 되어도 원칙은 똑같다. 일단 읽기를 통해 정보를 전달한다. 함께 활동을 하며 기술을 이해하고 적용할 수 있게 한다. 그리고 학생 스스로 한 번, 두 번, 세 번 연습해 보게 한다. 이게 바로 '나·우리·여러분' 교수법이다. 순서는 달라지더라도 직접 교수법과 지도를 통한 실천, 독자적인 실천이 모두 포함되어 있어야 좋은 수업이라고 할 수 있다.

때로는 질서에서 완전히 벗어날 수도 있다. 내가 아는 어떤 학교는 일반적으로 '나·우리·여러분' 교수법을 사용하지만, 일주일에 한두 번은 일부러 '여러분' 단계로 시작하는 짧고 엄격한 수업을 계획한다. 설명이나 해결책을 제공하지 않고 곧바로 매우 어려운 문제나 텍스트를 제시하는 것이다. 학생들은 그 문제를 풀기 위해 자신이 아는 것을 모두 동원한다. "여기 아주 어려운 문제가 하나 있어. 어떻게 푸는지는 알려주지 않을 거야. 우선 너희 스스로 한번 알아내 보렴." 이렇게 '여러분 먼저' 수업법도 '나·우리·여러분' 교수법의 큰 틀 안에 속한다.

수업 전 준비활동을 하게 하라

수업을 시작하기 전 교사의 지시나 설명 없이 학생들 스스로 수행할 수 있는 짧은 준비활동을 마련해라. 수업을 시작하기도 전에 배움이 시작되도록 해라.

　　　　　훌륭한 수업은 '수업 전 준비활동'으로 시작한다. 수업 전 준비활동은 학생들이 교실로 다 들어오기를 기다리며 할 수 있는 짧은 활동으로, 칠판의 필기나 인쇄물의 형태로 제시된다.

교사가 문 앞에 서서 학생들에게 인사를 할 때나 과제 꾸러미를 챙기고 있을 때 혹은 지난 수업 필기를 지우고 있을 때 학생들은 교실로 들어와 준비활동을 하고 있어야 한다.

수업 전 준비활동이 집중적이고 효율적으로 이루어지려면 다음 네 가지 핵심 기준을 따라야 한다.

- 습관이 될 수 있도록 매일 같은 장소에 활동 내용을 게시해야 한다.

칠판에 써놓거나 미리 공지사항란에 게시해 두거나 그날 수업에 쓸 과제 꾸러미의 첫 장에 싣는 등 일관성을 지켜야 한다.

- 교사가 따로 지시하지 않아도, 다른 학생들과 논의하지 않고도, 별도로 자료를 제공하지 않아도 학생들이 수업 전 준비활동을 완수할 수 있어야 한다. 교사가 지시를 내려야만 시작한다면 이는 독립적인 활동이 아니며 학생들에게 생산적인 자기관리 습관을 길러준다는 목표에도 맞지 않는다.
- 완성하기까지 3~5분 정도 걸려야 하고 종이에 연필로 써야 한다. 다시 말해 글쓰기 활동이어야 한다. 그러면 수업에 집중하려는 진지한 분위기를 조성할 수 있고 학생들도 한층 책임감을 느끼게 된다.
- 수업 전 준비활동은 대체로 그날 배울 수업 내용을 예습하거나 지난 수업 내용을 복습하는 형태로 이루어져야 한다.

수업 전 준비활동이 실패하는 가장 일반적인 원인은 준비활동 후 학생들의 답안을 검토하는 시간을 제대로 분배하기가 어렵다는 것이다. 수업 전 준비활동을 15분 이상 하면 원래 계획했던 수업에 차질이 생긴다. 혹은 적어도 수업 끝머리에 하려고 마음먹었던 중요한 자율 문제 풀이를 생략해야 한다.

수업 전 준비활동은 내용도 중요하지만 검토 방법 역시 중요하다. 학생들이 준비활동에 집중하는 시간이 3~5분 정도라면 검토하는 데에도 비슷하게 3~5분 정도를 할당해야 한다. 모든 문제와 모든 답안을 검토하는 것은 불가능하다. 학생에게 총 8문제를 냈다면 중요한 문제를 2~3개 골라 살펴봐야 한다.

그러려면 학생들이 준비활동 문제를 푸는 동안 교사가 학생들이 어떤 문제를 어려워하고 일반적으로 실수가 발생하는 지점은 어디인지를 점검하고 자료를 수집해야 한다. 어느 지점을 검토하고 넘어갈지 결정할 시간도 단 몇 분밖에 없으므로 관찰을 통해 효과적으로 자료를 수집해야 할 것이다.

최고의 교사들은 수업 전 준비활동에서 준비활동 검토 시간으로 재빨리 넘어간다. 학생들에게 준 시간이 끝나갈 때면 카운트다운을 하기도 한다. 타이머가 울리면 단 1초도 낭비하지 않고 곧바로 '무작위로 호명하라'(기법 33)나 '쓴 글을 전체 학생에게 보여주게 하라'(기법 39)를 실시한다.

어떤 교실에서는 수업 전 준비활동과 검토까지 하나의 활동으로 묶어 연달아 실행하고 나서야 비로소 교사가 학생들에게 인사를 건네며 본 수업을 시작하기도 한다.

TECHNIQUE 기법 21

수업 단계마다 이름을 붙여라

복잡한 과제를 세부적으로 나누고 체계화해 보다 성공적으로 학생들의 성취를 돕자.

뛰어난 운동선수가 위대한 코치가 되기란 매우 어렵다. 대개 위대한 코치는 어느 정도 운동을 하는 선수나 운동을 잘 못하는 선수 가운데서 나온다. 그리고 영리하고 똑똑한 배우는 다른 사람들이 자신의 역할을 비슷하게라도 하도록 도와주지 못한다. 사람들에게 그 역할을 어떻게 연기해야 하는지 설명하는 데도 어려움을 겪는다. 반면에 무명 배우가 연기 지도자로 변신해 세계적인 수준의 배우를 길러내기도 한다. 그 이유는 무엇일까?

첫 번째 이유는 바로 이것이다. 슈퍼스타는 각 단계별로 무엇을 어떻게 해야 할지 세심하게 주의를 기울일 필요가 없다. 다수의 평범한 사람들과 달리 그들은 반짝이는 직관을 활용해 문제를 해결하기 때문이다.

2부 엄격한 학업 기풍 세우기　163

고등학교 시절 나의 축구 코치는 운동선수로서는 세계적으로 유명한 슈퍼스타였지만, 코치로서는 선수 대기실에 있는 후보 수준이었다. 경기가 시작되면 그는 선수들에게 "수비! 자, 다들 수비를 좀 해!"라고 소리쳤다. 우리도 상대를 수비해야 한다는 것은 알고 있었지만, 구체적으로 무엇을 어떻게 해야 하는지는 알지 못했다. 다른 코치와 훈련을 시작하고 나서야 나는 진정한 코치라면 어떻게 가르쳐야 하는지를 깨달았다.

최고의 교사들은 학생들이 배워야 할 기술이나 내용을 구체적으로 이해할 수 있도록 단계를 나눈다. 그리고 각 단계마다 학생들이 이해하기 쉽도록 이름을 붙인다. 이름을 붙일 뿐만 아니라 순서대로 기억하기 쉽게 알려주고, 학생들이 계속 확인하고 사용할 수 있도록 교실의 벽에도 붙여놓는다.

그들은 수업 내용을 요리 레시피처럼 만든다. 동일한 주어를 가지고 혼합문을 만드는 5단계, 공격을 재편하는 4단계, 위대한 문학을 감상하는 여섯 가지 방법 등 복잡한 과제를 세부적으로 나누고 체계화해 학생들의 성취를 돕는다.

'수업 단계마다 이름을 붙여라' 기법과 관련해 교실에서 활용할 수 있는 세 가지 핵심 요소는 다음과 같다.

각 단계를 명확하게 하라

일정한 절차는 학생들이 복잡한 내용을 보다 명료하게 익히도록 도와준다. 학생들이 쉽고 명확하게 기억하도록 하려면 너무 많은 단계를 제시해선 안 된다. 그러다 보면 결국에는 아무것도 기억하지 못하게 된다.

학생들이 자신의 공책에 해결 과정을 기록해 놓았다면, 답을 찾는 지도를 얻은 것과 같다. 그 내용을 배운 교실 이외의 장소에서 과제를 할 때도 문제를 해결하는 데 도움을 받을 수 있다.

교사는 분명하고 구체적인 단계를 교실 벽에 게시해서 학생들이 기억하도록 해야 한다. 교실 벽은 단순히 보기 좋도록 꾸미는 공간이 아니라 동기 유발 기능을 하는 공간이 되어야 한다.

몇몇 학교에서는 학생들이 익혀야 할 특정한 기술을 단계별로 명료화할 뿐만 아니라 문제를 해결하지 못해 끙끙댈 때 어떻게 해야 하는지, 또는 책을 읽다가 어떤 문장을 이해하지 못할 때 무엇을 해야 하는지를 구체적으로 알려준다. 이는 실천 가능한 세부 활동을 단계적으로 이해시키기 위한 노력의 하나이다.

내용이 머릿속에 착 달라붙게 하라

학생들이 익혀야 하는 단계들을 명확하게 구분하고 그 단계들에 저마다 이름을 붙이고 나면, 다음으로 교사는 학생들의 머릿속에 각각의 단계들이 착 달라붙게 해야 한다. 각 단계의 이름과 관련해 이야기를 만들거나 기억하기 쉬운 장치를 만드는 것도 도움이 된다.

노스스타 아카데미 2학년 교실은 이야기의 다섯 가지 요소를 쉽게 기억하도록 두음법을 사용한다.

인물 - 이야기의 중심이 되는 화자
배경 - 이야기가 일어나는 시간과 공간
문제 - 주인공이 원하지만 가질 수 없는 대상
시도 - 인물은 그 문제를 해결하려고 하지만 실패한다
해결 - 마침내 문제가 해결된다

학생들은 이야기의 다섯 가지 요소를 말하기에 앞서 '인배문시해'를 떠올린다. 이런 식의 기억법을 분석의 도구로 사용할 수도 있다. 예를 들면 "오늘 읽은 소설을 이야기의 다섯 가지 요소로 설명해 보자"라는 과제를 내주고 '인배문시해'에 맞춰 분석하게 할 수 있다.

2개의 단계를 교차하라

학생들이 각각의 단계를 숙지하고 나면, 수업 시간에 "현재 제시된 문제의 정답을 어떻게 찾을 것인가"(문제)와 "이와 유사한 유형의 문제들은 어떻게 풀 것인가"(풀이 과정)라는 2개의 병렬적인 과제를 한 번에 수행할 수 있게 된다. 다음의 사례를 살펴보자.

교사 : 폴, 다음 단계에는 무엇을 해야 할까? (풀이 과정)

폴 : 분자를 곱해야 해요.

교사 : 잘했어. 그러면 우리 문제에서 분자는 뭘까? (문제)

폴 : 4인 것 같아요.

교사 : 좋아, 잘했어. 사샤, 다음에는 무엇을 해야 할까? (풀이 과정)

사샤 : 분모를 곱해야 합니다.

교사 : 분모가 뭐지? (문제)

사샤 : 분모는 2입니다.

교사 : 그래, 그렇게 해보자. 옳게 한 거니, 콘래드? (풀이 과정)

콘래드 : 아니요, 나누기를 해야 해요.

교사 : 잘했어. 그렇다면 마지막 답은 뭘까? (문제)

콘래드 : 답은 2입니다.

교사는 때로는 학생들에게 문제의 풀이 과정을 설명하도록 하고 또 어떤 때는 풀이 과정의 일부를 재확인하는 질문을 던지면서, 그리고 가끔은 이 둘을 동시에 하라고 지시하며 수업을 역동적으로 이끌어간다. 한 학생은 풀이 과정에 집중하게 하고 또다른 학생은 문제에 집중하게 할 수도 있다.

간혹 교사가 문제를 풀다가 학생에게 지금 교사가 무엇을 하고 있고 왜 그렇게 하는지 설명하게 할 수도 있다. 일부러 실수를 하면서 어디가 잘못되었는지, 더 좋은 방법은 없는지 물어볼 수도 있다. 이렇게 차근차근 단계를 밟아가며 가르치는 것은 학생들이 알아보기 쉽고 따라하기 쉽도록 도와주기 위함이다.

TECHNIQUE 기법 22

정확하게 필기하는 습관을 갖게 하라

학생들이 교사가 제시하는 정보를 정확하게 포착할 수 있게끔 올바른 필기 습관을 들이도록 유도해라.

고등학교나 대학의 수업을 관찰할 기회가 생긴다면 학생들이 공책에 무엇을 쓰는지 잠깐 살펴봐라. 학생들은 수업의 핵심 내용을 체계적으로 기록하고 있는가? 며칠 후나 몇 주 후, 심지어 몇 년 후에 봐도 도움이 될 만큼 수업의 전개 과정을 잘 기록하고 있는가?

학생들은 수업 내용을 배우고 학습 능력을 익혀가는 것만큼이나 학생의 기본자세 또한 갖춰야 한다. 학생의 기본자세 가운데 가장 복잡하면서도 결정적인 요소가 바로 필기를 통한 지식의 기록과 보유이다. 교사가 칠판에 적은 것을 공책에 정확하게 옮겨 적는 습관만 들여도 목표 달성을 향한 올바른 출발점에 선 셈이다.

이 기법을 통해 학생들은 점차 공책 정리를 어떻게 하고 그 안에 무엇을 포함해야 하는지 스스로 결정할 수 있게 된다.

학생들이 정확하게 필기하는 습관을 들이게 하려면 교사가 도해 조직자(graphic organizer)를 활용해 판서하는 것이 가장 좋은 방법이다. 예전에는 OHP를 많이 활용했으나 요즘은 PPT 자료로 교사가 판서하는 내용을 보여주곤 한다. 교사가 빈칸을 채우면 학생들도 빈칸을 채운다. 교사는 과제 꾸러미를 채워나가면서 "자, 여러분도 저처럼 해보세요"라고 말한다.

학생들이 이 과정을 혼자서도 잘할 수 있게 된 후에도 교사는 PPT 자료를 제시하며 올바른 필기의 본보기를 보여줄 수 있다. 시간이 지남에 따라 학생들은 신중하게 공책을 정리하고 과제 꾸러미에 긴 내용을 채워 넣으며 교사가 칠판에 적어준 용어나 정의들을 정확히 정리해 필기할 수 있게 된다.

학생들에게 공책을 정리하는 기술을 가르친 후에는, 그냥 넘어가도 되는 내용은 어떤 것이며 세부 제목이나 하위 제목은 어떻게 다는지에 관해서도 세세히 알려주는 게 좋다. 학생들이 이 일에도 능숙해지고 나면 교사는 판서를 할 때 정확을 기해야 한다는 부담감에서 벗어날 수 있다. 그러나 학생들이 이 과정을 완전히 자기 것으로 만들게 되기까지는 여러 해가 걸린다는 사실을 명심해야 한다.

기법 23 교사의 통제 아래 소리 내어 읽게 하라

학생들에게 소리 내어 읽기를 자주 시키되, 풍부한 표현과 책임감, 참여도를 확보하기 위해 교사가 그 과정을 관리해야 한다.

최고의 교사들은 수업에 막대한 양의 읽기를 도입한다. 어떤 내용을 가르치든지 간에 배우고 학습하는 데 있어서 읽기는 빠져서는 안 되는 요소임을 강조한다. 그렇다고 늘 말로만 책을 읽어야 한다고 강조할 수는 없는 일이다. 교사들은 배움을 위한 읽기의 본보기를 구체적으로 보여주어야 한다.

학생들 각자가 조용히 책을 읽는 시간은 최고의 교실에서도 중요하게 다루는 부분이지만, 학생이 본문을 다양한 방식으로 읽도록 엄격하게 가르치고 학생들의 읽기 실력을 점검하고 책임감을 부여하려면 조용하게 읽히는 것만으로는 충분하지 않다. 읽기의 효과를 극대화하려면 소리 내어 공개적으로 읽혀야 한다.

소리 내어 읽기의 어려움

본문을 소리 내어 읽게 하는 것은 많은 이점을 갖고 있지만, 여기서는 일단 소리 내어 읽기에 대한 우려부터 살펴보기로 하자.

효과가 있을까?

한 학생이 대표로 본문을 소리 내어 읽는 동안 나머지 학생들이 수동적으로 듣기만 한다면 당연히 소리 내어 읽기의 효과는 떨어질 수밖에 없다. 그러나 한 학생이 소리 내어 책을 읽고 나머지 학생들도 텍스트에 집중해 적극적으로 따라 읽는다면 효과는 훨씬 높아질 것이다. 소리 내어 읽는 학생을 제외한 학생들의 수동성에 대한 우려는 이해가 가지만, 이 정도는 교사의 효율적인 관리로 쉽게 해결할 수 있다.

자존심에 상처 입는 학생이 생기지 않을까?

한편 소리 내어 읽는 학생이 텍스트를 제대로 읽지 못하거나 읽기 어려워하면 수치심을 느끼고 읽기를 꺼려하게 될지 모른다는 우려도 있다. 그러나 최고의 교사들은 학생들이 소리 내어 읽는 과정을 겪으며 읽기 실력을 점점 향상시켜 갈 수 있도록 그 과정을 통제한다. 읽기를 어려워하고 두려워하는 것도 학생들이 내비치는 정상적인 반응의 하나이다. 학생들은 소리 내어 읽는 과정에서 점차 목소리에 개성과 감정을 싣는 법을 터득하고, 중요한 단어를 골라 강조하며 보다 만족스럽게 읽을 수 있게 된다.

소리 내어 읽기의 중요성

학생들이 책을 잘 읽지 못하는 가장 큰 이유는 많이 읽지 않아서이다. 아이들이 훌륭한 독자가 되기를 바란다면 그냥 읽으라고 시키는 것만으로는 안 된다. 많이 읽고 확실히 이해하도록 지도해야 한다.

학생들의 독서량을 늘리기 위해 각 학교에서는 독서왕을 선발하는 등 독서 권장 운동을 펼치곤 한다. 또는 조용히 각자 책 읽을 시간을 주기도 한다. 좋은 생각이지만 막상 현장에 가보면 책은 펼쳐놓되 눈은 다른 곳을 향한 학생들을 쉽게 볼 수 있다. 또 어려운 단어나 접미사를 건너뛰고 빈약하게 읽는 습관을 들인 학생도 있다.

이러한 어려움을 상당 부분 중화하는 데 도움이 되는 방법이 바로 소리 내어 읽기이다. 학생이 소리 내어 읽는 동안 교사는 학생이 주어진 텍스트를 제대로 읽는지 확인하고 구체적으로 어느 부분을 어려워하는지 파악해 끊임없이 연습을 시키고 교정해 줄 수 있다. 학생이 단어를 잘못 읽으면 교사가 즉시 개입해 정확하게 읽고 넘어가도록 지도할 수도 있다.

풍부한 표현으로 읽기

학생들이 조용히 속으로만 읽고 있으면 제대로 내용을 이해하며 효과적으로 읽는지 알 수가 없다. 효과적으로 읽는다는 것은 텍스트의 전체 의미를 파악하는 데 그치지 않고 한 줄 한 줄을 구체적으로 습득하는 것을 말한다.

그러므로 훌륭한 교사들은 학생들이 책을 읽는 동안 책임감 있게 읽는지, 해당 텍스트의 독특한 어휘를 이해하며 제대로 읽는지 등의 정보를 수집하고 적절한 피드백을 제공하기 위해 소리 내어 읽기를 활용한다.

소리 내어 읽음으로써 학생들은 풍부한 표현력을 기르고 텍스트를 이해하는 기술을 쌓는다. 또 누가 가장 유창하게 읽는가, 누가 본문의 유머나 분노를 제대로 전달하며 읽는가를 두고 가벼운 경쟁이 생겨나기도 한다. 소리 내어 읽기는 읽기를 공유하고 사회화하며 극적인 것으로 만들어준다.

또한 또래 학생이 즐겁고 신나게 읽는 모습을 보여줌으로써 천 번의 설교보다 더 강력하게 읽기의 힘을 역설할 수 있다.

소리 내어 읽기 과정을 관리하는 방법

소리 내어 읽기의 장점을 극대화하고 단점을 최소화할 방법은 무엇일까? 어떻게 해야 한 학생이 소리 내어 읽는 동안 다른 학생들도 집중해 듣게 만들 수 있을까? 읽기를 어려워하는 학생은 어떻게 도와줄까?

소리 내어 읽기를 시킬 때는 약간 감정을 실어 읽도록 당부하고 모범적으로 읽은 대목은 다시 읽어보라고 함으로써 강조한다. ("오, 그 문장을 다시 읽어보겠니? 정말 잘 읽는구나.") 또는 부족한 부분을 보충해 읽어보게 할 수도 있다. ("잘했어. 이제 그 부분을 주인공이 조금 더 화가 난 것처럼 읽어보겠니?") 이렇듯 미세한 변화와 조절을 통해 소리 내어 읽기를 엄청나게 생산적인 활동으로 만들 수 있다.

읽는 분량을 예측할 수 없게 하라

만약 교사가 "다음 단락을 선생님 대신 읽어보렴, 비비안"이라고 말한다면 다른 학생들은 비비안이 다음 단락을 모두 읽을 때까지 마음 놓고 있어도 된다는 것을 안다. 수업 중 한 학생을 지명해 소리 내어 읽기를 시킬 때는 어느 정도 분량을 읽어야 하는지 구체적으로 지정해 주지 마라. "선생님 대신 읽기 시작하렴, 비비안" 혹은 "읽어보자, 비비안"이라고 말하면 다른 학생들도 누가 이어서 읽게 될지 알 수 없으므로 주의 깊게 따라 읽을 가능성이 커진다.

또 읽는 분량을 예측할 수 없게 하면 읽기를 어려워하는 학생이 나와도 자존심을 덜 다치게 할 수 있다. 교사가 지정해 준 단락을 읽다가 비비안이 어려움을 겪더라도 처음부터 얼마나 읽어야 하는지 구체적으로 정하지 않았다면 비비안이 곤란해 하기 전에 읽기를 중단시킴으로써 긍정적인 분위기를 유지할 수 있다.

읽는 분량을 짧게 하라

각자가 읽을 분량을 짧게 하면 학생들은 언제든지 자기 차례가 올 수 있다는 것을 알고 더 집중하게 된다. 뿐만 아니라 자기가 맡은 부분을 표현력 있고 유창하게 읽는 데 충분한 에너지를 쏟을 수 있다. 서너 문장을 유창하게 읽고 멈추는 게 두 문장만 잘 읽고 나머지 여섯 문장을 더듬거리며 질질 끄는 것보다 훨씬 낫다. 또 읽기에 익숙하지 않은 학생들이 재빨리 번갈아 가며 읽으면 수업에 속도가 붙고 활력이 생긴다.

읽는 분량을 짧게 하면 교사는 결정적인 자료를 더 효과적으로 수집할 수 있다. "이어서 읽어보자, 찰스"라고 했는데 찰스가 한 박자도 쉬지 않고 곧바로 다음 문장을 이어 읽으면 교사는 찰스가 다른 학생이 읽을 때 집중해서 잘 따라 읽었다는 사실을 알게 된다. 만약 그렇지 않으면 반대로 집중하지 않았다는 뜻이다. 이렇게 읽는 사람을 자주 바꾸어가며 정보를 많이 수집하면 교사도 더욱 효과적으로 피드백을 주고 읽기 시간을 원활하게 관리해 나갈 수 있다.

물론 항상 읽는 분량이 짧아야 하는 것은 아니다. 소리 내어 읽기를 할 때 어느 정도 분량이 적당한지는 상황에 따라 다르다. 처음에는 두세 문장씩 읽히다가 학생들의 읽기 실력이 상승하면 자연스럽게 분량을 늘려야 한다.

다음에 누가 읽을지 예측할 수 없게 하라

어떤 순서대로 이어 읽을지 미리 알려주면 학생들은 자기 차례가 올 때까지 딴생각에 빠질 수도 있다. 그러므로 다음에 읽을 학생을 선택할 때에는 무작위로 호명해 누구나 읽기에 참여하는 것을 당연한 일로 만들어야 한다. 때로는 열정적으로 손을 든 학생을 호명해 읽는 즐거움을 강화해 줄 필요도 있지만 누가 읽을지는 대체로 교사가 결정해야 한다. 그래야 읽기가 매우 즐거운 일이며 이 즐거움을 소수 학생에게만 몰아주지 않겠다는 메시지를 전할 수 있다.

최소한의 언어를 사용해 다음 학생으로 넘어가라

한 학생에서 다른 학생으로 넘어갈 때는 최대한 빠르게 최소한의 말만 사용해야 한다. 또 일관성을 지켜야 한다. "고맙구나, 스티브. 잘 읽었어. 다음은 수전이 읽어보겠니?"보다는 "수전, 이어서 읽어보자"가 더 효율적이다. 2초 정도의 차이가 사소해 보일 수도 있지만, 매 수업마다 50번의 전환이 이루어진다면 몇 초 차이는 금세 몇 분의 차이가 된다. 학생 전환이 효율적으로 이루어지면 읽는 과정에 방해도 덜 되고 학생들도 그만큼 서사의 흐름에 집중할 수 있다.

연결고리를 통해 연속성을 유지하라

사실 대부분의 경우 교사는 교실에서 가장 잘 읽는 사람이다. 교사가 솔선하여 소리 내어 읽으면서 학생들에게 표현력 있게 읽는다는 것의 본보기를 보여줄 수 있다. 특별히 중요하거나 까다로운 부분은 교사가 맡아 읽어도 좋다. 어려운 부분을 직접 소리 내어 읽으며 텍스트에 생명력을 불어넣고 학생들의 이해를 도와줄 수도 있다.

또한 교사는 학생과 학생 사이의 전환에서 연결고리의 역할을 하기도 한다. 한 학생이 특히 어려워하거나 느릿느릿 읽어 학생들의 집중도가 떨어지는 것 같으면 교사가 개입해 몇 문장을 읽어줌으로써 분위기를 다잡을 수 있다.

구두로 하는 빈칸 채우기 시험

엑설런트 차터스쿨의 로베르토 드 레옹 교사는 3학년 읽기 시간에 빈칸 채우기 시험을 활용했다. 그는 『오페라의 유령』을 소리 내어 읽으며 이따금 문장에서 단어를 하나씩 뺐다. "카를로타는 _____ 을 맡았다"라고 하며 빈칸을 채워야 한다는 신호를 보내자, 소수의 학생들이 교사의 신호에 따라 "주인공 역할"이라고 대답했다. 로베르토는 말했다. "이런, 몇 명이 딴생각을 하는 모양인데? 다시 해보자. 카를로타는 _____ 을 맡았다." 그러자 모든 학생이 "주인공 역할"이라고 호응하며 집중해서 따라 읽고 있음을 입증해 보였다.

책갈피를 사용하라

최고의 교사들은 읽기를 하다가 방금 읽은 내용의 토론으로 넘어갈 때 학생들이 전환 과정을 알아채고 빨리 반응할 수 있도록 신속하고 믿을 만한 유도장치를 사용한다. 나는 이를 '책갈피'라고 부른다. 이를 통해 학생들은 읽은 내용에 관해 토론을 한 후 재빨리 다시 읽기로 돌아갈 수 있다.

패트릭 패스토어 교사는 6학년 학생들과 『에스페란사의 골짜기』를 읽다가 중간에서 멈추고 토론할 시간이 되면 "자리를 지키고 선생님을 따라오세요"라고 말한다. 그러면 학생들은 일제히 책을 반쯤 덮고 교사의 눈을 바라보며 토론할 준비를 갖춘다.

에스페란사와 미겔이 왜 기차 여행에 대해 달리 생각하는지 짧게 토론하고 나서 교사는 "다시 읽기로 돌아가자, 멜라니"라고 말한다. 2초도 안 되어 학생들은 다시 책을 읽기 시작한다.

학생들이 혼자 조용히 읽기를 책임감 있게 하게 하려면

교실에서 활용할 수 있는 읽기의 형태에 소리 내어 읽기만 있는 것은 아니다. 학생 혼자 자율적으로 책을 읽게 할 수도 있지만, 교사는 학생이 제대로 내용을 이해하며 읽고 있는지 걱정이 되게 마련이다. 심지어 학생들에게 자율적으로 책을 읽게 시키는 것은 가르치지 않는 것과 마찬가지라고 생각하는 교사도 있다.

하나의 텍스트를 이해하고 받아들이는 정도는 학생마다 다르고, 이는 수많은 다양한 요인의 영향을 받는다. 학생이 주어진 텍스트를 읽고 충분히 이해할 수 있는가는 학생의 일반적인 읽기 능력뿐만 아니라 해당 주제에 대한 친숙도와 관련이 있다. 배경지식이나 어휘에 익숙한가, 어떤 형태로 읽는 것을 편안하게 여기는가도 이해도에 영향을 주는 요소이다.

어떤 내용이 학생의 읽기 수준에 가장 적합한지를 알기 위해 교사로서는 계속 시험해 볼 수밖에 없다. 학생들이 자율적으로 혼자 읽을 준비가 되어 있는지 살펴보는 것 자체가 다음과 같은 메시지를 전달한다. "우리는 다 함께 읽는 동안에도 각자 따로 엄격하게 방법론적으로 읽고 있다. 마찬가지로 혼자 개별적으로 읽을 때에도 배움을 위해 읽는 것이다."

학생 혼자 독립적으로 책을 읽게 한다는 것은 읽을 수 있는 텍스트의 양을 점점 늘려가고 내용에 대한 질문의 범위도 점점 넓혀가면서 혼자서도 잘 읽을 수 있는 능력을 길러준다는 뜻이다. 책임감을 갖고 혼자서 읽게끔 할 때는 다음과 같은 방법을 시도해 보자.

- "다음 단락을 각자 읽어보고 마지막 문장에서 작가가 하고자 하는 말이 무엇인지 본문을 인용해 써보자. 암시가 담긴 부분에 동그라미를 치고 이를 통해 작가가 전하고자 하는 메세지를 공책에 적어보렴. 그런 다음 다 같이

이어서 읽어볼 거야."
- "각자 92쪽 맨 윗부분까지 읽고 생쥐에게 어떤 일이 일어났는지 짐작할 수 있는 대목에 밑줄을 쳐봐. 교재 가장자리에 이 부분을 요약해 써보자. 여기서 암시를 발견했다면 동그라미를 치고 무엇을 암시하는지 써보도록 해."
- "이번 장 끝까지 각자 읽어보고 두 주인공의 유사점과 차이점을 비교해 보자. 작가가 "결핍과 공포로부터의 자유"라는 표현을 왜 반복하고 있는지 이유를 써보렴."

기법 24 전략적으로 교실을 순회하라

수업 시간 중에 교실 안을 전략적으로 이동하라.

'전략적으로 교실을 순회하라'는 교사가 수업을 하는 동안에 교실 안을 전략적으로 이동하는 기법이다. 많은 교사들이 학생들과의 근접성—학생들 옆에 가서 책임감을 강조하고 문제 행동을 하지 못하도록 지도하는 것—에 대해 자주 이야기한다.

교사들은 문제를 해결하기 위해 무엇을 해야 하는지는 알지만, 학생과의 근접성이 충분히 형성되지 않았을 경우에 실제로 무엇을 하고 어떻게 효과를 극대화해야 좋을지 몰라 혼란을 겪곤 한다.

'전략적으로 교실을 순회하라' 기법을 통해 효과적으로 수업 시간에 교실 안을 돌아보는 방법을 알아보자.

교실의 경계를 깨뜨려라

교실에서 '경계'는 교사와 학생 사이에 가로놓인 상상의 한계선으로, 교탁 앞이나 책상의 첫 줄이 시작되는 곳에서 대략 150센티미터 이내에 존재한다. 많은 교사들이 이 경계를 깨뜨리지 못하고 머뭇거리지만, 경계를 깨뜨림으로써 우리는 수업에 활력을 불어넣고 학생들이 무엇을 하는지 더 잘 관찰할 수 있다. 흥미로운 질문을 던지며 눈썹을 살짝 추켜올려 보인다거나 교실을 돌아다니며 학생의 어깨에 가만히 손을 올려놓을 수도 있다.

수업이 시작되고 5분 안에 경계를 깨뜨려야 한다. 교실의 모든 학생이 학습에 참여하기를 바란다면 교사는 언제든지 교실 어느 곳이라도 갈 수 있어야 한다.

공간 전체를 자유자재로 활용하라

교사는 교실의 경계를 깨뜨릴 뿐만 아니라 교실 전체를 완벽하게 활용해야 한다. 언제든지 학생 옆에 자유자재로 다가설 수 있어야 하며, 교수 행위를 중단하지 않고도 교실 어디든 자연스럽게 이동할 수 있어야 한다. 이것이 교사가 교실을 통제하는 방법이다. 만약 그러지 못한다면 학생들은 곧바로 교사의 영향력에서 벗어나 자신들이 안전하다고 여기는 '고요한 공간'을 만든다.

교사가 어느 지점으로 가기 위해 가방을 옆으로 밀치거나 의자를 움직여야 한다면 이는 이미 학생들에게 통제권을 넘겨준 것이나 다름없다. 학생들 사이를 지나가며 "잠깐만"이라고 말해야 한다면 지나갈 공간을 열어 달라고 요청하는 셈이 된다.

교사가 걸어 다닐 공간을 충분히 확보해라. 이를 위해서는 학생들을 2명씩 짝을 지어 앉히는 게 좋다.

순회할 때 무엇을 할지 정하라

정해진 곳에 서 있는 것만으로는 충분하지 않다. 적극적인 가르침을 위해 교사는 교실을 순회하는 동시에 언어적으로든 비언어적으로든 수시로 학생의 활동에 개입해야 한다. 학생의 어깨에 손을 올리거나, 공책에 적힌 내용을 보면서 "철자를 다시 생각해 보렴"이라고 말하는 것이 그 예이다.

학생의 옆을 천천히 지나가면서 학습 상태를 점검하고 있음을 알리되 깊은 개입은 하지 않을 수도 있다. 또 짧게 비언어적 상호작용을 할 수도 있다. 학생의 책상을 가만히 건드리며 교사가 지켜보고 있음을 알리거나 칭찬으로 엄지를 추켜올리거나 계속해 보라는 신호를 보낼 수도 있다.

학생 옆에 멈춰 서서 실행 중인 과제를 읽거나 살펴보는 것도 괜찮다. 평가의 말을 할 수도 있지만 반드시 그래야 하는 것은 아니다. 곁에서 과제를 읽어보는 것만으로도 강력한 메시지를 전달한다.

점 찍기

학생들에게 자율 문제 풀이를 시키고 교사는 그동안 교실을 돌아다니며 학생들의 과제 수행을 관찰한다. 이때 실수가 눈에 띄면 학생의 문제지에 점 하나를 찍는다. 이는 틀렸다는 표시가 아니라 뭔가 확인할 필요가 있음을 일깨워주는 아주 미세한 신호이다. 평가의 말 한마디 없이 그냥 점만 찍는다. 다시 확인해 보라는 지시도 내리지 않는다. 학생들은 교사가 찍은 점을 보는 순간 스스로 실수를 찾아보고 자기반성과 자가교정을 동시에 할 수 있다.

에드워드 브룩 차터스쿨의 루 레트레이는 이 점 찍기를 한 단계 발전시킨 자신만의 방식을 고안해 냈다. 실수를 일러주고자 점 하나를 찍는 기존 방식을 변형시켜 과제 수행의 정확도에 따라 초록색, 노란색, 빨간색의 세 가지 점을 사용하기로 한 것이다.

> 그는 10분 정도 교실을 돌아다니며 학생들이 쓴 주제문에 점 표시를 하고 나서 이렇게 말한다. "초록색, 주제문을 읽어보자." "이어서 노란색, 주제문을 읽어보렴." 이렇게 하면 학생들은 좋은 답과 '거의 근접한' 답 사이의 차이를 깨달을 수 있다. 그러면 과제를 제대로 해내지 못해 빨간색 점을 받은 학생들도 모범적인 주제문이 어떤 것인지 알게 된다.

체계적으로 움직여라

교사는 교실의 전 영역을 아우르고 어디에서 무슨 일이 일어나는지 알 수 있어야 한다. 또한 동시에 교사가 순회할 때 학생들과 맺는 상호작용이 대체로 정상적이고 자연스러워 보이도록 해야 한다. 언제든지 누구에게라도 다가가 과제를 점검하거나 고개를 끄덕이거나 미소를 지으며 긍정할 수 있어야 한다.

어떤 학생이 과제를 하다 말고 옆자리 학생까지 산만하게 만들고 있다고 해보자. 이때 교사가 곧바로 그쪽으로 걸어간다면 교사가 그 학생을 통제하지 못해 걱정한다는 것을 모두에게 알리는 셈이다. 다른 학생들도 교사와 그 학생 간의 상호작용을 지켜볼 테고, 이는 장기적으로 비생산적인 일이다. 이때 줄을 따라 이동하면서 학생들과 순서대로 눈을 맞추고 해당 학생에게 다가간다면 그 학생도 교사와 일대일로 맞선다는 느낌을 받지 않을 테고, 교사 역시 학생에게 다가가는 동안 할 말을 보다 세심하게 고를 수 있다.

한편 체계적이어야 한다고 해서 반드시 예측 가능할 필요는 없다. 만약 교사가 교실을 순회할 때의 패턴을 학생들이 예측할 수 있다면, 학생들은 교사가 다가올 때 어떻게 대응해야 하는지 알게 된다. 그러므로 늘 동일한 방식으로 움직이지 않도록 해야 한다.

영향력을 행사할 수 있는 위치를 정하라

교실을 순회할 때 교사의 목표는 가능한 많은 학생들의 얼굴을 살펴보는 것이다. 한 번에 주변에 있는 학생들까지 확인해야 하는 것은 물론이고, 학생의 과제물을 보고 이해도까지 순식간에 읽어낼 수 있어야 한다. 이때 교사가 등을 돌리면 학생들에게 문제 행동을 할 기회를 주는 것이다. 교사는 스스로를 공전과 자전이 모두 가능한 지구라고 생각해야 한다.

순회할 때 학생의 어떤 부분을 볼지, 학생의 필기 내용을 보면서 책상을 어떻게 돌아갈지, 내용을 읽어주는 동안 교실 전체를 어느 방향으로 이동할지 고려해라. 다른 사람에게 영향을 줄 수 있는 가장 강력한 자리는, 상대방은 당신을 볼 수 없지만 당신은 상대방을 볼 수 있고 상대방이 당신이 자신을 보고 있음을 아는 자리이다.

읽기 수업에서 학생이 정독하게 하려면 학생의 뒤에 서 있는 편이 좋다. 어떤 주제에 대해 학급 전체가 토의해야 할 경우에는 모든 학생이 수업에 집중하도록 충분히 통제할 수 있는 자리인 교실 뒤쪽에 서 있는 것이 바람직하다.

TECHNIQUE 25
기법 25

반복 연습을 시켜라

한 가지 기술을 한두 번 성공했다고 해서 숙달되지는 않는다. 학생들에게 수없이 반복 연습을 시켜라.

　　때로는 단순하면서도 분명한 진실이 가장 좋은 것이다. 우리는 모든 분야의 모든 상황에서 이를 확인할 수 있다. 외과의사의 실력을 판단하기에 최적의 지표는 무엇일까? 명성도 출신 대학도 아니다. 바로 얼마나 많은 수술을 해보았는가이다. 의사가 수술대 앞에 서서 복잡한 수술을 하듯, 학생들은 수학 문제를 많이 풀고 문장을 여러 번 써보아야 한다. 실수를 하더라도 그 순간에 문제를 해결하는 과정을 경험할 수 있다는 점에서 반복 연습은 매우 중요하다.

　　수업도 마찬가지이다. 학생들은 자율 문제 풀이를 통해 수많은 연습을 해야 한다. 진도 나가기가 빠듯한 날에도 충분한 반복을 위한 시간을 우선적으로 배정하고, 학생들이 충분한 반복 연습을 통해 수업 목표에 도달할 수 있도록 하자. 이와 관련해 기억해야 할 몇 가지 핵심적인 사항이 있다.

- 학생들이 스스로 잘할 수 있게 될 때까지 반복하게 하라. 홀로 연습을 계속해서 온전히 자신의 힘으로 문제를 풀 수 있어야 한다.
- 학생들이 매우 다양한 상황과 변수, 양식에 따라 문제를 해결할 수 있게 해야 한다.
- 다른 학생들보다 더 빨리 숙달하는 학생은 다음 단계로 넘어갈 수 있도록 추가 문제를 많이 준비해 두자.

3-30-30

어치브먼트 퍼스트의 설립자 더그 매커리는 학생들에게 자율 과제를 하도록 시키고 교사가 시간을 관리할 수 있는 유익한 방법을 고안했다. 바로 3-30-30 규칙이다.

처음 3분 동안 교사는 학생들에게 과제의 유형과 해결에 필요한 과정을 설명함으로써 기대치를 정해준다. 이때 교사는 학생들이 과제를 수행하는지 확인할 수 있도록 교탁 앞에 서 있다. 다시 말해 적극적으로 교실을 순회하지 않는다. 질서정연하고 생산적인 환경이 만들어지면 교사는 의도적으로 교실을 순회하며 학생들의 과제 수행을 점검하고 개별적인 논의나 지도 등을 하며 30초(개별적)를 보낸다. 다음 30초(집단적)간은 다시 제자리로 돌아와 교실을 훑어보며 전체 학생을 대상으로 교정 작업을 한다.

3-30-30 규칙을 최대한 활용하기 위한 구체적인 방법들을 살펴보자.

3분

- 지시 사항을 명확하게 전달한다.

- 학생들이 과제를 이해했는지 점검한다.
- 교사의 시간을 개별적으로 소비하려는 학생에게 휘말리지 않도록 고개를 흔드는 식으로 비언어적 신호를 이용한다.
- 처음 3분은 과제를 시작하는 시간이라는 사실을 분명하게 전달한다.

30초(개별적)

- 교사 스스로 30초가 지났음을 알 수 있게 스톱워치를 이용한다.
- 30초 상호작용의 절반 이상은 교사가 주도하도록 한다.
- 직접 가르쳐주기보다 학생 스스로 할 수 있게 유도하는 지시 사항과 도움말을 사용한다.
- 자세를 낮추고 부드럽게 말을 건넨다.

30초(집단적)

- 제자리로 돌아온다.
- "계속 문제를 푸세요"라고 말한다.
- 이따금 눈에 띄는 행동을 강조한다. "다들 연필이 움직이는 게 보여야 해. 미란다처럼 말이야."
- 비언어적 신호나 간결한 언어적 신호를 활용해 열심히 과제를 수행하는 학생들을 인정해 준다.

TECHNIQUE 기법 26

종료 티켓을 활용하라

수업 목표에 맞게 학습이 이루어졌는지 학생들의 학업 성취도를 분명하게 평가하고 수업을 마쳐라.

학생들이 수업의 핵심 목표를 제대로 성취했는지 확인할 수 있는 질문을 몇 가지 던지고 수업을 끝내라. '종료 티켓'은 수업을 끝내기 전에 교사와 학생들이 함께 답을 완성해야 하는 간단한 활동이나 질문을 의미한다.

종료 티켓을 통해 학생들은 학습 내용에 관한 생산적인 기대치를 세울 수 있고, 교사는 수업을 끝낼 때마다 학생들의 이해 정도를 객관적으로 점검하고 분석해 필요하면 다음 날 다시 가르칠 계획을 세울 수 있다.

전체 학생의 몇 퍼센트 정도가 정답을 아는가? 수업에서 혼란을 일으키게 한 것은 무엇인가? 교사에게 중요한 것은 다음 수업에 그것을 다시 설명하는 방법을 아는 게 아니라 더 이상 학생들이 혼란을 일으키지 않도록 하는 것이다.

교사는 학생들이 어떻게 해야 좀 더 잘 배울 수 있는지를 알고 수업에서 어떤 방법이 효과적인지 알아야 한다.

효과적인 종료 티켓의 특징

종료 티켓이라고 모두 똑같은 것은 아니다. 효과적인 종료 티켓은 다음과 같은 특징을 가진다.

- 빨라야 한다 : 질문 1~3개면 충분하다. 이것은 단원평가가 아니다. 질문은 학생들이 수업 목표의 핵심적인 부분을 어떻게 수행했는지에 관한 것이어야 한다. 교사는 10분 정도의 사후 분석을 통해 향후 수업에 대한 좋은 아이디어를 얻을 수 있다.
- 자료에 집중하도록 계획해야 한다 : 질문은 매우 간단하면서 목표의 핵심적인 부분을 짚어주는 것이어야 한다. 학생들이 실수를 했다면 왜 그렇게 했는지 알아내자. 여러 단계로 문제를 제시했을 때는 학생들이 해결하지 못한 부분이 정확히 어디인지 알아내야 한다. 그리고 다양한 문제 형식(선택형 혹은 주관식)을 사용해야 한다.
- 요청받은 즉시 하게 하라 : 자료를 제시하고 난 후 학생들에게 곧바로 하도록 시켜야 한다. 다음 날 수업은 학생들이 어려워한 종료 티켓 문제를 분석하고 다시 가르치는 것부터 시작한다.

종료 티켓에 관한 최고의 교사들의 조언

자료는 효율적으로 검토하라

수집한 자료를 되도록 빨리 살펴보고 시간과 노력을 절약해 처리해야 한다. 볼티모어의 린 리오든 교사는 종료 티켓은 가급적 빨리, 되도록 수업이 끝난 직후 살펴보고 좋음, 보통, 나쁨의 세 가지로 분류하라고 조언한다. 학생들이 완전히 개념을 잘못 이해하거나 부분적으로만 이해한 대목은 그 이유를 알아내 재빨리 종료 티켓에 적어둔다. 이렇게 분류한 자료 파일을 이용해 다음 수업의 '수업 전 준비활동'을 계획할 수 있다.

또 '나쁨'으로 분류된 종료 티켓은 다음 날 수업 때 파일 맨 위로 오도록 하고 해당 학생들을 더 자주 살펴보아야 한다. 낮은 점수를 받은 학생들을 추적하고 일반적인 실수 지점을 요약해 놓으면 다음 날 채점할 때도 도움이 된다.

더럼의 재니스 스미스 교사는 학생들에게 접착식 메모지를 나눠주고 앞면에 이름을, 뒷면에 답을 쓰게 한다. 학생들은 교실을 나가면서 접착식 메모지를 문에 붙인다. 재니스는 다음 수업 시간 전에 메모지 내용을 재빨리 훑어보고 자료를 수집한다. 유인물을 사용하든 접착식 메모지를 사용하든 형식을 일관성 있게 통일하면 훨씬 더 효율적으로 답을 검토할 수 있다.

목적을 분명히 하라

종료 티켓을 활용할 때는 목적이 분명해야 한다. 종료 티켓을 사용한 결과 학급 전체가 수업 내용을 제대로 이해하지 못했다는 게 드러나면 교사는 그 내용을 다시 가르쳐야 한다. 단지 몇 명만 그 내용을 어려워한다면 소집단을 꾸려 따로 대처하면 된다.

대다수의 학생들이 수업 내용의 일부분을 확실하게 이해하지 못한 것 같다면 취약 지점에 관한 과제를 집중적으로 내거나 몇 주 동안 규칙적으로 10분씩 짬을 내 가르칠 수 있다. 결국 종료 티켓은 수업 시간을 전략적이고 효율적으로 계획하기 위한 점검 장치이다.

4학년 교사 알렉사 밀러는 검토를 끝마친 종료 티켓을 다음 날 아침 학생들의 사물함에 넣어둔다. 학생들은 아침 쉬는 시간에 실수 지점을 확인하고 그사이 교사는 교실을 순회하며 학생들을 도와준다. 추가 교정 단계는 집단 규모가 작을수록 더 유리하다.

끝으로 내슈빌의 헤더 스노드그라스는 수업을 계획할 때 종료 티켓 문제부터 만든다고 한다. 그러면 가장 중요한 내용을 우선적으로 전달할 수 있도록 핵심 대목에 집중할 수 있고 학습 목표도 분명해진다. 또 종료 티켓을 빨리 푸는 학생들에게는 그날 배운 내용을 이용해 직접 문제를 낼 기회도 준다. 학생들은 서로가 낸 문제를 풀어보는 것을 무척 좋아한다.

결론

어떤 내용이든 표준화한 형식으로 전달한다면 보는 사람이 편안함을 느낄 뿐만 아니라 인지적 부담도 줄어든다. 수업 구조 역시 견고하고 비교적 예측 가능하다면 학생들의 인지적 부담이 줄어들기에 그만큼 수업 내용을 더 깊이 이해하는 데 능력을 쓸 수 있다.

물론 주변 상황을 자주 바꾸는 것이 집중력을 키우는 데 도움이 될 때도 있지만, 학생들이 매일 새로운 규칙을 배워야 한다면 실질적인 내용을 연습하고 실행해 볼 시간이 부족할 것이다.

5장에서 우리는 수업의 체계에 대해 알아보았다. 이어지는 6장에서는 수업을 빠르고 재미있게 진행할 것인지 아니면 느린 성찰로 학생들을 유도할 것인지, 목표에 따라 내용을 전달하는 다양한 방법을 살펴볼 것이다.

6장

수업에 학생을 참여시키기

탁월한 교사는 수업의 모든 부분에 학생들을 참여시킨다. 그들은 학생들의 수업 참여도를 높이기 위해 여러 방안들을 실행한다. 이는 언뜻 쉬워 보이지만 매우 어려운 과제이다.

이 장에서 제시하는 기법들은 학생들을 수업에 집중하도록 하면서 동시에 교실에서 이루어지는 다른 활동에도 지속적으로 참여하게 만드는 매우 효과적인 방법들로서 실제 교육 현장에서 활용 가치가 높다.

수업의 흐름을 바꾸어라

수업에 적당한 생산적 속도를 찾아라. 적절하게 활동의 유형이나 형식을 바꿔가며 '빠른', 혹은 '느린' 순간을 만들어나가라.

한 가지 활동을 너무 오래 하면 문제가 생긴다. 자율적인 글쓰기 시간을 떠올려보자. 처음에는 종이 위를 사각거리는 연필 소리와 뭔가 문장을 떠올리며 중얼거리는 소리가 들려오다가도 어느 순간 연필을 들고 낮게 투덜거리는 비탄의 시간이 찾아들 수 있다.

이런 현상이 나타나는 이유는 특정 활동에 투입하는 시간이 지나치게 길기 때문이다.

교실 안의 활력이 제대로 균형을 이루려면 활동의 유형을 바꾸거나(자율 문제 풀이에서 토론으로 바꾸기) 활동의 형식을 바꾸어(토론을 계속하되 짝과의 토론에서 학급 전체 토론으로 바꾸기), '빠른' 순간과 '느린' 순간을 원만하게 오갈 수 있어야 한다.

활동의 유형 바꾸기

활동의 유형은 크게 다섯 가지로 나눌 수 있다. 각 유형마다 학생들의 사고와 참여 방식이 달라진다.

- 교사나 텍스트와 같은 원천 자료를 통해 직접 지식을 흡수한다.
- 교사의 지도에 따라 연습이나 질문에 참여한다.
- 교사의 도움 없이 자율적으로 과제를 완수한다.
- 조용히 깊게 생각하며 한 가지 아이디어를 성찰한다.
- 급우와 함께 생각을 토론하고 발전시킨다.

교사는 학생들이 인지적 작업을 원만하게 발전시켜 나갈 수 있도록 다섯 가지 유형의 활동을 번갈아 가며 규칙적으로 실행해야 한다. 그렇게 할 때 학생들의 지능이 균형 있게 발달하고 집중력 역시 높아진다.

위의 다섯 가지 활동이 매번 수업에 반드시 포함되어야 하는 필수 항목을 나타내는 것은 아니다. 수업 내용에 따라, 학생들의 요구에 따라, 또 교사의 스타일과 교수법에 따라 활동 유형을 응용하고 개작하는 것이 좋다. 어떤 경우는 다섯 가지 유형을 모두 피상적으로 실행하는 것보다 두세 가지 유형을 제대로 실행하는 편이 훨씬 좋다. 각각의 활동 유형에 대해 조금 더 자세히 살펴보기로 하자.

지식의 흡수

학생들은 교사의 수업을 듣거나 본문을 읽거나 필기를 하면서 새로운 정보를 전달받고 지식을 흡수한다. 조용히 혹은 소리 내어 읽기, 교사의 강의, 문제 풀이 시범, 프레젠테이션 자료 공유 등이 모두 지식 흡수 활동에 포함된다.

지도에 따른 연습 및 질의응답

이는 교사와 학생 사이의 광범위한 주고받기 활동을 통해 지식의 활용이나 응용을 연습하는 것이다. 교사의 지도에 따른 연습의 한 예는 문제를 단계적으로 풀어나가는 실행이다. 이때 교사는 학생들에게 다음 단계가 무엇인지 물어보는 식으로 학생들이 지식을 활용하도록 부추긴다. 또는 교사가 본문을 설명하는 과정에서 일관성 있게 대상을 겨냥한 질문을 던져 학생들의 이해도를 높이기도 한다. 이 활동은 보통 학생들이 자율적인 문제 풀이를 통해 내용을 완전히 습득하기 전에 수행하는 편이 바람직하다.

일례로 교사는 학생들이 18세기 미국의 일상생활에 관한 자료를 얼마나 이해했는지 알아보기 위해 다음과 같이 연속해서 질문을 던지며 추가 정보를 전달할 수 있다.

교사 : 당시의 일상생활은 오늘날과 어떤 면에서 핵심적으로 달랐을까?
학생 : 당시 사람들은 더 열심히 일했어요.
교사 : 어떻게 열심히 일했는지 구체적인 예를 한 가지만 들어볼래?
학생 : 식사 준비요. 그때는 요리를 할 때마다 매번 불을 피워야 했어요.
교사 : 그래, 불을 피우려면 뭘 해야 했지?

자율적인 실행

자율적인 실행은 학생들 스스로 실행법을 알고 과제를 완수하는 활동이다. 이 활동은 교사가 따로 크게 지원하지 않는 상태에서 이루어진다. 그러나 조용히 집중하는 활동이 전부 자율적인 실행인 것은 아니다.

예를 들어 학생들 각자가 조용히 텍스트를 읽는 시간은 '지식의 흡수' 활동에 속하며, 학생들이 풀이법을 모르는 질문에 대해 조용히 해답을 찾아보거나 생각해 보는 것은 이어서 살펴볼 '아이디어 생성과 성찰' 활동이다.

이와 달리 자율적인 실행은 학생들이 완전히 제 것으로 만들기 직전에 있는 지식을 응용하거나 기술을 실행하는 단계이다.

- "부사가 무엇인지 배웠으니까, 다음 5개의 문장에서 부사를 모두 찾아보자. 부사는 모두 7개가 있단다. 시작."
- 조너스라는 등장인물이 롤러코스터를 탔을 때의 경험을 "롤러코스터를 탔다"라는 표현을 사용하지 않고 세 줄로 써본다.

아이디어 생성과 성찰

성찰은 흔히 조용한 상태에서 독자적으로 이루어지기 때문에 자율적인 실행과 혼동되곤 한다. 그러나 자율적인 실행의 목적이 해당 과제를 스스로 하는 법을 습득하는 것임에 비해, 성찰의 목적은 배우는 과정에서 아직 이해가 안 되는 부분을 이해하려고 노력하는 것이다. 성찰은 대개의 경우 글쓰기와 관련이 있다.

- 18세기와 오늘날의 일상생활에서 가족의 역할이 어떻게 달라졌는지 그 차이를 생각해 보고 글로 써본다.
- 방정식을 풀 때 가장 어려운 단계가 어디인지 생각해 보고 어떻게 해야 그 단계를 성공적으로 돌파할 수 있을지 글로 써본다.

토론

학생들이 둘씩 짝을 지어서, 혹은 소집단이나 학급 전체 규모로 이야기를 나누며 생각을 발전시키고 서로 응답하는 활동이 토론이다. 생산적이고 효율적인 토론을 위해서는 학생의 자율성을 지키며 '토론 습관을 들이게 하라'(기법 42)를 활용하는 게 좋다. 또 '모둠 토론을 촉진시켜라'(기법

44)를 활용해 '지도에 따른 연습 및 질의응답' 활동 때 교사의 중재 없이 학생들끼리 소규모 토론을 진행하도록 하기도 한다.

- 유전자 변형 식품과 생명 윤리를 주제로 토론해 보게 한다.
- '돌아앉아 짝과 함께 토론하게 하라'(기법 43)를 이용해 분모가 다른 두 분수의 덧셈에서 실수한 지점을 찾아보게 한다.

보통 교사들은 읽기-쓰기-토론하기를 실행할 때 15~20분 동안 읽고 5~10분 동안 쓰고 10~15분 동안 토론하는 식으로 시간을 안배하고 마지막으로 종료 티켓을 푼 후 수업을 마친다. 그러나 같은 활동이라도 이 덩어리를 더 작게 쪼개 반복하면 수업에 활력과 속도감을 더하고 학생들의 집중도를 높일 수 있다.

활동의 형식 바꾸기

불과 몇 분 간격으로 활동을 바꿔나갈 수는 없는 일이다. 그렇게 하면 별다른 효과도 거두지 못한다. 그러나 같은 활동을 계속하더라도 활동의 형식을 바꾼다면 수업에 속도감과 활력을 가져올 수 있다. 형식을 바꾼다는 것은 학생들과 교사 간의, 혹은 학생들 간의 상호작용 방식을 바꾼다는 뜻이다. 과제의 본질적인 성격은 바꾸지 않고 학생들이 경험하는 방식만 바꾸는 것이다.

이를테면 토론을 계속하더라도 짝끼리 토론하기를 학급 전체 토론하기로 바꾼다고 해보자. 이렇게 형식을 전환하면 주어진 활동에 필요한 집중력을 계속 유지하면서도 변화를 즐길 수 있다. 한 가지 활동을 하다가 평소보다 시간이 더 걸린다 싶을 때, 혹은 활력이 시들어가는 느낌이 들 때 형식을 바꾸면 도움이 된다.

트로이 예비학교의 5학년 수학 교사 브리짓 맥엘더프는 수업 시간에 학생들이 어려워하는 단위변환을 가르치고 있었다. 미터법과 표준단위, 컵과 갤런 사이를 왔다 갔다 하는 일은 지루할 수 있지만 반드시 가르치고 넘어가야 할 내용이었다.

학생들의 참여율을 높이려고 브리짓은 우선 단위변환 문제를 두 종류로 나누었다. 먼저 한 학생을 호명해 빠른 속도로 3~4개의 질문을 던졌다. 다음으로는 무작위 호명(기법 33 참조)을 이용해 교실을 이리저리 옮겨 다니며 더 어려운 문제를 물어보았다. 교실 전체가 활기를 띤 가운데 브리짓은 마지막으로 원하는 사람이 손을 들어 질문에 대답하게 했다. 세 가지 모두 질의응답 활동이었지만 학생들은 마치 세 가지의 다른 활동을 하는 듯한 느낌을 받을 수 있었다.

다음은 교실에서 활동의 형식을 바꾸는 방법의 예이다.

- 혼자서 책임 있게 읽기, 소리 내어 읽기, 교사가 소리 내어 읽기를 번갈아 하며 긴 분량의 텍스트를 읽게 한다.
- 학급 전체 토론을 잠깐 중단하고 돌아앉아 짝과 함께 토론하도록 한다.
- 질문에 답을 할 때 손 신호를 이용하는 방식과 보드판에 기록해 들어 올리는 방식을 번갈아 사용한다.

TECHNIQUE 28 기법

시작과 끝을 분명하게 선을 그어라

활동의 시작과 끝을 명확하게 구분 지어 수월하게 수업 속도를 조절해라.

　　　　　　이 기법은 수업이 시작하고 끝나는 지점에서 선을 긋는 것을 말한다. 활동의 시작과 끝을 명확하게 구분 지으면 수월하게 수업 속도를 조절할 수 있다. 또 어떤 활동의 시작과 끝이 뚜렷해지므로 학생들이 배움 자체를 보다 역동적인 것으로 인식할 수 있다.

분명한 시작

분명한 선 긋기는 분명한 시작으로부터 출발한다. 교사의 신호에 따라 학생들이 한 가지 활동에서 다른 활동으로 일제히 넘어가는 것이다. "자, 3분간 주어진 질문들에 답하세요. 준비됐나요? 시작!"이라고 말하면 모두 동시에 시작할 수 있다.

이렇게 다 함께 신호에 맞춰 시작하면 학생들은 그 활동이 약간 특별한 일이라는 느낌을 받게 된다. 마치 달리기 출발선에 선 것처럼 선생님이 신호를 보내기 전에 시작해서는 안 된다는 규칙 때문에 앞서 달리고 싶은 마음이 들기도 한다. 그만큼 앞으로 시작할 활동에 대한 긍정적인 인상을 심어줄 수 있다.

다른 친구들이 주어진 과제를 실제로 시작했는지 분명하게 알지 못하면 괜히 머뭇거리거나 옆 사람을 의식하게 된다. 그러나 다 같이 신호에 맞춰 시작한다면 언제 시작해야 좋을지 눈치를 보거나 머리를 굴릴 필요가 없다. 다들 시작할 때 그냥 시작하면 되는 것이다.

분명한 시작을 위해서 교사는 말투의 변화를 효과적으로 이용할 수도 있다. 예를 들어 평소보다 느리고 조용한 말투로 "자, 흥미로운 질문을 하나 해볼게. 이 책의 주인공은 누구일까? (잠깐 멈춤) 잘 생각해 보고 문장으로 써보자. (잠깐 멈춤) 주인공은 누구이고 그 근거는 무엇일까?"라고 말하면 학생들을 더욱 깊이 있는 사고와 성찰로 유도할 수 있다. 이제 목소리를 더 낮춰 속삭여보자. "자, 시작하자······."

"시작!"이라는 신호가 달리기 경주 같다면 "시작하자"라는 신호는 여행에 가깝다. 더 느리고 조용한 시작 신호는 교사가 학생들에게 깊이 있는 성찰을 기대한다는 메시지를 전해준다.

분명한 끝

신호에 맞춰 활동을 끝내는 것도 중요한 기술이다. 활동의 끝맺음을 분명히 하면 한 가지 활동에서 다른 활동으로의 전환을 알아보기가 쉽다. 전환점이 분명하면 학생들은 곧바로 다음 활동에 뛰어들 수 있다. 이는 특히 앞선 활동과 다음 활동 사이의 연관성이 클 때 효과적이다. "주인공이 누구이고 그렇게 생각하는 근거가 무엇인지 3분 동안 깊이 생각하며 글을 써 보세요"라고 학생들에게 말했다고 하자. 글쓰기 활동을 끝내고 토론이나 지도에 따른 질의응답 활동으로 넘어가려고 하는데, 학생의 3분의 1이 여전히 글쓰기에 집중하며 친구들의 말을 귀담아듣지 않는다면 다음 활동의 효과는 떨어질 수밖에 없다. 교사로서는 모두가 일제히 글쓰기 활동을 끝내고 다음 활동으로 넘어갔으면 싶을 것이다.

글쓰기에 할애한 3분이 끝나가면 교사는 '완전한 종료'를 강제하겠다는 뜻을 미리 알려야 한다. "20초 후에 다들 연필을 내려놓아야 해. 어서 생각을 마무리하도록 하자." 할당된 시간이 끝났음을 알리는 신호도 있어야 한다. 타이머가 울리면 교사는 "시간이 다 됐다. 다들 연필을 내려놓고 고개를 들자"라고 말한다. 또는 손뼉을 3번 쳐서 학생들의 이목을 집중시키고 글쓰기 활동이 끝났음을 알릴 수도 있다. 어떤 신호를 사용하든 학생들이 그에 따라 일제히 다음 활동으로 전환한다면 신호가 불분명하다는 이유로 다른 일을 할 가능성이 훨씬 줄어들 것이다.

활동을 분명하게 끝냄으로써 얻을 수 있는 또다른 이득은 수업의 속도감이다. 글쓰기가 어떻게 끝나야 하는지, 집단적으로 움직이는 게 얼마나 중요한지에 대해 쓸데없는 설교를 늘어놓지 않아도 곧바로 다음 활동으로 넘어갈 수 있다면 학생들이 글을 쓰면서 전개했던 생각을 토론에서 고스란히 표현할 수 있을 것이다.

긍정적인 상호작용

수학 교사 애나 오닐은 시간을 정해둔 활동을 시작하기 전에 "자, 준비……"라고 운을 뗀다. 그러면 학생들이 일제히 "출발!"이라고 호응한다.

브루클린의 존 킹 교사는 한 가지 활동이 끝나갈 때 "3, 2, 1……"이라고 숫자를 세기 시작하고 학생들은 "끝!"이라고 외치며 활동이 끝났음을 분명하게 알린다. 교사가 카운트다운을 하면 학생들은 책상에 연필을 일부러 소리 나게 내려놓고 손을 들기도 한다.

이런 식의 상호작용은 은연중에 긍정적이고 생산적인 분위기를 만든다. 한바탕 글을 쓰고 연필을 소리 나게 내려놓는 재미에 동참하려면 일단 연필을 손에 쥐고 있어야 하고 주어진 시간이 끝날 때까지 글을 쓰던 상태여야 한다. 책상을 찰싹 때리고 손을 드는 행위는 촉각을 활용한 즐거운 행동인 동시에 손을 들고 호명을 기다리는 활동으로 자연스럽게 넘어가도록 해준다.

TECHNIQUE 기법 29

모두 손을 들게 하라

손 들기를 활용해 수업 속도를 조절해라. 학생들이 손을 드는 방식과 교사가 호명하는 방식을 다양하게 관리해라.

손 들기는 언뜻 단순해 보이지만 깊이 생각해 볼 필요가 있는 중요한 행동이다.

예를 들어 세 번째 줄에 앉은 학생이 교사의 질문에 대답하려고 손을 들었다고 해보자. 그런데 이 학생은 교사가 세 문제를 내는 동안 계속 손을 들었다. 교사가 질문하는 동안에도, 다른 학생이 첫 번째 질문에 대답하는 동안에도, 교사가 다음 질문을 하는 동안에도 계속해서 손을 들고 있었다. 가벼운 산들바람이라도 부는 듯 앞뒤로 손을 흔들며 대답하고 싶은 욕구를 노골적으로 내비쳤다.

교사가 이 학생을 호명한다면 어떤 일이 벌어지겠는가? 어쩌면 드디어 호명을 받았다는 안도감에 다들 들리게 큰 소리로 숨을 내뱉을지도 모른다. 또는 내면의 열정을 이기지 못해 오히려 길을 잃었을지도 모른다. "어, 말하려던 내용을 까먹었어요." 허공에 손을 들고 있으면서 남의 말에 주의를 기울이기란 매우 어렵기 때문에 계속 손을 들고 있었던 학생은 앞서 발표한 학생의 말과 전혀 무관한 이야기를 할 가능성이 매우 높다.

이와 같은 문제에 어떻게 대처하는 게 좋을까? 교사가 첫 번째 질문을 했을 때 네 번째 줄에 앉은 학생이 손을 들었는데 호명되지는 않았다. 교사가 한 학생을 가리키면 다른 학생은 들었던 손을 내려야 한다. 두 번째 질문을 하자 네 번째 줄 학생이 다시 손을 든다. 다른 사람이 대답하게 되면 손을 내린다. 세 번째 질문에 또 손을 든다. 이번에 이 학생이 호명된다면 앞서 예로 든 경우보다 훨씬 더 생산적인 대답을 할 것이다.

이 학생은 손을 들었다가 내릴 때마다 자신이 대답할 기회가 지나갔음을 깨닫고 이제 친구들의 말에 귀를 기울일 시간이라는 사실을 스스로 인정하기 때문이다.

질문 사이에 손을 내리는 단계를 거친 덕분에 이 학생은 교사의 질문을 더 잘 이해하고 활동에 깊이 참여할 수 있다. 몇 번에 걸친 교사의 질문들을 각기 다른 사건으로 인식하면 질문 간의 차이를 깨달을 수 있다. 또한 질문마다 손을 들었다 내리는 것은 각 질문이 중요하고 고유하다는 것을 인정하는 행위이며 답변하는 급우에 대한 존중의 마음을 전하는 행동이다. 첫 번째 학생처럼 다른 사람이 대답하고 있는 동안에도 계속 손을 들고 있는 행위는 "네가 말하는 것은 나에게 전혀 중요하지 않아. 내 생각도 바뀌지 않아"라고 말하는 것과 같다.

다양한 방식으로 손 들게 하기

교사라면 당연히 학생들이 손을 많이 들기를 바랄 것이다. 또래가 손을 많이 들면 그 모습을 보고 따라서 손을 드는 학생들도 있다. 좋은 질문을 미리 계획해 던지는 것도 중요하지만, 어떻게 학생들의 참여를 유도할 것인지도 중요하다.

손 드는 방식을 다양화하면 수업 분위기가 참신해진다. "이번에는 남학생만 손을 들어보자. 좋아, 이번에는 여학생만." "와, 교실 왼쪽에 불이 붙었구나. 이번에는 오른쪽에 앉은 사람에게만 기회를 주겠어!" 이렇듯 다양한 방식을 혼합해 사용하는 것이 좋다.

정확히 손 드는 방법을 가르쳐라

교사의 질문에 많은 학생이 손을 들면 호명받은 학생이 대답하는 동안 다른 사람은 모두 손을 내리게 하고 각 질문과 대답 사이를 분명하게 구별해 주어야 한다.

> 분명하게 설명해 줘라 : "올해 좋은 토론을 많이 할 예정이에요. 그러려면 다른 사람이 말할 때에는 손을 내리고 있어야 해요. 이는 서로를 존중하는 자세이고 다른 사람의 말에 귀를 기울이고 있다는 것을 보여주는 훌륭한 모습이에요."

> 본보기를 보이고 연습을 시켜라 : "지금 한번 연습해 봅시다. 다른 사람이 지명되어 발표하는 동안 손을 내리고 있는 거예요."

> 지속적으로 강화하라 : "잠깐만, 마그레타. 우리 모두 손을 내리고 발표하는 친구를 존중해 주자. 저기, 제레미. 그래, 고맙다."

질문을 쪼개 분산시켜라

하나의 질문을 연속된 작은 질문들로 쪼개 더 많은 학생에게 나눠 던지면 수업에 속도감이 생긴다.

예를 들어 이전 시간에 남북전쟁의 세 가지 원인에 대해 토론했다면 "남북전쟁의 원인을 말해 볼 사람?"이라는 질문을 "남북전쟁의 원인을 하나만 말해 볼 사람?"으로 바꾸고, 이어서 "잘했어, 또다른 원인을 말해 볼 사람?", "우리가 토론했던 남북전쟁의 나머지 원인을 말해 볼 사람?"이라는 추가 질문을 던질 수 있다. 이렇게 하면 3명이 활동에 참여할 수 있으며 대답하는 학생들도 대답이 중복되지 않도록 친구의 말에 귀를 기울여야 한다.

후속 질문을 사용하라

앞선 질문을 참고해야 하거나 앞선 질문에 이어지는 질문을 던지면 다른 사람의 말에 귀를 기울이는 자세를 더욱 강조할 수 있다. "이 소설의 배경이 뭘까?"라는 첫 번째 질문에 학생이 "오래전의 어떤 마을이요"라고 대답했다면, "조금 더 구체적으로 말해 볼 사람? 얼마나 오래전일까?" 혹은 "오래전이라는 것을 어떻게 알 수 있을까? 토드의 주장에 대한 근거를 말해 볼 사람?"이라고 후속 질문을 던질 수 있다. 이렇게 하면 모든 학생이 교사의 말뿐만 아니라 또래의 말에도 세심하게 귀를 기울여야 한다는 메시지를 이해하게 될 것이다.

수업의 흐름을 끊는 대답에 대처하라

간혹 적절하지 못한 시간에 정처 없이 이어지는 대답은 수업의 속도감을 파괴한다. 오늘 배울 주요 내용을 읽기 전에 짧은 복습을 위해 남북전쟁의 마지막 원인을 묻고자 호명한 학생이 가족과 함께 남북전쟁 사적지를 방문한 일화를 꺼내며 가이드가 뭐라고 설명했고 아버지는 어떻게 달리 생각했는지를 길게 늘어놓는다면, 학생들은 대부분 지루해할 것이다. 그리고 수업 시간의 5퍼센트를 잃은 교사는 계획해 둔 활동 중 한 가지를 생략해야 한다.

물론 오해하지 말아주었으면 좋겠다. 나는 학생이 통찰력 있는 풍부한 생각을 길게 발표하는 것을 아주 좋아한다. 물론 적절한 때에 말이다. 부적절한 때에 곁길로 새는 긴 이야기는 수업의 흐름을 끊어버린다. 그런 발언은 차단해도 괜찮다. 죄책감을 버려라!

이럴 때에는 "기다려", "잠깐만"과 같은 짧은 말이 도움이 된다. 그런 다음 원래 질문이 무엇이었는지 일깨워주자. 혹은 "잠깐, 흥미로운 이야기구나. 남부 주들이 이 전쟁을 남북전쟁이라고 부르지 않았다면 뭐라고 불렀으며 그게 왜 중요한지 말해 볼 사람?" 하고 긍정적인 분위기를 이어나갈 수도 있다. 긍정적인 분위기를 유지하되 학생의 말을 도중에 자르는 것에 대해 사과하지 않아야 교사와 학생 모두 수월하게 수업을 이어갈 수 있다.

또한 수업의 흐름을 끊는 대답에서 가장 생산적인 부분을 짚어내 흐름을 되살리는 식으로 대처할 수도 있다. "잠깐, 방금 '주들 사이의 전쟁'이라고 말했지? 그 부분을 집중적으로 살펴보자." 이처럼 장황한 답변을 차단하면서도 학생의 대답에서 유익한 부분을 따로 뽑아 알려주면 다음번 대답은 어떤 내용을 중심으로 해야 할지 학생 스스로 이해하는 데 도움이 된다.

타이머를 활용하라

교사에게 가장 귀중한 자원인 시간을 계획적이고 전략적으로 측정함으로써 교사와 학생의 경험을 구체적인 것으로 만들어라.

학생들이 시간의 흐름을 알 수 있게 수업에 타이머를 도입해라. 교사가 특정 활동에 어느 정도의 시간을 할애하는지 알려주고 수업 중에도 시간의 흐름을 추적하고 있음을 보여주면, 학생들 역시 현명하고 세심한 시간 배분이 중요하다는 사실을 이해하고 시간의 흐름에 주의를 기울이게 된다.

또 타이머를 사용하면 교사 스스로 정해놓은 규칙을 더 잘 지킬 수 있다. "자, 이제 각자 문제를 풀어보도록 하자. 3분을 줄게"라고 말했으면 타이머를 작동시키는 게 좋다. 프로젝터로 칠판에 타이머를 투사해 보여주면 학생들도 직접 시계를 보고 스스로 시간을 관리할 수 있다. 이럴 경우에는 교사가 시간과 관련한 말을 적게 해도 된다. "좋아, 시작하자"라고 말하고 타이머를 작동시키기만 하면 나머지는 저절로 흘러간다. 이따금 "1분 후에 삐 소리가 들릴 거야"라는 식으로 시간의 흐름을 일깨워주고 타이머가 울리면 "좋아, 다들 어떻게 했는지 보자"라고 말하는 것이다.

한 가지 활동을 하는 데 얼마나 시간이 걸릴지 알 수 없어서 구체적인 숫자를 말하지 않는다는 교사도 있다. 그러나 시간을 할당한다고 해서 시간에 얽매일 필요는 없다. 학생들에게 준 시간이 충분하지 않은 것 같다면 얼마든지 연장할 수 있다("좋아, 다들 열심히 했는데 2분만 더 주면 더 잘 풀 수 있을 것 같구나"). 혹은 반대의 경우 단축할 수도 있다("와, 너희 답변이 정말 흥미로워서 남은 3분이 다 차도록 기다릴 필요가 없겠다. 2분 후에 검토하기로 하자").

구체적으로 시간을 할당하라

교사 연수 중 "좋아요. 잠깐 쉬었다가 10분 후에 다시 시작하기로 합시다"라고 말하면 정확히 10분 후에 수업을 재개할 가능성은 거의 없다. 모순처럼 들리겠지만 쉬는 시간을 더 길게 할당하되 구체적인 숫자를 지정하면 사람들은 더 빨리 돌아와 수업 준비를 했다. "좋아요. 잠깐 쉬었다가 10분 후에 다시 시작합시다"라고 말하는 것보다 "좋아요. 잠깐 쉬었다가 12분 후에 다시 시작합시다"라고 하는 게 더 효과적이다.

교실에서도 마찬가지이다. 각각의 활동에 할당할 시간을 구체적으로 정해라. 4분간의 집단 활동이 5분보다 낫다. 3분이 2분보다 낫다. 2분도 어림값처럼 들린다. 더 바람직한 방식은 2분 30초 동안 자율적으로 글쓰기를 하고 3분 동안 집단 토론을 하는 것이다. 활동마다 다르게 시간을 배정하면 교사가 시간을 의도적이고 계획적으로 관리한다는 인상을 준다. 교사가 시간을 신경 쓰고 정확히 지키려고 할 때 학생들도 시간을 존중한다.

시간 사용에 대한 목표를 설정하라

'금요일 수업 때 40분 동안 주제 단락의 초고를 완성한다'라는 식으로 수업 시간 사용에 관한 암묵적인 목표를 정하면 학생들도 시간 사용에 관한 목표를 정하고 성취하는 데 건설적으로 참여할 수 있다.

목표를 정한다는 것은 학생들에게 가장 효율적으로 그 목표를 성취하고자 노력하라고 요구하는 것과 같다. 이는 본질적으로 시간 관리를 팀스포츠로 만드는 일이다.

교사는 속도(빨리 해내기)와 효율성(최소한의 시간 동안 최대치를 성취하기)을 동시에 추구해야 한다. 단지 서두르기만 하는 게 아니라 수준 높은 성취를 기대하는 것이다. 그러므로 "20분 안에 완성도 높은 초고를 써보자"가 "15분 안에 초고를 써보자"보다 바람직한 목표이다.

효과적으로 카운트다운하기

카운트다운은 정해진 시간 내에 어떤 일을 완수하려는 바람을 표현하는 것이다. 이때 정해진 시간은 실제로 그 일을 해내는 데 필요한 시간보다 더 짧을 경우가 많다. 카운트다운은 신중하게 사용하는 게 좋다.

이렇게 하라

- 카운트다운은 간단한 과제나 어떤 일의 최종 마무리를 할 때, 활동을 전환할 때 사용해라. 카운트다운 때문에 교실 안에서 일어나는 실행이 조금이라도 방해받지 않도록 조심해야 한다. 그런 이유 때문에 최고의 교사들은 카운트다운을 할 때에도 말을 최소화하려고 한다.
- 카운트다운은 되도록 짧게 해라. 연필을 내려놓는 데 10초나 걸리지는 않는다. 3부터 거꾸로 세면 된다. 활동을 전환하거나 일상적인 과제를 할 때 시간

을 효율적으로 관리할 수 있게 해주는 간단한 장치가 카운트다운이다.

- 교사가 카운트다운을 할 때 학생이 취할 모범적인 자세를 말로 설명해 줘라. "잠시 후 고개를 들고 선생님을 봐야 해. 5, 4, 닉은 준비가 되었구나. 2, 사라도 준비를 다 했네." 아직 기대치를 충족시킬 시간이 남아 있을 때에도 모범 사례를 언급해 다른 학생들의 주의를 환기할 수 있다.

이렇게 하지 마라

- 카운트다운을 하던 도중에 연장하지 마라. 학생들의 행동에 맞추어 카운트다운 속도를 늦추어서도 안 된다. 이는 수업의 목표를 저버리는 행위이고 학생들에게 카운트다운의 통제권을 넘기는 일이다. 제시간에 끝내고 시간 안에 끝맺지 못한 사람에게는 "더 빨리 했어야지. 우리는 할 일이 많이 남아 있단다"처럼 강력하고 명백한 메시지를 전해주는 쪽이 훨씬 낫다.
- 지나치게 짧거나 긴 카운트다운은 피해라.
- 카운트다운이 끝난 후에 모범 사례를 언급하지 마라. "제발 내가 요청한 대로 해주겠니?"라는 애원처럼 들릴 수도 있고 학생들에 대한 기대치를 약화시킬 수도 있다.
- 카운트다운 도중에 모범 사례를 언급하는 것은 괜찮으나 지나치게 칭찬해서는 안 된다. 준비를 마친 학생을 인정해 주는 것은 좋지만 칭찬이 지나치면 모범 사례가 별로 없어 걱정이라는 뜻으로 들린다.

매 순간을 소중하게 여겨라

학생들의 시간을 존중해 일분일초를 생산적으로 보내라.

노스스타 아카데미의 아네트 라이플은 최근 5학년 수학 시간에 단순하고 소박하면서도 효과가 강력한 수업의 모범을 보여주었다. 처음은 무척 전형적인 풍경으로 시작되었다. 학생들은 각자 자리에 앉아 문제를 풀었다. 가상 경기장의 대략적인 모습을 보여줄 수 있도록 특정 지점을 좌표로 나타내는 문제였다.

아네트는 분명한 마무리를 통해 속도감 있게 자율적 실행을 끝냈다(교사가 손뼉을 치자 학생들도 따라서 손뼉을 치며 일제히 교사를 바라보았다). 아네트가 "누가 나와서 경기장의 모습을 보여주자"라고 말하고 카데이샤라는 여학생을 호명하자 학생은 씩씩하게 교탁 쪽으로 나와 프로젝터로 자신이 푼 문제를 보여주었다.

학생 한 명을 앞으로 불러내 문제 풀이를 시키는 활동은 교사라면 누구나 오래전부터 해온 흔하디흔한 일이다. 학생이 교탁 앞에서 발표를 하는 동안 별다른 일이 일어나지도 않는다. 나머지 학생들은 가만히 앉아 30초나 1분 동안 호명된 학생이 발표하는 모습을 지켜본다. 혹은 3~4명이 동시에 칠판에 문제를 푸는 교실도 있을 것이다.

그럴 경우에도 나머지 학생들은 별달리 중요한 일을 하지 않는다. 게다가 과제 수행의 임무에서 벗어난 학생들을 다시 집중시키는 데 소중한 에너지가 낭비되기도 한다.

그러나 아네트의 수업에서 펼쳐진 풍경은 조용하면서도 빛이 났다.

카데이샤가 칠판에 문제 풀이 결과를 쓰는 동안 아네트는 나머지 학생들과 함께 핵심 용어와 개념을 빠른 속도로 복습했다. "우리는 지금 몇 사분면에 있지, 파티마? 이 바닥을 따라가는 선을 뭐라고 부르지, 션? X축은 어느 방향으로 이어질까, 샤타비아?" 이렇게 자칫 낭비될 수 있는 시간을 알뜰히 활용해 카데이샤의 문제 풀이를 분석하고 이해할 수 있도록 핵심 용어와 내용을 복습했다.

아네트의 수업을 지켜보며 나는 교실에서 시간은 사막의 물과 같다는 사실을 깨달았다. 시간은 교사에게 주어진 가장 귀중한 자원이다. 아껴 쓰고 지켜야 한다. 즉 매 순간이 중요하다. 그럼에도 우리는 매일매일 얼마간의 시간을 낭비한다. "새 진도를 나갈 시간이 없네요." "여러분이 열심히 했으니까 쉬는 시간을 줄게요." 이렇게 수업의 마지막 몇 분을 아무렇지 않게 흘려보내기도 한다.

매 순간을 소중히 여긴다는 것은 흔히 낭비되곤 하는 이러한 자투리 시간도 최대한 생산적으로 보낸다는 뜻이다. 그러려면 아무리 짧더라도 아무것도 하지 않는 시간이 생길 경우에 대비해 미리 '예비' 활동을 계획해 두어야 한다. 배운 내용을 활기차게 복습해 보거나 심화 문제를 풀게 하는 것이다.

하루의 끝머리에 가방을 싸는 시간은 영감을 불러일으키는 이야기를 소리 내어 읽어줄 좋은 기회이다. 다음 수업을 기다리며 교실 앞에 줄을 서 있는 시간은 곱셈 문제를 풀게 할 소중한 기회이다. 교사는 언제라도 가르칠 수 있어야 한다.

매 순간을 소중하게 여기려면 가장 먼저 마음가짐을 달리해야 한다. "이런, 30초밖에 안 남았네"가 아니라 "다행이야, 30초나 남았어. 낭비하기엔 큰 시간이야"라고 생각해야 한다. 30초밖에 안 남았다고 생각하는 교사는 30초를 가지고는 별로 할 게 없다고 생각한다. 그러나 30초나 남았다고 생각하는 교사는 그 짧은 시간에도 많은 일을 할 수 있다고 굳게 믿는다.

사실 우리가 알고 있는 거의 모든 지식은 1분 안에 배운 것들이다. 결정적인 순간은 금요일 오후 2시 59분 스쿨버스가 학교 앞에 도착하려 할 때 찾아올 수도 있고 수요일 오전 수업 도중에 찾아올 수도 있다.

이런 마음 자세를 받아들이면 전에는 존재하는 줄도 몰랐던 자투리 시간이 눈에 들어오기 시작할 것이다. 그러므로 미리 예비 활동이나 문제를 마련해 두면 이따금 찾아오는 자투리 시간을 훨씬 알차게 보낼 수 있다.

예비 문제를 준비하라

학교는 복잡한 조직인 만큼 완벽하게 짜놓은 일정도 예기치 않게 무너질 때가 있다. 그러므로 간결하고 유용한 예비 문제를 마련해 두면 예상하지 못한 상황에 유리하게 대처할 수 있다. 예비 문제는 현재 진도에 맞춰 주기적으로(예를 들면 3주에 한 번씩) 만드는 게 좋다.

최고의 교사들은 질문과 대답을 빨리 주고받을 수 있는 예비 문제를 머릿속에 넣고 다니기도 한다. 이들은 핵심 용어를 살펴보거나 역사적 사건을 시간순으로 나열해 보게 하거나 소설 속 사건을 발생한 순서대로 정리하게 하는 등 학생들이 이미 숙달한 내용을 오래 기억할 수 있도록 복습형 예비 문제를 늘 준비해 둔다. 또 방금 읽은 텍스트에서 화자와 등장인물을 찾아내라고 하거나 맥락을 설명해 보라고 할 수도 있다. 한 페이지 분량의 인쇄물만 있으면 가능한 일이다.

준비해 둔 게 바닥났다면 '수학 연쇄' 문제를 낼 수도 있다. 이는 수학 문제를 연달아 물어보는 것이다. "3 곱하기 6은? 이제 두 배를 해보자. 그 수의 제곱근은? 거기서 17을 뺀 절댓값은? 거기에 104를 더하면?" 트로이 예비학교 교장이자 수학 교사인 폴 파월은 수업이 시작되기 전 복도나 층계참에서 기다리는 학생들에게 이런 식의 수학 연쇄 문제를 냈고 결국 이 학교는 뉴욕 주에서 가장 높은 수학 평균 점수를 기록했다.

예비 활동을 준비하라

꼼꼼하게 준비한 수업도 예상치 못한 차질을 빚을 때가 있다. 예컨대 교사가 깜박 잊고 PPT 자료를 띄우지 않았다거나 지난 시간에 사용한 자료를 놓고 왔다거나 할 때면 잠시 학생들이 자율적으로 완수할 수 있는 유익한 활동을 지시해 시간을 벌어야 한다.

학생들에게 본문을 읽도록 시켰는데 전원이 집중해서 읽을 것 같지 않다면 '교사의 통제 아래 소리 내어 읽게 하라'(기법 23)를 활용하라. 학생들이 소리 내어 읽기에 익숙하다면 언제든지 교사의 신호만으로 참여할 수 있고 시간을 낭비할 일도 없어진다.

만약 한 가지 활동을 지시했는데 생각보다 효과적이지 않은 듯하다면 빨리 계획을 바꿔 다른 유익한 활동으로 전환하는 게 시간을 소중하게 쓰는 방법이다. 이럴 때에는 별다른 지시 사항이 없어도 학생들이 곧바로 알아채고 전환할 수 있는 익숙한 활동을 선택하는 게 좋다.

기대감을 불러일으켜라

트로이 예비학교 읽기 교사 매기 존슨은 8학년 학생들과 『앵무새 죽이기』를 읽으며 흥미로운 질문을 던졌다. "이번 장 끝에서 애티커스는 자신을 누구에게 빗대고 있을까? 생각했니? 그래, 하지만 우선 글로 써보자꾸나." 이렇게 학생들이 몇 분 동안 교사의 질문에 대한 답을 글로 쓰게 했다.

이는 학생들의 생각을 먼저 발표시키고 글로 쓰게 하는 것보다 훨씬 더 수업에 활력과 긴장감, 기대감을 불어넣는다. 기대감은 수업에 속도를 더한다. 수업 전이나 수업 중에 무엇을 할 것인지 미리 계획을 적어두면 학생들은 기대감을 품는다.

각 활동에 흥미로운 이름을 붙인다면 기대감을 한층 높일 수도 있다.

- "이따가 정말로 어려운 문제를 풀어볼 거야. 지금은 우선 쉬운 문제부터 풀어보자."
- "수업이 끝날 무렵에는 이걸 할 수 있게 될 거야(혹은 이야기에 숨은 진실을 알게 될 거야)."
- "친구들에게 자랑할 만한 훌륭한 기술이란다. 우선 첫 번째 단계부터 배워보자."

일상적인 말에도 약간의 긴장감을 더해보자. "잠깐 시간을 내서 앞에 보이는 문제에 대답해 보자"를 "정확히 3분 동안 앞에 보이는 문제에 대답해야 해. 그런 다음 내용에 관해 토론을 시작할 거야"라든가 "3분 30초 동안 이 문제를 풀어야 해. 그런 다음 이야기 속 진짜 주인공이 누구인지 토론해 보자. 시작!"으로 바꾸면 보다 효과적이다.

여러 활동과 기법을 종합하라

수업의 속도를 능숙하게 조절하려면 각 부분만큼이나 총합도 중요하다. 노스스타 아카데미의 4학년 교사 애슐리 힌턴은 각각의 활동과 기법을 하나의 수업에 통합시켰다.

애슐리는 15분간 다음의 네 가지 활동 유형을 오가며 수업의 속도감을 유지했고, 학생들이 엄격하고 균형 잡힌 지적 작업에 참여할 수 있도록 했다.

토론 : 학생들은 짧은 시간 동안 소집단 토론에 참여해 글쓰기에 도움이 될 만한 생각을 떠올렸다(브레인스토밍).

아이디어 생성과 성찰 : 또래와의 토론을 통해 얻은 생각을 기록했다.

지도에 따른 연습 및 질의응답 : 교사의 호명을 받은 몇몇 학생이 친구들과 브레인스토밍을 통해 산출한 생각을 발표했다.

자율적인 실행 : 교사가 "존이라는 이름의 주인공이 롤러코스터를 탄다고 상상해 보자. 독자들이 존의 경험을 머릿속으로 생생하게 그려볼 수 있도록 흥미로운 세부 묘사를 동원해 3개의 문장으로 글을 써보자. 이때 롤러코스터를 탔다는 말은 빼도록 하렴. 친구들과 토론한 내용을 집어넣어도 좋아"라고 말하자 학생들은 각자 글쓰기에 돌입했다.

또한 앞서 살펴본 네 가지 기법도 사용했다.

기대감 불러일으키기 : "너희가 쓴 글을 다 함께 공유할 거야. 그러니 정말로 재미있게 써야 해"라고 말해 학생들에게 기대감과 긴장감을 불어넣었다.

분명한 시작 : "연필 쥐고…… 시작!" 교사는 빠르고 힘찬 신호로 토론을 시작했다. "글쓰기, 시작!" 글쓰기를 알리는 신호 또한 힘차고 분명했지만 서두르는 느낌은 없었다. 글쓰기 활동 중에는 학생들이 충분히 집중할 수 있도록 말투도 느리고 조용하게 바꾸었다. 교사가 한 활동에서 다른 활동으로 넘어가는 전환점을 일관된 신호로 알리자 학생들도 주저 없이 빠르게 다음 활동으로 넘어갔다.

타이머 사용하기 : 애슐리는 타이머를 이용해 각각의 활동 시간을 정확하게 지켰다. 카운트다운은 대부분 3초 이내로 제한했다. 학생들은 교사가 지시한 시간에 딱 맞게 활동을 끝냈다.

매 순간을 소중하게 여기기 : 학생들이 자율적인 실행에 집중하는 사이 애슐리는 교실을 돌아다니며 특히 흥미로운 생각을 떠올린 학생의 글에 표시를 해두었다. 활동이 끝난 후에는 해당 학생을 호명해 쓴 글을 학급 전체와 공유하게 했다. 호명할 학생을 미리 정해둔 덕분에 전환에 따른 시간과 노력을 절약할 수 있었다. 또 짧은 시간에 많은 학생이 발표할 기회를 가질 수 있었다.

결론

지금까지 우리는 교실 안에서 수업의 속도감을 높이거나 낮추는 일의 효과에 대해 알아보았다. 노련한 수업 속도 조절은 학업에 대한 학생들의 기대치를 높이고 적극적인 계획을 세울 수 있게 하며, 안정적이고 강건한 수업 구조를 만들고 생산적인 수업과 엄격한 학업 풍토를 조성한다.

가르침의 수많은 목적 중 하나는 학생들 스스로 '생각'할 수 있게끔 격려하고 지지하는 것이다. 3부에서는 교실의 무게중심을 교사로부터 학생에게로 옮겨가는 방법들에 대해 알아볼 것이다.

참여하는 비율과 생각하는 비율이라는 용어는 KIPP 공동 설립자이자 통찰력이 뛰어난 교사인 데이비드 레빈이 처음 만들었다.

나와 우리 연구 팀은 그동안 이에 관해 집중적으로 연구해 왔고, 그 결과 커다란 진전이 있었다. 초판에서 하나의 기법으로 다루었던 것을 총 15가지 기법을 망라한 3개의 장으로 발전시킬 수 있었던 것이다. 이 가운데 어떤 기법은 원래 존재했던 것이지만, 완전히 새롭게 개발된 기법도 있다.

참여하는 비율 vs. 생각하는 비율

참여하는 비율은 학생들 중 누가 얼마나 자주 참여하는가를 측정한 것이다. 교실 안의 모든 학생이 말하기, 질문에 대답하기, 적극적으로 생각하기, 신호에 따라 참여하기, 글쓰기를 통해 생각을 처리하기 등의 활동에 자주 개입한다면 참여하는 비율이 극대화된다.

생각하는 비율은 개입의 엄격함 수준을 말한다. 학생들은 얼마나 깊이 있고 수준 높은 사고를 할 수 있는가? 생각을 개선하고 발전시키는가, 아니면 처음 떠오른 생각에 머물러 있는가? 참여하는 비율이 집중도를 의미한다면 생각하는 비율은 엄격함을 뜻한다. 최고의 교사들은 두 가지 모두를 극대화하려 한다.

3부에서 우리는 이 두 가지 비율의 특성과 관련해 지식이 차지하는 역할을 살펴볼 것이다. 적극적으로 생각하기와 사실에 대해 배우기는 닭과 달걀의 관계처럼 상호 의존적이다. 그러므로 학생들의 생각하는 비율을 높이는 방법을 깊이 있게 알아보기 전에, 비록 일시적으로 생각하는 비율이 낮아지더라도 언제 사실과 지식을 불어넣는 교육이 필요한지를 알아볼 것이다.

그다음으로는 참여하는 비율과 생각하는 비율 모두를 높일 수 있는 세 가지 경로―질문하기, 글쓰기, 토론하기―에 대해 각각 살펴볼 것이다.

7장

질문을 통해
생각하는 비율과
참여하는 비율 높이기

참여하는 비율은 수업 중에 학생들이 대답하고, 발표하고, 기록하는 등의 참여 활동을 얼마나 적극적으로 하는지를 알려준다. 생각하는 비율은 학생들이 수업에 참여하는 활동을 보다 깊이 있게 할 수 있도록 해준다.

교사는 생각하는 비율과 참여하는 비율이 모두 높은 수업을 궁극적인 목표로 삼아야 한다. 우선 참여하는 비율부터 끌어올린 다음 점차로 생각하는 비율을 높여가는 방식이 일반적이라고 볼 수 있다. 참여하는 비율을 높이고 수업에 속도가 붙으면 엄격함을 향상시켜 생각하는 비율도 높여가는 것이다. 물론 늘 그래야 하는 것은 아니다. 수업마다 진행 방식이 다를 수도 있다. 최종 목표는 양쪽 비율을 모두 높이는 것이겠지만, 목표에 도달하는 과정에서 어느 한쪽 비율을 더 강조할 수도 있다.

▸ 기법들을 살펴보기에 앞서

사전 지식은 필수다

교사가 학생들에게 하늘이 왜 파란지 짝을 지어 토론해 보게 했다고 가정하자. 흥미로운 질문이고 참여하는 비율도 높을 수 있지만, 토론에 필요한 사전 지식이 충분하지 못하면 학생들은 기초 없는 생각을 교환하고 마는 허술한 토론에 빠질 수 있다.

어떤 것을 깊이 생각하려면 그에 대해 많은 것을 알아야 한다. 생각하는 비율이 높은 엄격한 활동이 이루어지려면 사전 지식이 전제되어야 한다. 지식이 넓고 깊을수록 실행은 더 엄격해진다.

머릿속에 사실에 관한 지식이 없다면 응용도 불가능하다. 적극적인 인지 처리 능력에 한계가 있기 때문이다. 장기 기억 속에 저장된 지식은 굳이 애쓰지 않아도 꺼내 쓸 수 있다. 그러나 지식이 장기 기억 속에 저장되어 있지 않으면 깊은 사고를 할 수가 없다. 예를 들어 수학 문제를 풀 때 더 깊이 생각할 시간을 갖고 싶다면 계산을 자동으로 할 수 있어야 한다.

데이지 크리스토둘루는 『교육에 관한 7가지 오해(Seven Myths About Education)』에서 학생들 스스로 이해한 내용과 문제 해결을 적용해야 하는 활동에 대해 다음과 같이 말한다. "이처럼 생각하는 비율이 높은 활동은 사전 지식이 있을 때만 의미가 있다. 학생들이 사전 지식 없이 늘 생각하는 비율이 높은 활동을 통해서만 배운다면 해당 주제에 관해 광범위한 지식을 갖출 수가 없다. 이는 닭이 먼저냐 달걀이 먼저냐 하는 논란과 마찬가지이다. 필요한 배경지식이 없어서 자율적인 실행을 제대로 할 수 없는데, 자율적인 실행만 해야 하기 때문에 배경지식을 얻지 못하는 셈이다."

게다가 지식의 힘은 그 넓이에서 나온다. 유럽 역사에 대해 아는 게 워털루 전투가 일어난 날짜뿐이라면 해당 지식을 유용하게 적용할 기회가 거의 없을 것이다. 그러나 워털루 전투가 나폴레옹의 유럽 정복 노력이 종말을 고한 사건이며 다국적군의 협력을 통해 근대 유럽사에서 가장 오래 지속된 평화를 불러온 계기가 되었다는 사실까지 알고 있다면, 이 전투가 다른 사건에 미친 영향에 대해서도 이해할 수 있을 것이다.

유럽 역사상 가장 중요한 사건 30가지를 알고 서로의 영향력을 연대순으로 정리할 수 있다면 각 사건의 의미와 관계, 일화, 원인 등을 훨씬 더 깊이 생각하고 '응용'하는 것도 가능하다. 오늘 아침 읽은 신문 기사 내용과 역사적 사건들을 연결 지어 생각해 볼 수도 있을 것이다.

다행히 지식을 전달하고 사실을 가르치는 행위는 효과적인 수업을 통해 얼마든지 보강될 수 있다. 사전 지식은 생각하는 비율을 강화하고 높이기 위해 반드시 필요하다는 사실을 기억해라.

TECHNIQUE 기법 32

학생들에게 대답을 준비할 시간을 줘라

학생들에게 질문을 한 다음에는 그들이 더 깊이 생각할 수 있도록 시간을 줘라. 그 시간을 생산적으로 활용하지 못한다면 말로 설명해 줘라.

교사가 학생들에게 질문을 하고 나서 아무것도 하지 않고 시간을 보낸다는 것은 상당히 어려운 일이다. 학생들 역시 교사의 기다림에 어떻게 반응해야 하는지 훈련해야 한다. 조용히 속으로 셋까지 세는 습관을 들이거나 학생에게 "몇 초를 더 줄게. ……자, 이제 뭐라고 말하는지 들어볼까" 하는 식으로 말하는 것도 좋다.

그렇게 해도 학생들이 교사가 추가로 준 시간에 생각만 하리라는 보장은 없다. 추가 시간에 뭘 해야 좋을지 알지 못하는 학생도 있을 것이다. 그러므로 교사는 학생들에게 왜 대답을 준비할 시간을 주는지 설명하는 게 좋다.

우선 질문과 대답 사이에 몇 초를 더 기다려주면 다음과 같은 이점이 있다.

- 더 많은 수의 학생들이 손을 들 수 있다.
- 더 다양한 학생들이 손을 들 수 있다.
- 보다 엄정한 대답을 유도할 수 있다.
- 기다리는 시간 동안 인지적 사고 과정을 유도할 수 있다.
- 대답을 하지 못할 가능성("잘 모르겠어요")을 줄여준다.
- 대답할 때 논리적 근거를 더 많이 활용할 수 있다.

1단계 : 손에 대해 언급하라

학생들에게 대답을 준비할 시간을 주는 것은 그 시간이 끝난 다음 학생들이 배운 내용에 집중할 때만 생산적이다. 수업 참여율이 높고 학업 분위기가 엄격한 교실에서 학생들은 습관적으로 질문에 대답하려고 한다. 이렇게 생각을 떠올리고 그 생각을 활용하는 게 당연한 환경에서 학생들은 교사가 기다려주는 시간을 자연스럽게 활용한다. 그러나 참여율이 그다지 높지 않고 교사의 질문에 손 드는 학생이 별로 없는 수업도 많다.

이때 손을 들지 않은 학생들도 참여하게끔 동기를 부여하는 문화를 만들 방법이 있다. 바로 학생들이 든 손에 대해 언급하는 것이다. 교사가 "최초로 열린 대륙회의의 목적은 정확히 무엇이었을까요?"라고 물었다고 해보자.

한두 명이 손을 들고 나머지 학생들은 멍하니 허공만 바라볼 것이다. "선생님은 저런 질문을 던져놓고 설마 우리가 우르르 손을 들기를 바라는 걸까?"라고 생각하는 학생들도 있다.

교사는 정말로 그러길 바란다는 것을 보여주어야 한다. "손 하나." 교사가 큰 소리로 말한다. "손 둘. 이제 셋." 이러면 학생들은 또 누가 공중으로 번쩍 손을 드는지 관심을 가지고 지켜볼 테고 교실 안의 활력 수준도 높아질 것이다.

그래도 학생들이 머뭇거리며 손을 들지 않는다면 교사는 학생들에게 손을 내리라고 하고 이렇게 말할 수 있다. "그럼 다시 본문으로 돌아가 답을 찾아봅시다. 다들 다시 읽어보세요. 언제 손을 들지는 잠시 후 말할 거예요." 15~20초가 지나면 "이제, 손!"이라고 말한다.

이때도 역시 몇 명이나 손을 들었는지 계속 말로 설명함으로써 흥미로운 질문에 학생들의 손이 많이 올라 오리라는 교사의 기대치를 강화할 수 있다.

2단계 : 학생들이 생각할 수 있게 유도하라

일단 학생들이 손을 들 것이라는 교사의 기대를 강화했다면 이제 생각하는 기술을 유도할 때이다. 최고의 교사들은 학생들이 3초나 5초 혹은 12초간 대답을 준비하도록 하고 그 시간을 생각하는 시간으로 만든다.

- "몇 명이 깊이 생각한 내용을 옮겨 적는 게 보이네요. 다른 사람들도 모두 그렇게 할 수 있도록 몇 초를 더 주겠어요."
- "해당 장면을 찾아 책을 살펴보는 사람들이 있네요. 참 좋은 생각인 것 같아요."
- "어려운 질문이니까 이번에는 시간을 많이 줘야겠어요. 처음 생각한 대답이 가장 좋은 답이 아닐 수도 있어요."

모든 경우에 교사는 학생들이 대답을 준비하는 시간에 구체적으로 무엇을 해야 할지를 촉구하고 있다. 필기 내용을 확인하거나 텍스트를 다시 살펴보거나 처음 했던 생각을 한 번 더 검토해 보도록 하는 것이다.

3단계 : 진짜 생각할 시간을 줘라

이제 교사는 말을 중단하고 학생들에게 진짜로 생각할 시간을 주어야 한다. 이는 간단하지만 결정적인 단계이다. 이때 교사는 속으로 조용히 숫자를 세면서 자기 규제의 습관을 기르는 게 좋다. 또 기다리는 동안 교실을 돌아다닐 수도 있다. 혹은 타이머를 이용해 "10초 후에 호명할 거예요"라고 말하고 기다릴 수도 있다.

4단계 : 기다리는 시간을 투명하게 하라

교사가 다소 어려운 질문을 던졌다고 해보자. 약간의 시간을 주면 학생들은 생각하기 시작할 것이다. 약 5초 후에 한 학생이 처음 답변을 떠올렸다. 교사가 호명하면 이 학생은 신뢰할 만한 대답을 풀어놓을 것이다. 그러나 교사가 조금 더 탄탄하고 깊이 있는 대답을 원한다면 어떻게 해야 할까?

학생이 구체적인 사건을 몇 가지 인용하고 그 사건들의 연관성을 말할 수 있도록 깊이 생각할 시간을 20~30초 정도 더 주자. 그러려면 교사는 자신의 의도를 학생들에게 투명하게 전달해야 한다. "이건 어려운 문제이고 구체적인 예도 곁들여야 하니까 생각할 시간이 더 필요해 보이네요. 그러니까 30초 더 줄게요." 그러면 학생들도 기대치를 새로 설정하고 자신의 생각을 발전시킬 수 있다.

이는 매우 중요한 단계이다. 교사가 학생들에게 대답을 준비하는 시간을 몇 초 더 주기로 마음을 먹었다면 반드시 분명하게 알려주어야 학생들도 그에 맞게 시간을 관리할 수 있다.

무작위로 호명하라

TECHNIQUE 기법 33

학생이 손을 들었거나 들지 않았거나에 상관없이 호명해라.

교실 안에 엄격한 학습 분위기를 형성하고 참여하는 비율을 높이며 기대치를 최대한으로 끌어올릴 방법을 하나만 꼽으라면 '무작위로 호명하라' 기법을 들 수 있다. 무작위 호명은 학생이 손을 들었는지 여부와 상관없이 호명하는 방법이다.

무작위 호명의 네 가지 목적

1. 학생의 이해 정도를 점검한다

교사가 무엇을 가르쳤는지는 알기 쉽지만, 학생들이 무엇을 배웠는지는 알기 어렵다. 누가 무엇을 배웠는지 알아보려면 수업하는 도중에 언제라도 질문을 할 수 있어야 한다. 이때 손을 들어 자원한 학생만 골라 평가한다면 학급 전체의 이해 정도를 판단할 수 없으며 실제보다 더 후한 평가를 내리게 될 것이다.

2. 수업에 책임을 지는 문화를 형성한다

교사가 손을 들지 않은 학생도 호명해 질문하는 모습을 보면 학생들은 손을 드는 행위가 수업에 참여할지 말지를 스스로 결정할 수 있는 도구가 아니라는 사실을 알게 된다. 언제라도 의견을 말하거나 질문에 대답하거나 본문을 읽어보라는 요청을 받을 수 있다는 것을 알고 미리 준비하게 된다.

3. 속도를 조절한다

교사가 어제 낸 숙제를 검토하면서 "좋아, 2번 문제를 어떻게 풀었는지 말해 볼 사람?"이라고 물었는데 아무도 대답하지 않는다고 해보자. 5초쯤 지나서야 겨우 한 학생이 손을 든다. 그러나 이 학생은 이전 질문에도 대답했다. "흠, 똑같은 사람들이 손을 들었네. 선생님 수업에 참여 점수가 있다고 말했던가?" 이렇게 한 질문당 약 10~15초의 시간을 낭비해 가며 매번 누군가 질문에 대답해 주길 간청하거나, 설상가상으로 교사가 학생의 참여를 애원하는 것처럼 보인다면 수업 분위기도 축축 늘어진다. 훨씬 더 간단하고 빠르며 덜 고통스러운 방법이 있다. "좋아, 2번 문제를 보자. 누가 대답해 볼까? 마마두?" 바로 무작위 호명이다.

4. 참여하는 비율과 생각하는 비율을 높인다

무작위 호명은 절로 참여하는 비율을 높여주는 훌륭한 기법이다. 교사가 무작위 호명 기법을 사용하면 모든 학생이 수업에 참여해 대답할 준비를 한다. 또한 어려운 인지 활동을 요구하는 다른 기법들을 뒷받침해 주므로 생각하는 비율도 높여준다. 학생들 각자 자율적으로 생각해 보게 한 다음 주어진 시간이 끝나면 무작위 호명으로 대답을 들어볼 것이라고 말해라. 활동은 더욱 엄격해지고 학생들의 책임감도 높아질 것이다.

효과적인 무작위 호명의 네 가지 비결

1. 예측 가능해야 한다

무작위 호명이 책임감 있게 수업에 참여하는 문화를 만드는 것은, 이미 학생들이 무작위로 호명될 가능성이 있음을 알기 때문이다. 날마다 수업 중 몇 분을 무작위 호명으로 보낸다면 학생들도 늘 교사의 질문에 답할 준비를 하며 수업에 임할 것이다.

반면 갑작스럽게 이 기법을 사용하면 학생들은 "이런! 미리 준비할걸!"이라는 교훈은 얻겠지만, 방심한 틈에 허를 찔렸다는 느낌을 받아 미래보다 과거를 더 살피게 된다("선생님이 나한테 왜 저러시지?"). 무작위 호명이 효과를 발휘하려면 교사가 이 기법을 사용하리라는 것을 학생들이 예측 가능하게 해야 한다.

2. 체계적이어야 한다

무작위 호명은 분명 보편적이며(반드시 모든 학생을 참여시킨다) 공정한(특정 학생만 대상으로 하지 않는다) 방식이다. 학생을 호명할 때는 교사의 감정을 가능한 배제하고 학생들이 했거나 하지 않은 일 등과 연관 짓지 않아야 한다. 그래서 이 기법을 사용할 때는 "이것은 단지 사무적인 일이다"

라는 메시지를 떠올리는 것이 좋다.

최고의 교사들은 학생을 호명할 때 되도록 차분한 어투를 사용하고 애매한 표현을 쓰지 않는다. 특정 학생을 대상으로 하거나 일부 집단을 바라보면서 질문하기보다는 학생 전체를 향해 재빨리, 분명하게, 조용히 질문을 던진다. 즉 수업 시간에 딴청을 피우거나 뒤돌아보고 있는 학생이 아니라 모든 학생을 대상으로 질문하는 것이다. 어떤 교사들은 합리적이고 일관성 있게 골고루 질문을 하고자 미리 계획을 세우기도 한다. 보편적인 호명을 위해 벽에 표를 붙여놓고 호명 여부를 확인하는 교사도 있다.

학생들이 호명받는 것을 좋아할지 확신이 서지 않는다면 특정 행동과 연관 짓지 않도록 조심해야 한다. "음, 거기 숨어 있는 거 다 보여, 케이틀린"이라고 말한다면 무작위 호명을 받고 싶을 때나 받고 싶지 않을 때 어떤 행동을 해야 하는지 암시를 줄 위험이 있다.

무작위 호명은 학생들에게 벌을 주는 것이 아니라 '빛을 주기' 위함이다. 무작위 호명을 통해 교사는 모든 학생이 동등하게 수업 시간을 공유하게 될 것이라고 분명한 메시지를 보낸다.

3. 긍정적이어야 한다

무작위 호명의 목적은 학생들이 엄격한 수업에 긍정적으로 참여하도록 동기를 부여하는 것이다. 학생들은 자신이 대답할 수 없을 거라고 생각하기 때문에 자발적으로 손을 들지 않는다. 그러나 무작위 호명을 받고 자신도 대답할 수 있다는 것을 깨달으면 덤으로 교사가 자신을 믿고 있음을 알게 되는 혜택도 누린다.

무작위 호명을 할 때 교사는 당연히 학생이 답을 맞히기를 원한다. 그렇지 않으면 이는 수업에서 벗어난 학생을 지적해 훈계하거나 곤란하게 만드는 행위가 될 수 있다. "존, 내가 조금 전에 뭐라고 했지?" 또는 "존, 그건 잘못된 행동이지 않니?"라고 하면서 자칫 '약점을 잡은' 것처럼 말하기 쉽다. 그러나 이러한 방식은 학생이 '왜 선생님은 내게만 저러시지?'라고 생각하게 만들어 어떤 발전도 이끌어내지 못하고 목적 달성에도 실패하는 결과를 낳을 수 있다.

교사는 학생이 자연스럽게 수업에 참여하고 싶어 할 수 있도록 침착하고 약간 경쾌한 말투로 긍정적인 분위기를 만들어야 한다. 학생이 불안해 할 거라는 생각이 든다면 아주 간단한 질문부터 시작해 보자. "2번 문제를 풀어봤니, 데이비드?" 이렇게 조금 편안한 분위기를 조성한 다음 본격적인 질문을 던진다. "좋아. 그럼 어떻게 풀었는지 한번 말해 보겠니?" 학생이 답을 모를 때는 "괜찮아. 잘 몰라도 최선을 다해 생각한 내용을 말하면 돼"라고 말해 주고 다른 학생에게 "친구를 도와주렴. 친구가 대답하는 동안 미리 손을 들지 말고 뭐라고 말하는지 집중해서 들어보자. 잠시 후에 다시 대답할 기회가 돌아올 거야"라고 설명해 주자.

4. 질문을 여러 개로 쪼개라

무작위 호명의 참여율을 극대화하려면 하나의 큰 질문을 연속된 작은 질문으로 쪼개는 게 좋다. 이상적인 형태는 앞의 대답에 이어지는 작은 질문들을 여러 학생에게 나누어 던지는 것이다. 그러면 수업에 활기찬 속도감을 더할 수 있고 학생들이 서로 책임을 나누어 지는 문화도 형성할 수 있다.

질문을 여러 개로 쪼갠다는 게 어떤 것인지 아래 예를 살펴보자.

교사 : 원기둥의 부피를 구하려면 몇 가지 수를 알아야 하지, 주앙?
주앙 : 3개입니다.
교사 : 좋아. 그중 하나를 말해 보겠니, 자넬라?
자넬라 : 반지름입니다.

교사 : 좋아. 주앙, 반지름은 변수일까 상수일까?

주앙 : 변수?

교사 : 그래. 그렇다면 다른 변수로는 뭐가 있지, 칼?

칼 : 높이요.

교사 : 좋아. 그러면 우리가 알아야 할 상수는 뭘까, 캣?

캣 : 파이입니다.

교사 : 파이가 상수라는 건 어떻게 알 수 있지, 자미어?

자미어 : 음, 변하지 않기 때문입니다.

하나의 질문을 여러 개로 쪼개 무작위 호명을 하면 수업에 속도감이 생기고 학생들의 참여율도 높아진다. 서로 이어지는 질문을 통해 학생들은 훨씬 더 깊이 수업에 집중할 수 있고, 언제라도 호명될 수 있음을 알기 때문에 머릿속으로 함께 답을 생각할 가능성이 커진다. 이를 통해 교실 전체가 단합하는 분위기를 조성해 수업을 팀스포츠로 만드는 효과도 있다.

또한 질문을 쪼갤 때 약간의 발판을 마련하면 훨씬 유용하다. 쉽고 간단한 질문에서 시작해 점점 더 어려운 후속 질문을 제시해 나가는 것이다. 즉 참여하는 비율뿐만 아니라 생각하는 비율도 높일 수 있는 질문들이 이어져야 한다.

무작위 호명의 다양한 형태

훌륭한 교사라면 자신에게 주어진 상황, 수업 목표, 자신만의 스타일과 방식에 따라 대부분의 기법을 성공적으로 변형시켜 사용한다. 무작위 호명 기법에는 특히 다양한 형태가 있다.

장점	단점
• 학생들이 손을 든 모습을 보고 몇 명이 질문에 대한 답을 안다고 생각하는지 확인할 수 있다. • 손을 들어 참여하고 싶은 마음을 표현할 기회를 준다. • 더 많은 학생에게 손을 들어 참여하고픈 마음을 장려한다. • 손 들기와 손 들지 않기 방식을 의도적으로 오가며 균형을 조절할 수 있다. • 여러 학생이 돌아가며 대답하게 함으로써 참여를 희망한 학생들을 격려하고 보상해 줄 수 있다.	• 손을 들게 허락하면 학생들은 은연중에 대답을 큰 소리로 말해도 된다고 생각하기 쉽다. • 일부 학생들은 손을 든 친구들을 보고 무작위 호명 시간이 아니라고 생각할 것이다. 또 손을 들었다가 지명된 학생도 손을 들었기 때문에 지목받은 거라고 생각할 가능성이 높다. 그만큼 기법이 덜 체계적으로 보일 수 있다.

손 들기 무작위 호명

장점	단점
• 무작위 호명 시간이므로 다들 준비하라고 분명하게 말해 주기 때문에 예측 가능성이 높다. • 손을 든 학생들을 탐색할 필요가 없으므로 수업의 속도가 더 빨라진다. • 엄격한 수업 분위기와 학생들의 책임감에 대해 분명한 메시지를 전달한다. • 시험 전 자료를 검토하기에 이상적이다. • 학생들이 답을 큰 소리로 외칠 가능성이 낮아서 효과적으로 이해도를 확인할 수 있다. • 대답하고자 하는 학생들이 바로 눈에 띄지 않으므로 상대적으로 과묵한 학생에게 질문을 던지겠다는 의도를 내비칠 우려 없이 보다 체계적으로 기법을 쓸 수 있다.	• 학생들이 손을 들어도 되는 다른 활동과 균형을 이루지 않으면 수업의 활력이 떨어질 수 있다. • 무작위 호명 중 손을 든 사람을 시키는 활동과 병행하기가 어렵다.

손 들지 않기 무작위 호명

손 들기/손 들지 않기

무작위 호명을 할 때 참여하고 싶은 학생은 손을 들어도 된다. 교사는 그중 한 사람을 지명하기도 하고 손을 들지 않은 학생을 지명하기도 한다. 이를 '손 들기' 무작위 호명이라고 부른다. 반면 학생들에게 "이번엔 무작위 호명을 할 테니까 손을 들지 마세요"라고 말할 수도 있다. 이를 '손 들지 않기' 무작위 호명이라고 한다. 최고의 교사들은 상황에 따라 두 가지 방법을 번갈아 쓴다.

후속 질문

질문을 작게 쪼개면 다른 학생의 말에 세심하게 귀를 기울이는 문화가 형성된다. 특히 후속 질문을 던지면 학생들의 집중도가 높아지고, 교사가 학생들의 참여를 가치 있게 생각한다는 사실을 강조할 수 있다.

최고의 교사 패트릭 패스토어는 무작위 호명을 통해 학생들끼리 서로의 생각을 발전시키도록 유도한다. 다음은 앰브로스 비어스의 『아울크리크 다리에서 생긴 일』을 읽고 토론하는 모습이다.

브랜든 : 저는 작가가 연합 쪽에 동정심을 느낀다고 생각해요.
교사 : 브랜든의 생각을 조금 더 발전시켜 보자, 크리스티나.
크리스티나 : 음, 파쿼는 남군이었는데 작가가 그를 좋아하는 것 같아요.
교사 : 계속해 볼까, 앨리샤.
앨리샤 : 음, 작가는 계속해서 "그가 맡은 임무는 어느 것 하나 수월치 않았다"라고 말해요. 그러면서 파쿼가 얼마나 용감한지 강조하고 있어요.

패트릭은 학생들이 또래의 말에 귀를 기울이고 서로의 생각에 집중해 그

것을 확장시킬 기회를 준다. 또한 이렇게 무작위 호명으로 후속 질문을 던짐으로써 교사가 학생의 말을 중요하게 여긴다는 사실을 강조할 수 있다.

호명하는 시점을 고려하라

이 기법은 호명하는 시점에 따라 다양하게 적용할 수 있다. 가장 일반적이고 효과적인 방법은 질문을 하고 잠시 후에 학생의 이름을 부르는 것이다.

"3 곱하기 9는 얼마지? (잠깐 멈춘 후) 제임스?"

질문-정지-호명의 순서를 이용하면 모든 학생들이 질문을 듣고 교사가 잠시 정지한 동안 답을 준비할 수 있다. 학생들은 누구나 자신의 이름이 불렸을 때 큰 소리로 질문에 답해야 한다는 사실을 안다.

학생의 이름을 먼저 부르는 편이 효과적인 경우도 있다. 주의를 집중시키고 호명의 성공률을 높이기 위한 방법으로, 이전에 이 기법으로 호명된 적이 없거나 말이 어눌한 학생들에게 효과적이다. 이를테면 사전 예약인 셈이다.

수업이 시작되기 전이나 끝난 후에 교사가 학생에게 미리 네 이름을 부르겠다고 알린다. "자말, 오늘은 지난번에 숙제로 내주었던 것을 마지막 문제로 네게 질문할 거야. 미리 준비해!"라거나 "네 생각이 마음에 드는구나, 저메인. 친구들에게 설명해 보라고 할지도 모르니까 준비해 둬"라고 말하면 학생은 충분한 마음의 여유를 갖고 교사의 요청에 응할 수 있다.

최고의 교사들이 사용하는 '무작위로 호명하라 2.0'

나와 우리 연구 팀은 지난 몇 년간 최고의 교사들이 무작위 호명 기법을 사용하는 모습을 관찰하고 많은 것을 배웠다. 사례들 가운데 일부를 소개한다.

천천히 호명하기

트로이 예비학교 수학 교사 케이티 벨루치는 무작위 호명 기법을 매우 독특하게 활용한다. 그녀는 "50의 40퍼센트는 얼마일까?"라고 질문한 다음 학생을 호명하기 전에 자기 머리를 톡톡 두드리며 말한다. "머릿속으로 하렴." 이렇게 문제 풀 시간을 사용하라고 조용히 일깨워주며 모든 학생들이 문제를 확실히 풀 수 있게 추가로 4~5초를 더 기다린다. 무작위 호명의 기본 과정인 질문-정지-호명 가운데 정지가 가장 중요한 부분임을 일깨워주는 순간이다. 케이티는 정지 시간을 연장해 학생들이 적극적으로 생각하도록 유도함으로써 생각의 발생을 극대화한다.

수업 시간에 로이스 로리의 『기억 전달자』를 읽고 있다고 해보자. "유토피아를 지향했으나 디스토피아가 되어버린 상황을 하나씩 생각해 보자. 어려운 질문이니까 생각할 시간을 30초 줄 거야. 그다음 무작위 호명으로 두 명이 자기 생각을 발표해 보자꾸나." 이렇게 더 느리고 신중한 형태의 무작위 호명을 사용하면 깊은 성찰과 사고가 필요한 질문을 다룰 때 특히 유익하다. 단지 복습을 할 때뿐만 아니라 새로운 내용을 소개하려 할 때 질문하는 방식으로도 바람직하다.

무작위 호명 기법을 사용할 때는 잠깐 멈추고 학생들이 대답을 준비할 시간을 주는 대신에 글을 쓸 시간을 줄 수도 있다. "30초를 줄 테니 유토피아를 지향했으나 디스토피아가 되어버린 상황을 적어도 하나의 완성된 문장으로 써보자. 다 쓰고 나면 몇 명을 무작위로 호명할 테니 친구들 앞에서 쓴 글을 발표할 준비를 하렴." 또는 토론에 초점을 맞추어 30초 동안 '돌아앉아 짝과 함께 토론하게 하라'(기법 43)를 활용한 후 무작위 호명을 통해 발표하도록 할 수 있다.

자료를 바탕으로 무작위 호명하기

교사들은 무작위 호명을 통해 학생들이 수업 내용을 얼마나 이해했는지 파악할 수 있다. 최고의 교사들은 자료를 수집하기 위해 무작위 호명을 사용할 뿐만 아니라, 거꾸로 수집한 자료를 활용해 언제 누구를 어떻게 호명할지 결정하기도 한다.

다음은 크리스토퍼 폴 커티스의 『왓슨 가족, 버밍햄에 가다』를 읽는 메건 룰러 교사의 수업 계획안이다.

> 다 함께 읽기.
>
> 수업 시간 내내 칠판에 붙여놓은 표에 인용문과 참고 사항을 기록할 것.
>
> 118쪽 읽기.
>
> 무작위 호명(저) : 엄마와 아빠의 대화에서 엿볼 수 있는 둘의 차이점은 무엇일까?
>
> 받아 적기 : 뉴스에 대한 케니의 견해를 쓰시오.
>
> 무작위 호명(중) : 케니는 왜 그렇게 생각할까?
>
> 바이런의 견해는 다르다는 것을 보여주는 행동을 찾아 밑줄을 치시오.
>
> 무작위 호명(고) : 이 근거를 통해 바이런의 견해에 대해 알 수 있는 사실은?
>
> 받아 적기 : 이 결정에 관한 엄마의 견해를 쓰시오.
>
> 무작위 호명(중) : 대화 속에서 엄마가 지쳤음을 보여주는 구체적인 근거는 무엇일까?
>
> 무작위 호명(고) : 엄마의 짜증과 좌절을 전달하기 위해 작가는 어떻게 쓰고 있을까? (질문 쪼개기) 그 문장들의 특징은 무엇인가?
>
> 119쪽 읽기.
>
> 돌아앉아 짝과 함께 토론하기 : 이 단락에서 엄마의 말투는 이전까지의 말투와 어떻게 달라졌을까?

무작위 호명(중) : 그 근거는 무엇인가?

무작위 호명(고) : 엄마는 왜 말투를 바꿨을까?

무작위 호명(저) : 그 이유를 다시 말해 보자.

배경에도 대조적인 지점이 보인다. 엄마는 버밍햄이 플린트와 다르다고 말한 직후 둘의 차이점을 나열하기 시작한다. 그 부분으로 돌아가 엄마가 말한 차이점을 적어도 세 가지 이상 찾아보자.

여기서 메건은 모두 8차례의 무작위 호명을 계획하고 각각의 질문도 정확히 준비해 두었다. 이때 각 질문들은 모두 '등장인물의 견해를 알아보고 그렇게 생각하는 근거 제시하기'라는 기술을 훈련하는 데 초점을 맞추고 있다. 메건은 수업에서 가장 중요한 기술을 확실히 익힐 수 있도록 무작위 호명 기법을 계획했다. 괄호 안의 '고, 중, 저'는 학생의 숙달 정도를 높음, 중간, 낮음으로 나누어 해당 학생에게 질문을 던지겠다는 뜻을 표시한 것이다. 그래야 예측 가능성이 가장 높은 통계 표본을 추출할 수 있기 때문이다.

자료를 바탕으로 무작위 호명을 한다는 것은 학생의 숙달 정도를 가리키는 자료를 가지고 호명을 계획한다는 뜻이다. 예를 들어 교사는 지난 시간 '종료 티켓'의 결과나 과제물을 검토하고 아직 기술 습득이 부족한 학생을 구체적으로 선택해 무작위 호명을 할 수도 있다. 어떤 교사들은 학생들이 자율적인 실행을 하거나 수업 전 준비활동 문제를 풀고 있을 때 미리 답변을 살펴보고 토론에 도움이 될 만한 흥미롭거나 유익한 대답을 표시해 두었다가 무작위 호명으로 모두와 공유하도록 한다.

전체 학생이 응답하게 하라

전체 학생이 한목소리로 대답하게 해 모두가 열정적이고 긍정적으로 참여하는 교실 문화를 만들어라.

'전체 학생이 응답하게 하라' 기법은 매우 단순해 보이지만 다양한 변화를 주어 효과적으로 사용하면 학생들을 수업에 참여시키기 쉬울 뿐만 아니라 학업 성취도도 높일 수 있다.

이 기법을 가장 간단한 유형부터 나열하면 다음과 같다.

반복하기: 학생들이 교사가 말한 것과 같거나 유사한 구절을 반복한다. 교사가 "역사를 배우지 않는 자는?" 하고 운을 떼면 학생들이 "역사를 되풀이하게 마련이다!"라고 대답하는 식이다.

전하기: 문제를 먼저 해결한 학생들이 답을 말하도록 한다. "선생님이

셋까지 세면 3번 문제의 답을 말해 보세요."

강화하기 : 핵심 용어나 중요한 답을 반복하게 한다. "이렇게 표현되는 부분을 뭐라고 할까? 그래, 트레이번. 지수라고 하지? 다 같이 말해 보자. 이렇게 표현되는 부분을 뭐라고 한다?" "지수!"

재검토하기 : 학생들에게 이전에 답한 내용이나 정보를 재검토하도록 한다. "자, 세포 구조와 세포 소기관에 대해 복습해 보자. 표를 참고해도 좋아. 이제 말해 보자. 단백질을 만들고 세포질 안에 떠 있는 건 뭐지? 하나, 둘!" "리보솜!" "좋아. 이건 세포의 에너지를 생산하는 곳이야. 하나, 둘!" "미토콘드리아!"

문제 풀기 : 교사가 학생들에게 문제를 풀게 하고 답을 일제히 외치게 한다. "자, 80의 40퍼센트는 얼마일까? 5초를 줄 테니 머릿속으로 먼저 풀어보자. 하나, 둘!" "32!" 집단이 함께 같은 문제를 풀고 일제히 대답하려면 답이 누구나 알 수 있도록 분명한 것이어야 한다.

신호 사용하기

이 기법이 효과를 거두려면, 모든 학생이 한꺼번에 대답할 수 있도록 특별한 신호를 사용하는 것이 좋다. 신호는 언어적인 것("여러분!", "3학년 1반!", "하나, 둘!")일 수도 있고 비언어적인 것(손가락 하나를 들어 올리기)일 수도 있다.

행동 개시를 알리는 신호는 전체 학생에게 질문할 때와 특정 학생을 지목해 질문할 때를 명백히 구분해 사용하도록 하자.

특정 학생 지정하기 : "42 나누기 7은 얼마지, 셰인?"
지원자 기다리기 : "42 나누기 7이 얼마인지 말해 볼 사람?"
전체에 응답 요청하기 : "여러분, 42 나누기 7은 얼마일까요?"

이 기법을 통해 학생들을 수업에 열정적으로 참여시키려면 무엇보다 학생들 모두가 분명하게 한목소리로 말할 때를 알아야 한다. 따라서 교사는 100퍼센트의 학생이 참여할 수 있는 안정적이고 신뢰할 만한 신호를 사용해야 한다.

이를 위해 최고의 교사들이 사용하는 네 가지 특별한 방식이 있다.

1. 숫자를 활용한다

숫자를 활용하면 학생들이 완전히 집중하지 않거나 사전 준비가 부족할 때 도중에 그만둘 수 있다는 점에서 매우 효과적이다. 교사는 참여할 준비가 덜 된 학생들을 보면서 "하나, 둘, 아니야. 아직도 모두 준비가 안 됐어"라고 중단시킬 수 있다. 또한 수업 속도를 조절하기 위해 필요한 경우 숫자를 활용해 속도를 내거나 늦출 수도 있다.

2. 집단을 지칭하는 표현을 쓴다

학급 전체를 부르는 용어를 사용하거나 "여러분"이라고 말하면 학급의 집단 정체성을 강화하는 효과가 있다. 뿐만 아니라 모든 학생들이 참여하기를 원한다는 교사의 기대감을 전달할 수 있다.

3. 비언어적 몸짓을 활용한다

무엇인가를 지적할 때 어깨 높이로 손을 올리거나 손가락으로 원 모양을 만드는 등의 방법을 사용하면 수업의 흐름을 깨뜨리지 않는다는 점에서 유용하다. 그러나 톤 조절이 적절하지 않으면 무서운 선생님처럼 보일 수도 있다.

4. 목소리 톤에 변화를 준다

목소리 크기와 어조를 바꿈으로써 학생들에게 특정한 신호를 전달할 수 있다. 이때 교사는 문장의 마지막에 있는 단어를 주로 강조하며, 질문을 할 경우에는 억양에 변화를 주어 학생들이 반응할 수 있도록 해야 한다. 이는 '전체 학생이 응답하게 하라' 기법 가운데 가장 효율적이고 빠르며 자연스러운 방법이라 누구나 쉽게 사용할 수 있지만 단시간 내에 터득하기가 어렵다. 그만큼 오랜 시간에 걸쳐 숙달된 후에 사용해야 한다.

최고의 교사들이 사용하는 '전체 학생이 응답하게 하라 2.0'

나는 지난 몇 년간 최고의 교사들이 이 기법을 사용하는 모습을 지켜보고 그중 특히 효과적으로 수업에 적용할 수 있는 방법을 네 가지로 추려보았다.

1. 대답 연장하기

당신은 3학년 과학 시간에 물질의 상태에 대해 가르치는 중이다. '고체는 언제나 일정한 형태를 유지한다'라는 핵심 개념을 학생들이 기억할 수 있도록 '전체 학생이 응답하게 하라' 기법을 사용해 보자.

"고체는 언제나 무엇을 유지한다?"라고 교사가 질문하면 학생들이 일제히 "형태!"라고 대답한다. 그러나 '형태'라는 말로는 맥락을 이해하기 어려우므로 대답을 약간 연장하는 게 좋다.

- "고체는 언제나 무엇을 유지한다?" ("형태!")

- "좋아요, 여러분. 고체는 언제나?" ("형태를 유지한다!")
- "좋아요. 완전한 문장으로 말해 볼까요. 다 같이?" ("고체는 언제나 형태를 유지한다!")
- "잘했어요. 고체는 언제나 뭐라고?" ("형태를 유지한다!")

이 기법을 더욱 엄격하게 실행하려면 학생이 해야 할 대답을 어휘와 문법 면에서 더 복잡한 것으로 만들어야 한다. 고차원적 단어와 문법으로 철저히 무장한 개념을 가르치면 학생들의 어휘력 향상에도 도움이 된다.

2. '전체 학생이 응답하게 하라' 기법으로 어휘 익히기

이 기법은 어휘를 가르치고 강화하는 수단으로서도 뛰어나다. 교사의 질문에 소리 내 대답하는 과정에서 학생들은 모르는 단어에 익숙해지고 편안하게 발음할 수 있게 된다. 어떤 단어를 편하게 말할 수 있으면 더 자주 사용하게 되고 책을 읽는 동안에도 그 단어에 더 신경을 쓰게 된다.

이 기법을 이용해 학생들에게 어휘를 가르치고 싶다면 발음을 특히 강조해라. 천천히 또렷하게 발음하면 학생들의 주목을 끌 수 있고 정확한 발음을 들려줄 수도 있다. 일부러 몇 차례 반복해 발음해도 좋다.

또 개념을 알려줄 때도 이 기법을 응용할 수 있다. "에피파니(epiphany)는 갑작스러운 깨달음이야"라고 말한 다음 교사가 "에피파니"라고 발음하면 학생들은 "갑작스러운 깨달음"이라고 대답한다. 그리고 순서를 바꿔 교사가 "갑작스러운 깨달음" 하면 학생들이 "에피파니"라고 대답한다. 이렇게 학생들이 단어의 개념과 발음을 동시에 익히도록 할 수 있다.

3. '전체 학생이 응답하게 하라' 기법으로 읽기

브루클린의 에릭 스나이더 교사는 수업 시간에 과학소설의 특징을 설명하는 기사를 읽었다. 그는 학생들이 자연스럽게 따라 읽으리라고 생각하며 큰 소리로 본문을 읽기 시작했지만 추측에만 기대지 않았다.

"대부분의 과학소설 작가들이 창조하는 것은 익숙한 요소로 이루어진 믿을 만한……." 다음 단어는 '세계'였지만 그는 일부러 그 단어를 소리 내 읽지 않았다. 대신 학생들에게 신호를 보내자 학생들이 일제히 "세계!"라고 외쳤다. 학생들은 교사의 주도에 따라 눈으로 본문을 읽고 있었음을 증명해 보였다. 그러나 에릭은 "여러분 가운데 80퍼센트가 따라 읽었어"라고 말하며 집중을 당부했다. 그리고 본문을 비추는 프로젝터 화면 쪽으로 걸어가 "우리는 지금 여기를 읽고 있어요"라고 알려주었다.

에릭은 다시 기사를 읽기 시작했다. "대부분의 과학소설 작가들이 창조하는 것은 익숙한 요소로 이루어진 믿을 만한 세계이다." 그는 점검을 했던 지점을 지나쳐 계속 읽어나갔다. "과학소설이 다루는 내용은 종종 진보한……." 여기서 한 번 더 신호를 보내자 학생들은 일제히 "기술!"이라고 외쳤다.

4. 전체 학생이 응답하는 문화 만들기

트로이 예비학교의 데이브 자브시카스 교사는 『호밀밭의 파수꾼』을 읽다가 특정 대목에서 주인공 홀든 콜필드가 보여준 행동이 어떤 특성을 갖는지 물었다. 한 학생이 대단히 훌륭한 통찰력을 발휘해 대답하자 데이브는 수업을 잠시 멈추고 말했다. "정말 흥미로운 대답이구나. 얘들아, 미카가 방금 홀든의 행동에 대해 뭐라고 말했지?" 그러자 전체 학생이 대답했다. "자기 몰두!" 데이브는 후속 질문을 던졌다. "너희도 그렇게 생각하니?" 이렇게 강조함으로써 데이브는 학생들에게 미카의 대답이 학급 전체가 반복할 만큼 가치가 있다는 것을 보여주었다. 또 미카의 대답과 같이 뛰어난 답변은 종종 어려운 어휘를 포함하고 있으므로 학생들의 어휘력을 풍부하게 하는 데에도 도움이 된다.

TECHNIQUE 기법 35

질문을 작게 나누어라

학생들이 정확하지 않은 대답을 하거나 정말로 얼마나 아는지를 점검할 때 최대한 질문을 작게 나누어보라.

이는 매우 강력한 교수법이며 특히 학생이 정확하지 않거나 불충분한 대답을 한 직후에 사용하는 게 좋다. 그러나 주로 학생의 행동에 대한 반응으로 사용하는 기법이므로 쓰기 까다로울 수 있다.

최소한의 힌트를 줘라

교사는 학생이 어느 정도의 지식수준을 갖췄는지, 지금 아는 것과 성취도를 높이기 위해 알아야 하는 것 사이의 격차가 얼마나 큰지 정확히 알 수 없다. 학생이 교사의 질문에 대답하기 위해서는 아는 것을 최대한으로 활용해야 하기 때문에 가끔씩은 최소한의 힌트를 주는 게 좋다.

질문을 작게 나누는 동시에 최소한의 힌트를 주려면 긴장감이 생길 수밖에 없다. 이때 교사의 목표는 질문을 되도록 작게 나누는 것과 그 일을 최대한 빨리 해내는 것이다. 힌트를 조금씩 추가하면 학생들은 최대한도의 인지활동을 할 수 있을 테지만, 잇따른 연습으로 수업의 속도감이 사라지고 학생들도 좌절감을 느껴 수업의 궤도가 흐트러질 수도 있다.

교사는 때때로 오답을 만나도 다음 활동으로 넘어가야 할 때가 있다. 그러므로 장기적인 목표는 학생들의 인지 활동을 극대화하고 할 수 없다는 두려움과 맞서 싸우는 것이겠지만, 어디까지나 단기적 현실과 장기적 목표 사이의 균형을 이루어야 한다.

'질문을 작게 나누어라' 기법 계획하기

교사는 학생이 아는 것과 알아야 하는 것 사이의 격차가 어느 정도인지 평가하려고 하지만, 오답은 대상의 지식수준이 실제보다 낮아 보이게 만든다. 그렇기 때문에 학생이 정말로 얼마나 아는지를 파악하려면 추측에 의존할 수밖에 없다. '질문을 작게 나누어라'는 교사 입장에서 볼 때 복잡하고 어려운 기법이다.

이 기법을 준비하려면 약간의 사전 작업이 필요하다. 예를 들어 수업에서 실수가 발생할 것 같은 지점을 예상한 다음 잠재적 오답을 적어보는 것이다. 오답이 나올 경우에 사용할 수 있는 힌트도 미리 마련해 두는 게 좋다.

질문			
오답 #1		오답 #2	
힌트 #1	힌트 #2	힌트 #1	힌트 #2

'질문을 작게 나누어라' 계획표

예시를 줘라

제이미 브릴런트의 5학년 글쓰기 시간에 한 학생이 '선수'라는 단어의 품사를 몰라 쩔쩔맸다. 제이미는 "선수는 '수'로 끝나는 유사한 단어들과 품사가 같겠지? 무용수, 수영선수, 가수처럼 말이야. 선생님이 방금 말한 예는 전부 뭐지?"라고 물었다. 처음 학생이 "사람들이요"라고 대답하자 제이미는 다른 학생들에게 물었다. "사람들은 어떤 품사에 속하지?" 그러자 학생들이 일제히 대답했다. "명사요!"

상황을 줘라

제이미 브릴런트의 수업에서 또다른 학생이 '연로한'이라는 단어의 의미를 말하지 못했다. 그러자 제이미는 "나를 두고 연로했다고 말할 사람이 없었으면 좋겠다"라고 힌트를 주었다. 그래도 학생은 아무 말이 없었다. 제이미는 다시 힌트를 주었다. "2080년쯤이면 너희가 나를 연로했다고 말해도 받아들일 수 있을지 모르지." "아, 아주 늙었다는 뜻이에요." 제이미가 이런 전략을 사용한 것은 그 학생이 해당 단어를 배웠지만 단지 떠올리지 못하고 있음을 알았기 때문이다.

규칙을 줘라

윌리엄스버그 콜리지에이트의 크리스티 휴엘스캄프는 6학년 읽기 수업에서 한 학생이 '무차별적인'이라는 단어를 동사로 잘못 추측하는 것을 보았다. 크리스티는 규칙을 들어 힌트를 주었다. "동사는 행동이나 상태를 나타내는 말이야. '무차별적인'이라는 말은 행동을 나타낼까?" 학생은 곧 이 단어가 명사를 꾸며준다는 사실을 깨달았다. "형용사입니다." 학생이 대답했다.

첫 단계나 빠진 단계를 제시하라

5학년 수학 시간에 한 학생이 6분의 15라고 답을 써놓고 어디가 틀렸는지 설명하지 못하자 교사 켈리 레긴은 힌트를 주었다. "음, 분모보다 분자가 더 크면 항상 뭘 해야 하더라?" 학생은 곧바로 힌트의 의미를 알아챘다. "아, 대분수로 만들어요. 그러려면 15를 6으로 나누어야 해요."

학생의 답을 되풀이해 들려줘라

때로는 학생의 답을 그대로 반복해 들려주는 것도 좋다. 우리는 마치 녹음된 테이프를 듣듯이 자신이 한 말을 그대로 되풀이해 들으면 실수를 즉시 알아채는 경우가 많다. 켈리 레긴의 수업에서 한 학생이 가분수를 대분수로 바꾸려면 분자와 분모를 곱해야 한다고 말하자, 켈리는 그냥 학생의 말을 그대로 되풀이했다. "가분수를 대분수로 만들려면 6과 15를 곱해야 한다고 말했어." 이때 교사는 '곱해야'라는 말에 강세를 두는 식으로 힌트를 주었다.

잘못된 선택의 가능성을 없애라

제이미 브릴런트의 수업에서 학생이 '선수'라는 단어가 명사라고 대답하지 못했을 때 제이미는 다음과 같이 잘못된 선택의 가능성을 없앨 수도 있었다. "그럼 몇 가지 선택안을 살펴보기로 하자. 만약 이 단어가 동사라면 행동을 나타내는 말이어야 해. 너나 나는 '선수'할 수 있을까? 형용사라면 어떨까?"

엄격한 수업 분위기가 무너지지 않도록 노력하라

맨 처음에 학생들이 대답할 수 없는 어려운 질문을 던지고 '질문을 작게 나누어라' 기법을 통해 점점 작은 질문으로 바꾸어간다면 처음의 엄격함이 희석될 수 있다. 학생들이 인지 활동을 되도록 많이 할 수 있도록 질문의 규모를 세심하게 줄여가는 것은 대체로 바람직한 일이지만, 수업이 단순하기 짝이 없는 질문으로만 구성되지 않도록 주의해야 한다. 다음의 사례를 살펴보자.

6학년 학급에서 수업 시간에 S. E. 힌튼의 『아웃사이더』를 읽고 있었다. 교사가 '소셜'(사회경제적으로 높은 계층에 속한 사람)인 체리와 '그리저'(낮은 계층에 속한 사람)인 포니보이의 다음 대화를 예로 들어 학생들에게 질문을 던졌다.

"너는 책을 많이 읽지, 포니보이?" 체리가 물었다.
나는 깜짝 놀랐다. "응, 왜?"
체리는 어깨를 으쓱하며 말했다. "그냥 보면 알 수 있어. 네가 해 지는 광경을 본다는 것도. 나도 이렇게 바빠지기 전에는 해 지는 광경을 봤거든. 그때가 그리워."

교사는 체리가 말한 "이렇게 바빠지기 전"이 무슨 뜻인지 물었다. 체리는 포니보이와 반대로 학교 공부와 방과 후 활동 같은 일로 바쁜 인물이었다. 그러나 학생들은 이 대목을 이해하지 못했다. 교사의 질문에 대해 체리가 바쁜 것은 쇼핑을 하고 친구들과 어울려 놀기 때문이라고 답했다.

교사는 질문을 훨씬 더 세세하게 나누었다. 방과 후에 두 주인공이 시간을 보내는 방법은 어떻게 다를까? 둘 중 음악 수업을 들을 것 같은 사람은 누구일까? 체리일까, 포니보이일까? 그 이유는 뭘까? 포니보이에겐 방과 후 활동을 관리할 부모가 없다. 체리가 이런 일들로 바쁘다고 말했다면, 그 밖에는 또 어떤 일들이 있을까?

다행히 학생들의 답변은 단순하게 흐르지 않고 사회경제적 계층의 의미에 관한 엄정하고도 상징적인 내용으로 발전했다. 수업의 기강도 흐트러지지 않았다.

위 사례에서 교사가 "좋아. 이제 지금까지 나온 대답을 본질적인 질문과 연결시켜 보자. 계급은 대다수 사람들의 삶에 보이지 않는 방식으로 어떤 영향을 미치고 있을까?"라고 묻는다면 학생들의 이해의 폭을 넓히는 데 도움이 될 것이다.

즉 '질문을 작게 나누어라' 기법이 광범위한 질문을 던지고 점점 좁혀가는 것이라면, 마지막 과정은 다시 넓히는 것이 되어야 한다.

TECHNIQUE 36
기법
빠른 질문으로
수업에 집중시켜라

기본적인 내용이나 이미 배운 내용을 빠르게 묻고 답하도록 함으로써 수업에 활력을 불어넣고 학생들의 적극적인 참여를 유도한다.

'빠른 질문으로 수업에 집중시켜라' 기법은 학생들이 기본적인 기술이나 기초 지식에 숙달되도록 빠른 속도로 질의응답을 주고받는 집단적 활동 방식이다. 교사가 재빨리 질문을 던지면 학생들은 바로 답해야 한다. 교사는 학생들에게 답을 생각하거나 토의할 시간을 주지 않는다. 만약에 학생의 답이 옳다면 교사는 바로 다른 학생에게 다른 질문을 던진다. 답이 틀리면 동일한 질문을 다른 학생에게, 때로는 동일한 학생에게 연거푸 던지기도 한다. 이것이 이 기법의 핵심이다. 이 기법은 매우 빠른 속도로 진행되고 예측하기 어려우며 학생들에게 참여할 기회를 많이 주기에 학생들이 기초를 탄탄하게 익히도록 해준다.

빠르게 질문하는 것은 일종의 몸풀기이다. 많은 교사들이 이 기법을 습관적으로 사용하지만, 학급 전체에 열정을 불어넣고자 할 때 수업 중간중간 사용하는 것이 가장 효과적이다. 이 기법은 종종 '무작위로 호명하라' 기법과 혼동되곤 하는데 구체적으로 어떻게 다른지 살펴보자.

첫째, 이 기법은 '무작위로 호명하라' 기법과 관련이 있긴 하지만 늘 그런 것은 아니다. 질문을 마구 공격적으로 던지며 교사는 손짓을 활용해 재빨리 지원자를 부르고 답하게 할 수 있다. 또는 참여율을 높이기 위해 '무작위로 호명하라' 기법을 사용하며 학생들에게 질문을 퍼붓고 생각할 틈을 주지 않는 것도 좋다. 대개 후자의 방법을 사용하는 것이 일반적이다.

둘째, 기본적인 내용이나 이미 배운 내용에 대해 재빨리 묻는다는 점에서 이 기법은 때로 수준 높은 내용을 다루기도 하는 '무작위로 호명하라' 기법과 다르다. 예를 들어 '무작위로 호명하라' 기법을 사용해 남북전쟁의 주요 원인을 논의할 수는 있지만, '빠른 질문으로 수업에 집중시켜라' 기법만으로는 그러기 어렵다.

셋째, 교실에서 게임을 하는 것처럼 이 기법을 적용해도 좋다. 모든 학생을 일어서게 하고 질문을 던질 수도 있고, 재미있고 특별한 방법으로 학생을 호명해도 된다. 단, 이 기법은 제한된 시간 동안 사용해야 하기에 게임의 시작과 끝이 분명해야 한다.

이 기법의 핵심은 예측이 불가능하다는 점이다. 질문이 누구에게로 갈지 아무도 모른다. 많은 교사들은 이 점을 더 재미있게 이용하기 위해 큰 통에 학생들의 이름을 적은 막대기를 넣고 대답할 사람을 뽑기도 한다.

여기에서 중요한 것은 모든 학생이 활동에 참여할 수 있도록 해야 한다는 점이다. 또한 학생이 인식하든 인식하지 못하든 간에, 교사는 해당 학생에게 질문에 답할 능력이 있는지를 고려하면서 이름을 불러야 한다. 예를 들어 교사는 존의 이름이 적힌 막대기를 뽑았다 해도 수전의 이름을 부를 수 있다. 단, 이 방법은 더 많은 질문을 할 시간을 잡아먹는다는 단점이 있다.

결론

수업의 목적 중 하나가 학생들에게 더 많은 지식을 전달하는 것이라면, 그 과정에서 질문은 반드시 필요한 수단이다. 그러나 질문이 지식의 전달을 돕는 유일한 방법은 아니다.

이어지는 8장에서는 정밀한 글쓰기가 어떻게 정밀한 사고를 가능하게 하는지 여러 가지 기법들을 중심으로 살펴볼 것이다.

8장

글쓰기를 통해 생각하는 비율과 참여하는 비율 높이기

수업 중 글쓰기의 양과 질은 학업 성취를 결정하는 가장 중요한 요소이다. 그러므로 교사가 수업을 변화시킬 수 있는 가장 간단하고도 강력한 방법은 글쓰기—특히 수준 높은 글쓰기—의 양을 늘리는 것이다. 글쓰기를 많이 시킴으로써 학생이 붙들고 있는 애매한 개념을 더욱 발전시켜 하나의 온전한 생각으로 완성하게 할 수 있다. 이 장에서는 글쓰기를 통해 생각하는 비율과 참여하는 비율을 모두 높일 수 있는 기법들을 살펴볼 것이다.

TECHNIQUE 기법 37

토론 전 다 함께 글을 쓰게 하라

학생들에게 토론 전에 글쓰기로 충분히 생각할 기회를 줘서 철저한 학습이 이루어지게 해라.

'토론 전 다 함께 글을 쓰게 하라' 기법은 짧은 시간 동안 글을 쓰며 깊이 생각해 보고 독자적인 생각을 발전시켜 토론을 준비하게 하는 방법이다. 글쓰기로 충분히 생각할 기회를 주고 이후 더 엄격한 분위기의 토론이 이루어질 수 있게 해라.

교사들은 흔히 학생들이 처음 떠올린 생각이나 처음으로 손을 든 학생이 가장 생산적으로 토론을 이끌 것이라고 생각한다. 교사가 질문한 뒤 2~3초 안에 손을 든 학생의 답은 가장 빠른 답일 뿐 가장 좋은 답은 아니다. 가치 있는 생각을 떠올리거나 다른 사람과 생각을 공유할 만큼 자신감이 생기려면 시간이 더 필요하다.

그렇기 때문에 토론 전에 글쓰기를 통해 생각할 시간을 주면 참여하는 비율과 생각하는 비율이 모두 높아지고, 빨리 반응하는 학생이나 느리게 반응하는 학생 모두 토론에 참여해 더욱 엄격한 사고를 할 수 있게 된다.

이 기법에는 다음과 같은 이점이 있다.

- 교사가 교실을 순회하며 어깨너머로 학생들이 쓴 글을 볼 수 있기 때문에 토론을 시작하기 전 유용한 답변을 미리 선택할 수 있다. 리더십 오션힐 예비학교 교장 니키 브리지스는 이를 '수렵과 채집' 활동이라고 부른다. 그는 교실을 돌아다니며 모범적인 답변을 쓴 학생을 세 명 찾아 학습지 위에 별표를 치고, 마무리 시간에 이 학생들을 호명해 생각을 발표하게 해보라고 권한다.
- 토론 시간에 급우들과 공유하는 생각은 결국 처음 떠올린 생각을 더욱 수준 높게 다듬은 두 번째 생각이다.
- 글을 쓰면서 모든 학생이 토론에 임할 준비를 했으므로 무작위 호명을 단순하고 자연스럽게 해도 된다. 교사가 그냥 "자, 어떻게 썼니, 애리얼?"이라고 물어보는 것으로 족하다.
- 손을 빨리 든 학생뿐만 아니라 모든 학생에게 토론에 참여할 기회를 줄 수 있다.
- 학생들은 글을 쓰면서 한층 더 자신의 생각을 정제하고 가다듬을 수 있고, 지적인 도전 과제를 맞이해 생각과 글쓰기의 질을 향상시킬 수 있다.
- 특히 유익하다고 생각하는 방향으로 학생을 유도하거나 기준을 정해줄 수 있다. 예를 들어 '감지할 수 없는'이라는 표현을 사용해 문장을 써보게 하고 '보이지 않는' 것과는 다르다는 점을 분명히 알려줄 수 있다.
- 학생들은 글로 썼을 때 배운 내용을 더 의미 있게 기억한다.

토론에 앞서 글을 쓰게 하면 토론 중 발언의 질이 높아지고 학생들의 글쓰기 수준도 향상된다. 특히 뚜렷하고 즉각적인 목적에 맞게 글을 쓰도록 하면 글쓰기에 어려움을 겪곤 하는 학생들에게도 대단히 긍정적인 동기부여가 된다. 학생들은 분명한 목적이 주어졌을 때 곧바로 글쓰기의 이점을 알아보고 더 집중해서, 더 열심히 글쓰기에 참여한다.

글을 많이 써본 학생들일수록 글쓰기를 더 효율적으로 학습에 이용할 수 있다. 처음에는 막상 글을 다 쓰기까지 약간 시간이 걸릴 수 있다. 완성물의 수준도 그저 그런 정도에 머무를지 모른다. 그러나 글쓰기가 반복될수록 쓴 글의 수준도 무척 높아지고 효율적으로 글쓰기를 활용하게 된다.

완벽한 문장 기술을 익히게 하라

> 잘 다듬은 하나의 문장으로 복잡한 생각을 종합하게 해라. 한 문장으로 완성해야 한다는 조건 때문에 학생들은 새로운 문법구조를 활용하게 된다.

복잡한 생각을 한 문장으로 표현해 보거나 방금 읽은 내용을 한 문장으로 요약해 보거나 토론에서 발표할 생각을 한 문장으로 다듬게 하면, 학생들이 문장 기술을 익히는 데 큰 도움이 된다. 이때 중요한 것은 단 하나의 문장으로 써야 한다는 점이다. 한 문장으로 완성해야 한다는 조건 때문에 학생들은 새로운 문법구조를 사용할 수밖에 없다. 이렇게 하면 글쓰기의 기술뿐만 아니라 문장 쓰기의 기술도 가르칠 수 있다.

어떻게 시작할 것인가

"조너스는 A라고 생각하지 않는다. 조너스는 B라고 생각한다"라는 문장을 "A라는 생각이 마음에 들지 않았던 조너스는 B라고 생각하려 한다"라는 문장으로 발전시키려면 어떻게 해야 할까? 문장을 많이 써봐야 문장을 더 잘 쓰게 된다. 이때 문장 첫머리에 오는 단어를 다양하게 바꿔가며 써보는 연습을 하면 효과적으로 문장 쓰는 기술을 익힐 수 있다. 과학 시간에 다음과 같이 글쓰기 문제를 냈다고 해보자.

- "다음 그래프의 자료를 완성된 한 문장으로 요약해 보시오."
- "다음 그래프의 자료를 "시간이 흐르면"으로 시작하는 완성된 한 문장으로 요약해 보시오."

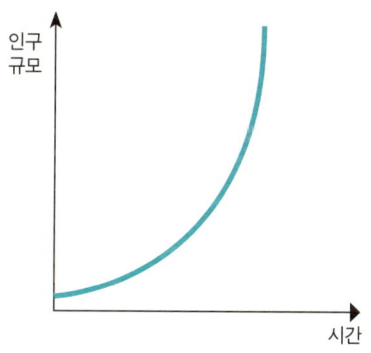

두 번째 문제 쪽이 의존할 구절을 명시하고 있으므로 더 쓰기 쉬워 보일지 모르겠다. 그러나 여러 가지 측면에서 보면 오히려 반대이다. 두 번째 문제는 학생들에게 새로운 구절을 이용해 새로운 문법을 활용하도록 유도한다. 학생들은 특정한 문법구조를 써야만 답을 완성할 수 있다. 교사는 이런 식의 유도 장치를 통해 학생들에게 다양한 문법구조를 가르칠 수 있다. 문장을 시작하기에 적절한 다른 구절들도 살펴보자.

- "단순히 증가하는 게 아니라……."

- "함수를 나타내는 곡선은……."
- "양자의 관계는……."
- "선이 세로축에 가까워질 때……."

각각의 구절은 학생들의 글쓰기와 생각의 전개에 영향을 미친다. 학생들은 이렇게 새로운 구문을 배우고 잠재적으로는 새로운 생각까지도 하게 된다.

최고의 교사들은 또다른 제한조건을 제시해 학생들이 문장 기술을 익히게 한다. 다음의 예처럼 특정 단어나 구절을 사용하도록 할 수도 있다. "반드시 '고정 인물'이라는 단어를 사용하시오." "스위프트가 어린이들을 어떻게 대하라고 했는지, 그리고 작가가 풍자하고 있음을 어떻게 알 수 있는지 한 문장으로 설명하시오."

트로이 예비학교 7학년 읽기 교사 데이브 자브시카스는 학생들이 점점 복잡하고 도전적인 문장을 쓸 수 있게끔 연습을 시킨다. 다음은 학생들에게 『파리대왕』을 읽히고 글쓰기 연습을 시키려는 데이브의 수업 계획안이다. 데이브는 '좋은 문장은 어떤 것이고 어떻게 활용할 수 있는가'라는 개념을 학생들의 머릿속에 쌓아나가는 데 집중하고 있다. 이 과정 전체는 몇 달에 걸쳐 진행되며 문장 안에 점차 복잡하고 다양한 생각을 담아내도록 유도하고 있다.

1월 3일

"급격한 변화"를 불러온 랠프의 행동은 무엇인가? 그는 어떤 행동을 했고 그 결과 어떤 일이 일어났는가? 다음 형식을 이용해 말하시오.

랠프는 _____ 했기 때문에, _____ 다.

1월 11일

잭의 비웃음을 "무색하게" 만든 랠프의 행동은 무엇인가? "잭의 비웃음에도 불구하고"로 시작하는 문장을 쓰시오.

1월 24일

본문에서 가장 중요한 전개를 아름다운 문장으로 묘사하시오.

그로부터 6주 후 『한밤중 개에게 일어난 의문의 사건』을 읽는 수업의 계획안 중에는 다음과 같은 과제가 나온다. 처음에는 한 문장으로 한 가지 생각을 포착하게 했던 것이 한 문장으로 다양한 생각을 연결 짓게 하는 데까지 발전했다.

3월 12일

크리스토퍼의 아버지는 이 상황을 어떻게 받아들였고, 크리스토퍼의 반응과 아버지의 반응은 어떻게 다른지 한 문장으로 설명하시오.

'완벽한 문장 기술을 익히게 하라' 기법을 활용하기에 가장 좋은 시간은 수업이 끝나갈 무렵이다. 기법의 목적 자체가 학생들의 생각을 종합하고 요약하도록 돕는 것이기 때문이다. 매 수업마다 그날 배운 가장 중요하거나 어려운 내용을 다양한 어조와 세련된 표현을 동원해 단 하나의 완전한 문장으로 쓰게 한다면 어떨까? 요컨대 '완벽한 문장 기술을 익히게 하라' 기법은 종료 티켓이나 다음 날 수업 전 준비활동 때 사용하면 가장 큰 효과를 거둘 수 있다.

TECHNIQUE 기법 39

쓴 글을 전체 학생에게 보여주게 하라

학생들이 자발적으로 나섰는가와 상관없이 쓴 글을 공개적으로 보여주고 고치게 해 수준 높고 사려 깊은 글쓰기를 완수하도록 격려해라.

사람들은 대부분 말하기보다 글쓰기를 더 어려워한다. 말을 할 때는 부정확한 표현을 몸짓과 말투로 보충할 수 있다. 그러나 글로 쓰면 그런 도움을 받을 수가 없다. 또 한 가지 이유는 실생활에서 질적으로 수준 높은 글쓰기를 권장하는 요소가 별로 없다는 점이다.

교사들은 흔히 글보다 말을 위주로 하는 삶을 훨씬 더 집중적으로 다루며, 글쓰기가 제대로 이루어지는지 알 수 없는 상태에서 학생들에게 글을 쓰게 시킨다. 수업 중에 "한 단락으로 답을 써보렴"이라고 문제를 내지만 학생들이 쓴 글을 전부 걷어가서 점수를 매기며 평가하지는 않는다. 교사가 손수 검토하지 않으면 학생들이 글을 잘 써야겠다고 굳이 노력할 필요를 느낄까?

이런 문제점을 해결할 한 가지 방법이 바로 무작위 호명을 살짝 변형한 '쓴 글을 전체 학생에게 보여주게 하라' 기법이다. 전형적인 글쓰기 시간을 준 다음 "좋아! 이제 여러분이 어떻게 썼는지, 그 글을 더 발전시킬 방법이 있을지 한번 보기로 합시다!"라고 말하며 한 학생의 책상으로 다가가 쓴 글을 집어 들고 프로젝터로 투사해 전체 학생들에게 보여주는 것이다.

이는 무작위 호명의 글쓰기 버전이라고도 할 수 있다. 가능하면 학생이 발표한 글의 장점을 칭찬해 긍정적인 분위기를 만드는 게 좋다. 이렇게 하면 학생들이 쓴 글을 모두 걷어가 점수를 매기지 않고도 수준 높고 사려 깊은 글을 써야겠다는 마음을 품도록 장려할 수 있다.

이 기법의 가장 중요한 기능은 학생들이 책임감 있게 글을 쓰도록 유도하는 것이지만, 여기에는 또다른 중요한 기능이 있다. 한 학생의 글을 모두에게 보여준 다음 한 발 더 나아가 이 학생의 글을 다 함께 분석하고 고쳐 본다면 어떨까?

만약 학생이 쓴 글을 직접 보여주지 않고 소리 내 읽어준다면 이후의 대화는 다음과 같이 흐를 위험이 있다.

교사 : 마르티나의 글을 평가해 보자. 마르티나의 글에서 가장 효과적이었던 부분은 뭘까?
학생 : 세부 사항을 정말 잘 썼어요.
교사 : 그래. 세부 사항 중에서 어떤 대목이 좋았지?
학생 : 음, 정확히 기억은 안 나지만 그냥 좋았던 것 같아요.

그러므로 학생들이 다 함께 하나의 글을 분석하고 고치려면 그 글을 직접 눈으로 보면서 토론할 수 있어야 한다. 그래야 교사도 정확하게 실행 가능한 분석을 요구할 수 있다.

전체 학생에게 글을 보여줄 때 필요한 세 가지 질문

1. 어떤 종류의 글을 보여주는 게 좋을까?

물론 임의로 선택한 글을 보여줄 수도 있지만 그보다는 의도적으로 고른 글을 보여주는 편이 낫다. 교사들이 어떤 글을 선택하는 이유는 첫째, 모범적이라서, 둘째, 보편적인 실수를 담고 있어서, 셋째, 장점과 단점이 적절히 균형을 이루고 있어서이다.

모범적인 글을 전체 학생에게 보여준다면 학생들도 그에 맞춰 자신의 기대치를 조정할 수 있다. 또 약간의 분석을 통해 그러한 성취를 가능하게 한 비결을 학생들에게 알려줄 수도 있다. "여기 역동적이고 비범한 부사들을 보세요. 주르륵 미끄러지다, 후들후들 떨다. 부사만 잘 써도 글이 노래하는 것처럼 매끄럽게 느껴질 수 있어요."

학생의 성공 지점을 인정해 줄 수 있다는 면에서 '쓴 글을 전체 학생에게 보여주게 하라' 기법은 분명히 긍정적이다. 그래서 이 기법을 자주 사용하는 교실의 학생들은 서로 자신의 글을 보여달라고 자원하기도 한다.

많은 학생들이 흔히 저지르는 실수가 담긴 글을 보여주는 것도 핵심 내용을 효율적이고 생산적으로 다룰 수 있다는 측면에서 유용하다. 트로이 예비학교의 매기 존슨은 질문을 변형시켜 대답을 써보라는 문제에 많은 학생들이 과장된 비문을 쓴 것을 알아채고 한 학생에게 다가가 속삭였다. "네가 쓴 글을 다 같이 살펴보면서 약간 수정해도 괜찮겠니?" 학생이 동의하자 교사는 학급 전체를 향해 말했다. "고맙게도 멜이 자신의 글을 다 함께 보면서 훨씬 더 강력하게 고쳐도 좋다고 허락해 주었단다. 멜에게 두 번 손뼉을 쳐주자." 교사는 멜의 글을 전체 학생에게 보여주었다. "이 글을 더욱 강력하게 고칠 방법을 다 같이 토론해 보자. 어떻게 해야 질문을 변형시켜 답을 쓸 수 있을까?"

한편 장점과 단점이 적절히 균형을 이룬 글을 보여주면 장점을 알려주고 단점을 개선할 방법도 함께 살펴볼 수 있으므로 '좋은 것을 더 좋게' 하는 문화를 조성하는 데 도움이 된다. 이런 과정을 반복하면 '좋은 것도 더 좋게 하려면 계속 고쳐야 한다'라는 메시지를 학생들에게 전달할 수 있다.

2. 언제 보여주는 게 좋을까?

글쓰기 시간에 언제 이 기법을 사용할지도 중요한 문제이다. 가장 직접적인 방법은 글쓰기가 다 끝난 다음 모두에게 보여주도록 하는 것이다. 그러나 학생들이 쓴 글을 한 차례 검토하고 고치게 한 다음에 얼마나 효과적으로 고쳤는지 살펴보기 위해 다시 한 번 '쓴 글을 전체 학생에게 보여주게 하라' 기법을 쓸 수도 있다.

학생들이 글을 쓰는 도중에 이 기법을 사용하는 것도 가능하다. 예를 들어 긴 시간 동안 에세이 초안을 쓰게 할 계획이었다면 그 시간을 쪼개 급우들의 글을 살펴보는 시간을 마련하는 것이다. 학생들은 중간에 살펴본 급우들의 글을 참고해 자신의 생각을 다듬어나갈 수 있다. 교사는 학생들이 글을 쓰는 모습을 지켜보다가 모범 사례가 될 만한 글을 도중에 보여주고 참고하게 하거나 도움이 될 만한 사항을 알려준다.

3. 몇 명의 글을 보여주는 게 좋을까?

교사는 한 학생의 글만 전체에게 보여주고 깊이 있게 분석, 검토할 것인가, 여러 학생들의 글을 보여주고 하나의 문제를 공략하는 다양한 방법을 수평적으로 살펴볼 것인가, 두세 명의 글을 골라 보여주면서 각각 인용문을 어떻게 활용했고 어떤 결론을 내렸으며 어떤 주장을 펼치고 있는지 비교해 볼 것인가 등을 고려해야 한다.

책임감 있게 고치기

이 기법을 효과적으로 사용하려면 책임감 있게 고쳐 쓰는 과정을 강조해야 한다. 이 기법의 목적이 학생들의 글을 개선하고 향상시키는 것이라면 쓴 글을 다른 학생들에게 보여준 후의 대처가 중요하다. 토론을 통해 얻은 통찰력을 이용해 당장 글을 고쳐 쓰도록 하는 게 이상적이다. 그러면 학생들은 다른 사람의 의견을 더 적극적으로 듣고 피드백의 가치를 극대화하며 언제나 쓴 글을 고치는 것을 당연한 일로 여기게 된다.

최고의 교사들은 다음과 같은 방법으로 학생들이 쓴 글을 책임감 있게 고치게 한다.

확인하거나 고쳐라 : 학생들이 자신이 쓴 글을 검토할 때는 확인하거나 고치게 해라. 다시 말해 정답은 확인 표시를 하고 오답의 경우에는 수정한 내용을 쓰게 하는 것이다. 그러면 학생들은 연필을 들지 않을 도리가 없다. 이 시간에 학생들은 수동적이거나 무감각해질 수 없으며 적극적으로 자기 역할을 다해야 한다.

다 함께 피드백 적용하기 : 먼저 학생 A가 쓴 글을 전체에게 보여주고 다 같이 고치게 한 다음 학생 Z의 글을 보여주고 함께 도출한 피드백을 적용해 수정했는지 확인해 볼 수 있다. 그렇게 하면 전체 학생에게 자기 글을 보여주는 학생뿐만 아니라 나머지 학생들에게도 피드백을 적용해 자신의 글을 고칠 책임이 주어진다. 이때 교사는 학생들이 신중하게 고칠 수 있도록 충분한 시간과 여유를 주어야 한다. 이 방법은 특히 효과적으로 피드백을 적용하는 데 추가 시간을 필요로 하는 학생들에게 유익하다.

'생방송 편집' : 한 학생의 글을 전체 학생에게 보여주면서 '생방송으로' 수정하게 할 수 있다. 예를 들면 학생들에게 문제를 하나 낸 다음 실수한 사례를 골라 전체 학생에게 보여주며 틀린 학생이 직접 고치도록 하는 것이다. 교사는 용감하게 자신의 실수를 친구들 앞에 드러내 보인 학생을 격려하고 제대로 고친 부분에 대해 인정하고 칭찬해야 한다. 그 과정에서 학급 전체가 문제 해결 방법을 지켜보고 실수를 통해 배우는 것을 두려워하지 않는 자세를 체화할 수 있다.

쓴 글을 고치는 방법

호크만 작문학교의 주디 호크만은 대문자 사용, 구두점, 철자와 같은 기본적인 실수를 바로잡는 '교정(editing)'과 문법구조나 단어 선택을 바꿔 글쓰기 실력을 향상시키는 '개정(revising)'을 구별하는 게 중요하다고 말한다. 호크만이 지적한 대로, 학생들에게 자신의 글을 고치게 하면 대체로 교정을 본다. 빠진 철자를 첨가해 넣는 게 종속접속사를 이용해 문장을 완전히 고쳐 쓰는 것보다 훨씬 더 쉽기 때문이다. 실제로 교사들 역시 같은 이유로 개정보다 교정 쪽을 선호한다. 그러나 진짜 의미있는 작업은 개정이다.

다음은 수준 높은 개정을 돕는 좋은 방법들이다.

- "여기 아이반의 글을 보자. 이 글을 훨씬 더 좋게 만들 수 있도록 구체적인 기술용어를 넣을 수 있는 곳을 두 군데 찾아보자."
- "직접 인용문 대신 완전하게 고쳐 쓴 표현으로 바꿀 수 있는 곳을 적어도 하나 이상 찾아보자."
- "아이반의 글에서 가장 역동적인 동사 2개를 찾아보고 이 글을 더 강력하게 고칠 수 있는 동사 2개를 찾아보자."
- "종속접속사를 이용해 중요한 정보를 추가해 보자."

- "'그러나', '왜냐하면', '그래서' 중 하나를 골라 문장을 개선해 보자."
- "이 두 문장을 합해 생각이 어떻게 결합하는지 보여주고 전체 글을 더 매 끄럽게 고쳐보자."

두 가지 중요한 순간

이 기법을 사용할 때는 특별히 중요한 순간이 두 차례 있다. 먼저 특정 학생의 과제를 학급 전체에게 보여주려고 학생의 책상에서 학습지를 '가져가는' 순간, 그리고 프로젝터를 통해 학급 전체에게 '보여주는' 순간이다. 이때 교사가 어떻게 말하고 어떻게 행동하는지가 특히 중요하다.

과제물 가져가기

학생의 과제물을 집어가는 행위는 잠재적으로 긴장감을 낳을 것 같지만, 최고의 교사들은 이 일도 무리 없이 해낸다. 이때 평정을 유지하는 것이 한 가지 비결이다. 교사가 일관된 감정을 유지하면(기법 61 참조) 학생들도 같은 반응을 보일 가능성이 높다.

그러려면 아무 말도 하지 않고 가져가는 게 좋다. 물론 처음에는 무엇을 하려고 과제물을 가져가는지 알려주고 설명해야겠지만, 그 후로는 매일 하는 평범한 일이라는 인상을 풍기는 게 좋다.

다른 한 가지 비결은 긍정적인 분위기를 만드는 것이다. "다 같이 공유할 만한 정말로 흥미로운 과제물을 찾고 있어요"라고 말하며 자신이 쓴 글을 전체 학생에게 보여주는 일이 영광임을 강조한다. 또는 개인적으로 학생에게 직접 말을 걸어도 된다. "네가 쓴 글이 정말 흥미롭구나. 학급 전체와 공유하고 싶어." 처음에 이런 식으로 설명을 하고 긍정적인 분위기를 형성해 두면 점차 아무 말 않고도 과제물을 가져갈 수 있다.

또 어떤 교사는 학생의 과제물을 가져갈 때 정중하게 부탁하기도 한다. 따뜻한 미소를 짓거나 긍정적인 확신의 말을 건네며 진정성을 보여주면 학생이 긴장을 푸는 데 도움이 된다. 학생 앞에서 몸을 숙이고 눈높이를 맞추는 것도 좋다.

과제물 보여주기

학생의 과제물을 어떤 식으로 모두에게 보여줄 것인지가 이 기법의 분위기를 결정한다. 이때 교사는 전체 학생에게 보여주는 과제의 주인을 호명할지 말지를 고려해야 한다. 학생의 이름을 밝히면 이 기법이 보상처럼 느껴지게 하는 이점이 있지만, 과제물을 수정하는 과정에서 교사와 학생이 칭찬뿐만 아니라 비판도 긍정적이고 건설적으로 편안하게 받아들이도록 하려면 익명성을 유지하는 것도 효과적이다.

한편 과제물을 소리 내 읽을 것인가 말 것인가, 읽는다면 어떻게 읽을 것인가도 생각해 봐야 한다. 기본적으로 조용히 읽되 일부분은 교사나 학생이 소리 내 읽는 방법도 있다. 세심한 주의를 기울이고 풍부한 표현력을 동원해 글을 읽는다면 교사가 그 글을 얼마나 가치 있게 여기는지를 잘 보여줄 수 있다. 또 이렇게 읽다 보면 글 속에 담긴 의미와 표현이 풍부하게 드러나기도 한다.

마지막으로 교사는 공유한 과제물 안에서 학생들이 무엇을 찾아야 할지 직접적으로 말해 줄 것인가("마르티나가 역동적인 동사를 사용했는지 살펴보자. 너희는 어떻게 생각하니?") 아니면 간접적인 방식을 취할 것인가("여기 마르티나의 글을 보자. 너희는 어떻게 생각하니?")를 고려해야 한다. 직접적인 방식은 가장 중요한 지점에 대한 생산적이고 견고한 토론을 이끌어낼 수 있고, 간접적인 방식은 학생들에게 재량권을 더 많이 줘서 보다 적극적으로 개정 과정에 참여할 수 있게 한다.

글쓰기 체력을 길러줘라

글쓰기 시간을 점점 늘려 생산적인 글쓰기 습관과 긴 시간 동안 꾸준히 쓸 수 있는 능력을 길러줘라.

학생들이 교사의 질문에 대한 답을 글로 쓸 때의 커다란 장점 하나는 모두가 질문에 대답한다는 점, 그리고 깊이 있고 신중하게 대답한다는 점이다. 이런 일이 가능하려면 일단 체력이 필요하다. 여기서 체력이란 교사가 "시작!"이라고 말했을 때 글을 쓰기 시작해 할당된 시간 내내 계획한 대로 부지런히 써나가는 능력을 말한다.

학생들이 주어진 시간의 대부분을 빈 종이만 들여다보거나 썼다 지웠다를 반복하며 허송세월을 보낸다면 글쓰기를 통해 얻을 수 있는 이점은 없다. 우리의 목표는 학생들에게 생산적인 글쓰기 습관과 긴 시간 동안 꾸준히 쓸 수 있는 능력을 길러주는 것, 다시 말해 글쓰기 체력을 기르는 것이다.

꾸준히 난이도와 시간을 늘려라

처음부터 8분 동안 쉬지 않고 글을 쓰라고 하면 대부분의 학생들이 어려워할 것이다. 달리기나 수영을 위해 체력을 기르듯 글쓰기도 체력을 길러야 한다. 쉬운 과제부터 시작해 점점 난이도를 높여가라. 처음에는 1분간 쓰게 하자. 그런 다음 1분 30초, 또 2분으로 늘리자. 장기적인 안목을 가져야 한다. 중요한 것은 학생들이 교사가 요청한 시간 동안 꾸준히 글을 쓸 수 있도록 연습을 시키는 것이다. 성공 경험을 통해 할 수 있다는 확신을 가지면 주어진 시간 동안 꾸준히 글을 쓰는 습관이 생긴다.

계속 연필을 움직이게 독려하라

글쓰기에 할당한 시간 내내 연필을 움직여야 한다는 기대치를 정해줘라. 연필이 움직이는 모습이 교사의 눈에 들어와야 학생이 글을 쓰는지 확인할 수 있다. 일관성 있는 말("내내 연필이 움직이는 게 보여야 해")과 비언어적 신호로 학생의 행동을 강화해라. 또 아직 학생들이 글쓰기 체력을 쌓아가는 도중이라면 글을 쓰는 동안 지우개 사용을 금지하는 편이 좋다. 그러면 학생들이 심각하게 산만해질 위험을 막을 수 있다. 생각을 쥐어짜거나 계발하기 위해 단어를 썼다 지웠다 하면 엄청난 시간을 낭비하게 된다.

내가 여기서 글쓰기 체력을 쌓고 연필을 계속 움직여야 한다고 말하는 것은 학생들이 긴 시간 동안 꾸준히 글을 쓸 수 있는 능력을 키워주자는 것이지, 정말로 글을 쓸 때마다 연필을 계속 움직이도록 강제해야 한다는 뜻은 아니다. 학생들에게 10분 동안 멈추지 않고 글을 쓸 수 있다는 자신감을 심어주는 과정에 도움이 될 만한 하나의 기법으로서 제안한 것이다. 일단 긴 시간 동안 꾸준히 글을 쓰기 위해선 깊은 사색을 잠시 보류하더라도 멈추지 않고 쓸 수 있어야 한다.

마중물을 부어라

학생들이 "나는 할 수 없어"라는 생각을 아예 못 하도록 처음부터 명확한 과제를 내주는 게 좋다. "자, 얘들아. 너희가 글로 써야 할 주제는 다음의 세 가지야"라고 미리 말해 주거나 재빨리 브레인스토밍을 시킬 수도 있다. 또는 학생들에게 글쓰기 주제와 관련이 있는 텍스트나 인용문을 몇 줄 읽어주거나 관련된 이미지를 보여주는 것도 바람직하다. 그런 다음 재빨리 말해라. "자, 이제 생각이 조금 떠올랐을 테니 어서 써보자. 시작."

글쓰기에 대한 강한 동기를 심어줘라

'칭찬은 정확하게 하라'(기법 59)를 이용해 학생들에게 글을 쓰고 싶다는 동기를 심어줘라. 더 강력한 동기부여를 위해서는 학생들이 쓴 글을 소리 내 읽도록 하는 것도 바람직하다. 사실 글은 읽으려고 쓰는 것이다. 이런 목적에 맞게 글을 쓰도록 공개적으로 요청하고 글쓰기의 가치를 강조해라.

학생의 글을 교사가 직접 읽어주는 것도 괜찮다. 일부분만 읽거나 전체 글을 다 읽어도 된다. 평범한 글을 골라 읽어도 좋고 공들여 쓴 글을 읽어도 좋다. 질적 수준이 높은 글을 골라 읽어도 되고 개선을 위한 교정의 일환으로 다소 미흡한 글을 읽어주는 것도 괜찮다. 단어 선택이나 문장구조를 가르치고, 상상력을 길러주려고 읽어도 좋다. 직접 소리 내 읽어도 좋고 프로젝터로 보여줘도 좋다. 물론 글쓴이에게 직접 읽혀도 좋고 다른 학생더러 친구의 글을 읽게 해도 좋다.

이런 방법을 통해 학생들은 글쓰기를 세상에서 가장 값진 일처럼 여기고 점점 더 잘 쓰고 싶다는 생각을 품게 될 것이다.

글쓰기를 수업 앞부분에 배치하라

학생들이 글쓰기에 집중하고 밀도 있게 사고할 수 있도록 글쓰기 시간을 수업 앞부분에 배치해라.

앞서 말했듯이 글쓰기는 생각을 조직하고 더하고 정리하는 이상적인 도구이기 때문에 글쓰기 시간을 수업의 끝부분에 배치하는 것이 논리적으로 옳다. 그러나 글쓰기가 수업의 마지막 단계가 되면 맹점이 생길 수 있다. 그런 이유로 글쓰기를 수업 시간의 앞부분에 배치하는 게 바람직할 때가 있다.

우선 일반적인 '읽기-토론하기-쓰기'와 '활동-토론하기-쓰기'를 살펴보자. 결말이 충격적이면서도 애매모호하게 끝나는 셜리 잭슨의 고전 「제비뽑기」를 놓고 '읽기-토론하기-쓰기'를 한다고 생각해 보자. 대부분의 학생들은 문제의 '제비뽑기'가 예상과 전혀 다른 일이었음을 소설의 마지막 문장에 이르러서야 갑자기 깨닫게 된다. 이 대목에서 진술이 약간 파악하기 어려워(경악할 만한 사건이 대수롭지 않게 진술되고 명확하게 드러나지 않는다) 중요한 반전을 놓치거나 무시하고 넘어간 학생들도 있을 것이다.

마지막 단락을 읽고 토론을 시작하면서 교사는 이렇게 물어본다. "그렇다면 이 이야기의 마지막 문장에서 '그리고 그들은 그녀에게로 향했다'가 무슨 의미인지 토론해 보자. 누가 누구에게 정확히 무엇을 했으며, 왜 그랬을까?"

학생들은 토론을 시작한다. 먼저 다양한 의견이 나올 테고 어떤 의견이 가장 정확한지 따져볼 것이며 절정 부분의 세부 사항을 짚어가면서 마지막 장면이 무엇을 의미하는지 말해 주는 증거도 찾아낼 것이다. 그 와중에 입을 쩍 벌리며 놀라는 학생도 있을 것이다. 그러면 교사는 토론한 내용을 바탕으로 그 이야기에 대한 글을 써보게 할 것이다.

토론 내용만을 떠올려 글을 쓴다면 읽기를 통해 정보를 모을 필요가 줄어들 것이다. 즉 학생들은 읽기나 발표, 실험 등 기타 활동을 통해 직접 배우지 않은 내용을 벌충하고자 토론 시간에 들은 다른 학생들의 말을 이용할 수 있다. 활동의 마지막 단계에 글을 쓰게 하는 목적은 학생의 생각을 가다듬도록 하고 지식수준을 평가하기 위함인데, 토론 시간에 얻은 정보를 짜깁기 대충 글을 써낸다면 진정한 학습 능력을 가늠하기가 어렵다.

어느 학교에서 셰익스피어의 희곡을 읽고 대학 수준의 대규모 토론을 해보는 시간을 가졌다. 온라인 채팅을 통한 토론과 각 교실에서의 토론을 병행했다. 매우 높은 수준의 토론이 진행되었고 모든 학생이 나름의 통찰력을 발휘했다.

교사들은 학생들에게 토론 시간에 얻은 통찰을 활용해 희곡의 한 부분을 분석해 보게 했으나 결과에 크게 실망했다. 토론 중 보여주었던 명쾌한 통찰력과 깊이 있는 분석은 다 어디로 갔단 말인가? 교사들은 토론 기록을 샅샅이 검토해 보았다. 그리고 토론에서 제기된 뛰어난 생각들이 사실은 두 명의 여학생이 맨 처음 꺼낸 생각을 조금씩 변형시켜 반복한 것에 불과했음을 알게 되었다.

대부분의 학생들이 독특하고 강력한 통찰력을 발휘해 토론에 임했지만, 토론이 진행되는 내내 일관성 있게 통찰력을 발휘할 수 있었던 사람은 처음의 두 여학생뿐이었다. 두 사람은 셰익스피어 특유의 장황한 엘리자베스 시대풍 수사에서 내적 갈등과 주제의 기원을 파악해 냈고 또래에게 그 내용을 현대의 언어로 요약하고 설명했다. 그들이 기초 작업을 해주고 나서야 나머지 학생들도 토론에 뛰어들 수 있었다. "아, 이게 충성에 대한 이야기였어? 그렇다면 나도 할 말이 있지!"

다른 사람들의 생각을 기반으로 글을 쓰는 것도 유익한 일이지만 텍스트를 보고 곧바로 글을 쓰는 직접적인 경험을 기본으로 삼아야 한다. 원천 자료를 분석하고 결론을 끌어낼 수 있는 능력이 교육 현장에서나 전문 분야에서나 얼마나 중요한 기술인지 생각해 보라.

그러므로 학생들의 글쓰기에 엄격함을 더해줄 가장 간단한 방법은 '읽기-토론하기-쓰기'나 '활동-토론하기-쓰기'의 순서를 바꿔 '읽기-쓰기-토론하기'나 '활동-쓰기-토론하기'로 만드는 것이다.

교사가 설명을 마치고 나면 학생들은 5분 동안 핵심적인 생각을 다듬어 글로 쓴 다음에 토론을 한다. 이렇게 순서를 바꿔도 학생들은 서로 생각을 교환할 수 있지만, 우선 글을 쓰면서 혼자 깊이 있게 생각하는 연습을 해야 한다. 내가 방금 본 것은 무엇이었을까? 그것은 무슨 의미였을까? 어떻게 이해할 수 있을까? 이렇게 토론 전에 글쓰기부터 시키면 학생들은 자신의 생각을 엄격하고 깊이 있게 조직하고 더하고 정리해야 한다. 그러므로 글쓰기 시간은 학생들을 성찰과 사고에 몰두하도록 규제한다.

글쓰기를 앞으로 배치하면 또 한 가지 고질적인 어려움을 해결할 수 있다. 학생들이 토론 시간을 최대한 활용할 수 있게 되는 것이다. 우리가 토론 시간에 학생들에게 원하는 게 무엇인지 잠시 생각해 보자. 당연히 다른 사람의 말을 경청하기를 바랄 것이다. 그러나 그 밖에 다른 건 없을까? 사실 우리가 학생들에게 바라는 것은 단지 말하는 사람의 의견에 동의할지 말지를 결정하는 것뿐만은 아니다.

학생들이 토론 시간에 자신의 생각이 옳고 토론에서 '이겼음'을 증명하는 데에만 집중한다면 이는 매우 비생산적이다. 다른 사람의 견해를 듣고 자신이 처음 떠올린 생각을 조금이라도 수정해 세밀하고 융통성 있는 의견을 제시할 수 있어야 비로소 생산적인 토론이 이루어졌다고 할 수 있을 것이다.

그렇다면 어떻게 해야 학생들이 토론 시간에 다른 사람의 의견을 경청하고 자신의 의견을 가다듬는 분위기를 형성할 수 있을까? 한 가지 효과적인 방법은 자신의 의견이나 분석을 먼저 글로 쓴 다음 토론에 참여토록 하는 것이다. '읽기/활동-쓰기-토론하기' 순서로 수업을 진행하면 다른 사람의 의견을 받아들여 자신의 생각을 고쳐나가는 과정을 연습할 수 있다. 또 더욱 엄격하고 융통성 있는 자세로 토론에 참여할 수 있다.

결론

　글쓰기는 학생들이 교육 과정에서 배울 수 있는 가장 값진 기술 중 하나이다. 글쓰기 능력은 학생들이 대학에 진학하고 각자의 전문 분야에 진출할 때까지 쭉 함께 갈 것이다. 글을 쓰려면 말로 대응하는 데 필요한 정도를 훌쩍 넘어선 깊은 생각과 신중한 언어가 필수적이다.
　그러므로 우리가 교실에서 글쓰기 활동을 어떻게 다루느냐가―규칙적으로 하는가, 다른 활동보다 우선하는가, 빈약한 수준에 안주하지 않는가―학생들에게 글쓰기의 중요성을 인지시키고 생각하는 비율과 참여하는 비율을 높이는 데 큰 영향을 미친다.
　9장에서는 생산적인 토론을 통해 생각하는 비율과 참여하는 비율을 높이고 강력한 교실 문화를 만드는 방법에 대해 살펴볼 것이다.

9장

토론을 통해
생각하는 비율과
참여하는 비율 높이기

토론을 3부의 맨 마지막에 배치한 것은 대부분의 교사들이 생각하는 비율과 참여하는 비율이 높은 수업 활동의 예로 토론을 가장 먼저 떠올리기 때문이다. 지금까지의 관찰과 분석을 통해 보더라도 전략적으로 잘 실행된 토론은 학생들의 수업에 참여하는 비율과 생각하는 비율을 높일 수 있는 중요한 요인이다.

그러나 토론이 높은 비율을 성취할 수 있는 유일한 방법은 아니다. 앞 장에서 살펴보았듯 글쓰기 역시 깊은 인지적 사고 과정을 유도하는 특별히 강력한 도구이다.

대체로 훌륭한 교실은 어느 하나를 선택하기보다 균형을 도입한다. 다시 말해 글쓰기와 질문하기와 토론 사이의 조화와 균형을 중요시한다. 그러나 내게 하나를 고르라고 한다면 글쓰기를 선택할 것이다. 자신의 생각을 정확한 단어와 문법으로 다듬고 근거와 연결 지어 더 폭넓은 주장으로 발전시키는 것이야말로 교실에서 이루어질 수 있는 가장 엄격한 작업이다.

💡 기법들을 살펴보기에 앞서

글쓰기, 질문하기, 토론하기의 균형

내가 왜 토론에 관한 장에서 글쓰기 이야기를 하는 걸까? 글쓰기는 대부분의 경우에 토론과 시너지 작용을 일으킨다. 글을 쓴다는 것은 자신의 생각을 정확하고 구체적으로 발전시키는 것이지만, 글쓰기 후 또래와 토론을 통해 서로 달리 생각하는 점을 들어보고 논의하고 의견을 모아 발전시키고 때로는 다른 의견끼리 맞붙어 싸워보고 나서야 학생들은 비로소 사고의 엄격함과 균형을 성취할 수 있다.

어떻게 보면 토론과 글쓰기, 질문하기는 서로 경쟁하는 관계이다. 교실에서의 시간은 한정적이므로 어떤 활동이든 기회비용이 든다. 어느 하나를 선택하면 다른 것은 하지 못할 수도 있으므로 교사는 선택한 활동이 '좋은가'뿐만 아니라 학생들과 수업을 위해 '최선인가'도 따져봐야 한다. 기회비용을 고려하면 그만큼 선택한 활동에 대한 기대치가 높아진다.

토론이란 무엇인가 (토론이 아닌 것은 무엇인가)

그렇다면 정확히 토론이란 무엇인가? 일개 집단이 서로 자신의 의견을 말하는 것과 토론은 어떻게 다를까? 사람들과 함께 앉아 다가올 선거 이야기를 하고 있다고 가정해 보자. 당신이 "나는 피터에게 투표할 거야. 그는 똑똑하니까"라고 말하자 나는 "나는 사샤에게 투표할래. 그녀는 믿음직하니까"라고 말했다. 그러자 질이 끼어들었다. "나는 투표하지 않을 거야. 절대로 안 할 거야."

이는 사실상 토론이라고 볼 수 없다. "나는 사샤에게 투표할 거야. 그녀는 믿음직하니까"라는 나의 발언은 이전 사람의 발언을 전혀 참고하지 않고 있다.

질의 발언도 비슷하다. 다른 사람의 말을 전혀 참고하지 않았으며 다른 사람의 의견에 대한 자신의 의견을 말하지도 않았다. "그래, 성실성도 중요하지. 하지만 나는 후보자들을 신뢰할 수 없기 때문에 투표하지 않을 거야"라고 약간의 틀을 제시했다면 발언 간의 연관성을 보여줄 수 있었을 것이다.

교실에서의 대화도 이와 비슷하다. 토론은 같은 공간에서 일어나는 느슨하게 연관된 의견들의 연속적 발화와는 다르다. 토론은 일개 집단이 하나의 생각을 발전시키거나 정제하거나 전후 사정과 관련지으려는 상호 노력이어야 한다.

TECHNIQUE 기법 42

토론 습관을 들이게 하라

효율적이고 응집력 있는 토론이 이루어질 수 있도록 기본 규칙이나 '습관'을 정해 토론 시간을 더욱 생산적이고 즐겁게 만들어라.

        생산적인 토론은 참가자들의 구체적인 행동의 결과이다. 효과적으로 대화할 줄 아는 사람은 남의 말을 주의 깊게 듣고 그 내용을 짧게 요약하거나 다른 사람의 주장과 자신의 주장을 결합시키려는 구체적인 노력을 기울인다.

    긍정적인 토론에서 볼 수 있는 이와 같은 행동은 대부분 습관이다. 물론 그런 습관을 배우지 못하는 사람도 있다. 이런 사람은 토론의 목적이 상대방을 이기는 것이라고 생각하고, 상대방이 뭐라고 말해도 똑같은 자기주장을 되풀이할 뿐이다. 그는 상대방과 함께 이야기하는 게 아니라 상대방을 향해 이야기한다.

    훌륭한 토론 기술은 저절로 생겨나지 않는다. 이를 위해서는 의식적인 노력이 필요하다. 그런 면에서 '토론 습관을 들이게 하라'는 유익한 기법이다. 바람직한 토론 습관을 들이고 실천할 때 돌아올 이점은 엄청나다.

토론의 기초 : 목소리, 눈 마주치기, 이름 부르기

질서 잡힌 토론이 이루어지려면 말하는 사람과 듣는 사람이 서로를 바라보며 집중하고 있음을 보여주고 대체로 일관성 있게 다들 들을 수 있는 큰 목소리로 말해야 한다. 그렇게 함으로써 상대방이 하는 말을 경청하고 있음을 입증하고, 학급이란 서로 대화를 주고받으며 생각을 쌓아나가는 공동체라는 메시지를 전달한다.

많은 이들이 종종 간과하곤 하지만 토론의 효과를 높여주는 작은 실천은 토론 시간에 서로 이름을 부르는 것이다. 훌륭한 교사들은 이를 자연스럽게 강조하며 기대를 강화한다. "좋아, 이제 자넬에게 돌아서서 말해 보렴."

후속 반응을 유도하라

토론 중 말하는 사람의 발언을 집중해 듣는 습관을 기르려면 토론에 대한 책임감과 더불어 참여하고 싶은 마음도 들어야 한다. 이때 '무작위로 호명하라' 기법에서 살펴본 후속 반응 유도를 사용하면 도움이 된다.

무작위 호명을 할 때 교사는 한 학생을 호명해 이전 학생이 말한 내용에 대한 의견을 묻는다. 두 번째 학생이 자원했는가의 여부와는 상관없이 앞의 학생의 발언에 대한 의견을 물어 토론에 집중하도록 유도하는 것이다. "스카일라, 마커스의 생각에 동의하니?"라고 교사가 묻는다면 학생들은 토론 중에 누가 말하든 집중해서 들어야 한다는 사실을 명심한다.

이때 호명받은 학생이 특정 주장에 관해 잘 모르겠다고 대답하더라도 괜찮다.

여기서 교사의 목표는 "너 딱 걸렸어"라는 적발의 신호를 주는 게 아니라 토론 시간에 서로의 말을 귀담아듣는 것은 기본 중의 기본이라는 기대치를 전달하는 것이다.

토론 중에는 언제나 경청해야 한다는 기대치를 설정하는 또다른 방법이 있다. 앞의 예처럼 직접적으로 의견을 물어보는 게 아니라 토론의 흐름을 깨뜨리지 않으면서 간접적으로 유도하는 방식이다. 패트릭 패스토어의 읽기 수업을 예로 들어보자.

교사 : 여기서 조너스는 무엇을 두려워하고 있지? 케샤?
케샤 : 고통을 두려워하고 있어요.
교시 : 발전시켜 보자, 데이비드.
데이비드 : 그는 고통이 아무리 심해져도 사실 고통이 뭔지 몰라요.
교사 : 더 해보렴, 칼튼.
칼튼 : 음, 63쪽을 보면 조너스는 이렇게 말하고 있어요…….

패트릭은 "발전시켜 보자", "더 해보렴"과 같은 말로 학생들에게 또래의 말을 주의 깊게 들어야 한다는 책임감을 부여하고, 교사의 직접적인 개입 없이도 서로의 발언에 반응하는 연습을 시키고 있다.

발언을 시작하는 말을 가르쳐라

토론에 효과적으로 참여하는 사람은 앞선 사람의 의견을 참고해 발언함으로써 함축적인 맥락을 이끌어낸다. 그와 같은 발언은 대체로 다음과 같은 말로 시작한다.

- "네가 그렇게 말한 이유를 알겠어. 하지만……."
- "나도 비슷한 생각을 했어."
- "그런데 또다른 예가 있어."
- "여기서 고려하지 않은 점은……."
- "네 말에 덧붙이고 싶은 게 있는데……."

새로 말하는 사람은 앞서 말한 사람의 의견에 동의하든 동의하지 않든, 혹은 중도적인 입장이든 간에 항상 앞 사람의 발언과 자신의 발언을 연결 짓는 것부터 시작해야 한다. 이게 상호작용의 틀이다. 학생들이 이런 틀을 이용해 서로의 의견을 하나로 엮어나갈 수 있도록 가르치는 게 바로 토론의 습관을 기르게 하는 기법의 핵심이다.

이때 어떤 식으로 발언을 시작하면 좋을지 가르쳐주면 학생들은 상대방의 의견 위에 자신의 의견을 쌓아가는 토론의 구조를 익힐 수 있고, 그 결과 더욱 화합하는 방식으로 말하고 나아가서는 그런 방식으로 글도 쓸 수 있게 된다.

가장 간단한 말은 "나는 _____ 때문에 동의한다" 혹은 "나는 _____ 때문에 동의하지 않는다"이다. 이는 학생들이 앞선 발언을 참고하면서 간단하고도 직접적으로 논쟁 안에 자신의 의견을 배치할 수 있게 해주는 유용한 표현이다.

토론을 거듭할수록 학생들은 "동의한다" 혹은 "동의하지 않는다"라는 간단한 표현을 훨씬 뛰어넘는 수준의 복잡하고 정교한 언어를 구사하게 된다. 이제 토론의 언어가 자신의 생각을 형성하는 수준에 이르는 것이다. 동의 여부에만 집중하는 토론은 서로가 자신의 의견을 고수하며 싸움에서 '이기는' 것을 목적으로 한다. 그러나 좋은 토론은 자신이 옳음을 증명하기보다 서로 간의 미세한 공통점을 찾아가는 과정이다.

발언을 시작하는 구절로는 다음과 같은 것도 있다.

- "또다른 근거가 있습니다."
- "그것에 반박하는 근거가 있습니다."
- "_____ 의 의견에 추가하고 싶습니다."
- "이해합니다. 그리고 거기에 덧붙이고 싶습니다."
- "그 말이 이해가 되는 것은 _____ 때문입니다."
- "_____ 이 말한 내용을 뒷받침하는 또다른 예가 있습니다."
- "그것을 해석할 수 있는 또다른 방법으로 _____ 이 있습니다."
- "_____ 이 말한 것보다 더 복잡하다고 생각합니다. 왜냐하면……."

비언어적인 요소 또한 발언을 시작하는 말을 사용하는 습관을 기르게 할 때 중요한 역할을 한다. 트로이 예비학교 읽기 교사 매기 존슨은 새로운 의견을 개진하는 게 아니라 다른 사람의 생각을 발전시키고 싶을 때 사용하는 다양한 수신호를 만들었다. 토론 중 새로운 의견을 말하고 싶으면 보통 하는 대로 손을 든다. 그러나 앞선 사람의 주장을 보충하거나 발전시키고 싶을 때는 손가락 두 개를 들어 올린다. 이를 통해 교사는 학생들의 손 모양만 보고도 토론의 방향을 이끌어갈 수 있다.

토론이 주제에서 벗어나지 않도록 관리하라

윌리엄스버그 콜리지에이트의 역사 교사 라이언 밀러는 학생들과 함께 루스벨트 대통령의 파나마 개입에 대한 자료를 살펴보고 있었다. 이때 교사는 교실 뒤로 물러나 있었고, 학생들끼리 직접 대화를 주고받는 소크라테스식 토론이 한창이었다. 교사가 학생들의 토론 내용에 끼어드는 일은 드물었지만, 적어도 토론의 규율을 유지하고자 할 때는 매우 적극적으로 개입했다.

한 학생이 미국은 파나마 문제에 개입하지 않는다는 루스벨트의 주장은 정부의 진정한 의도를 숨기려는 시도였다고 말했다. 라이언은 "그건 자료에 나와 있는 내용이 아니란다. 그 부분을 다시 읽어보렴"이라고 말했다. 또 학생이 새로운 주제를 꺼내면 "흥미롭구나. 하지만 다른 주제로 넘어가기 전에 누가 사라의 의견에 대한 자신의 생각을 말해 보겠니?"라고 하며 토론이 주제에서 벗어나지 않도록 관리했다.

교실에서의 토론은 틀을 벗어나지 않는 편이 낫다. 틀을 벗어나지 않는다는 것은 특정 주제에 집중해 한 가지 생각의 모든 측면을 꾸준하고 깊게 성찰하는 것을 말한다. 물론 틀을 벗어나는 것과 틀을 유지하는 것이 상호 배타적인 관계는 아니다. 그러나 하나의 주제를 깊이 있게 통찰하는 법을 익히지 못한다면 자칫 옆길로 벗어나 발전을 그르칠 우려가 있다.

반면에 때로는 틀을 벗어나서야 비로소 생산적인 토론이 이루어지기도 한다. 그럴 경우에는 "우리가 한 가지 생각을 너무 오래 붙들고 있었구나. 이제 다양하고 광범위한 생각들을 끌어와 볼까?"라고 말하며 학생들이 틀을 벗어나도록 유도할 수 있다.

어느 쪽이든 학생들에게 바라는 토론 참여 방식을 본보기로 보여주고, 상호 결합적이고 생산적인 방식으로 또래의 말을 경청하는 방법에 대해 끊임없이 긍정적인 피드백을 주어야 한다.

TECHNIQUE 기법 43

돌아앉아 짝과 함께 토론하게 하라

짝과의 짧고 압축적인 토론을 통해 자신의 생각을 가다듬을 수 있게 해라. 그러나 최대한 효율적이고 책임감 있는 활동이 되도록 계획해야 한다.

학생들이 돌아앉아 짝과 함께 토론하는 모습은 대부분의 교실에서 흔히 볼 수 있다. 그러나 최고의 교사들은 세부적인 실천에 집중해 보다 책임감 있고 효율적이며 밀도 있는 토론이 이루어질 수 있도록 한다.

짝과 함께 토론할 때는 두 학생 모두가 대화에 참여해 말을 이어가고 서로의 말을 경청함으로써 미숙한 처음 생각을 다듬어 훨씬 더 정제된 생각을 형성해 나가는 모습이 이상적일 것이다. 실제로 이런 토론이 이루어지기도 하지만 사실 교사는 학생들끼리 토론할 때 무슨 이야기를 하는지 알 수 없을 때가 많다.

주제에서 벗어난 아무 이야기나 늘어놓고 있을 수도 있고, 한 사람만 일방적으로 말할 수도 있다. 또 주제에 관련된 이야기를 나누기는 하지만 진부하고 피상적인 토론에 그칠 수도 있다. 심지어 잘못된 정보가 오가기도 한다. 요컨대 실행과 성취 사이에 격차가 큰 것이다.

토론의 효율성과 책임감을 높이기 위한 방법

실행과 성취 간의 격차를 메우려면 우선 효율성과 책임감이 보장되어야 한다. 학생들은 자신의 능력을 최대치로 발휘해 질적으로 수준 높은 토론을 해야 한다는 책임감을 느껴야 한다.

짝 이루기

"1분 동안 그랜트 장군이 빅스버그 전투에서 승리하게 된 가장 중요한 요인에 대해 토론해 봅시다." 이때 교사는 학생들이 돌아앉아 짝을 찾고 마지못해 서로 눈을 마주치고 내키지 않는 마음으로 토론을 시작하게 내버려둘 여유가 없다. 누구와 어떻게 짝을 이루어 토론할 것인지가 미리 정해져 있어야 한다. 그래야 더 이상의 지시나 논의 없이 곧바로 토론을 시작할 수 있다. 수업 중에 돌아앉아 짝과 함께 토론하는 시간을 계획했다면 미리 자리 배치를 염두에 두어야 한다. 책상을 둘씩 붙여놓는 식으로 배치한다거나 아무도 혼자 앉는 사람이 없도록 준비해 둔다.

시작 신호

돌아앉아 짝과 함께 토론해 보라고 하면 보통은 주위를 둘러보며 다른 사람들도 토론을 시작하는지 살피게 마련이다. 조심스럽게 눈치를 보는 게 당연하다. 적극적으로 짝에게 다가가 과감하게 자신의 의견을 쏟아낸다면 상대방은 당황하거나 수동적으로 대꾸하거나 아예 입을 다물어버릴지도 모른다. 대개의 경우 처음에는 짝을 이룬 두 사람 중 누가 먼저 말할 것인지를 결정하느라 몇 초를 보낼 것이다. 왜 이렇게 시간을 낭비해야 한단 말인가.

주위를 둘러봤는데 다른 사람들도 토론을 시작하지 않은 듯하다면 이 활동을 진지하고 엄격한 것으로 받아들이지 않고 그저 의무로만 여길 것이다. 이는 교실형 '죄수의 딜레마'이다. 즉 모든 학생이 진지하게 토론에 참여할 것이라는 확신을 심어주어야 한다. 그렇지 않으면 누구도 진지하게 참여하지 않을 것이다. 그러므로 교사는 모두가 일제히 토론에 뛰어들게 할 방법을 찾아야 한다. 바로 시작 신호를 사용하는 것이다.

에드워드 브룩 차터스쿨의 루 레트레이는 소설 『기억 전달자』에 관한 작가 로이스 로리의 인터뷰를 학생들에게 읽어주다가 자세히 살펴볼 문장을 하나 발견했다. "'운영진의 권위주의와 지식을 거부한다'라는 말이 나오는데 무슨 뜻일까?" 교사는 잘 모르겠다는 표정을 지으며 고개를 갸우뚱 기울이고 학생들을 향해 물었다. 그리고 몇 초 동안 학생들이 교사의 질문에 대해 생각해 볼 시간을 주었다. 그러고 나서 "짝을 향해 돌아앉아 이야기해 보자. 시작!"이라고 말했다.

순식간에 교실에 생기가 돌았다. 전체 학생들이 정확히 교사의 신호에 맞춰 활기찬 대화에 돌입했다. 교사가 사용한 "짝을 향해 돌아앉아 이야기해 보자. 시작!"이 성공의 핵심 요인이었다. 학생들은 이 구절을 충분히 반복해서 들어왔고, 이제 예측 가능한 촉진제로서 이 말만 들으면 곧바로 모든 학생이 짝을 지어 신속하고 활기차게 토론에 참여했다.

어치브먼트 퍼스트 산하 부시윅 중학교 교사 에릭 스나이더는 다른 방식으로 학생들에게 신호를 준다. 그와 학생들은 수업 시간에 레이 브래드버리의 작품을 읽고 있었다. 긴장감이 도는 장면에서 교사는 학생들을 바라보았다. "아들 데이비드는 무엇을 걱정하는 걸까?" 그리고 잠시 멈췄다가 덧붙였다. "긴 머리가 짧은 머리에게." 짝과 함께 토론하되 머리가 긴 쪽이 먼저 말하라는 신호였다. 다음으로 교사는 "짧은 머리가 긴 머리에게"라고 말했고 학생들은 순서를 바꾸어 토론을 이어갔다. 이를 응용해 "창가 쪽이 벽 쪽에게"라든가 "벽 쪽이 창가 쪽에게"라는 신호를 주는 것도 가능하다.

때로는 누가 먼저 말할지를 정하는 것 외에 언제 역할을 교대할지도 정해야 한다. 그래야 두 사람이 골고루 말할 기회를 갖는다. 처음에는 토론에 할당한 시간의 중간쯤에 교사가 말이나("교대하세요") 비언어적 신호로(손뼉을 친다) 역할을 바꾸도록 유도한다. 어느 정도 익숙해지면 학생들 스스로 알아서 번갈아 가며 발언할 수 있도록 균형을 잡을 것이다.

끝내기 신호

시작 신호만큼이나 끝내기 신호도 중요하다. 짝과 토론하기를 끝낼 때 가장 명심해야 할 점은 효율성이다. 빠르고 깔끔하게 상황을 마무리해야 시간의 낭비도 없고 '돌아앉아 짝과 함께 토론하게 하라' 기법을 통해 얻은 아이디어와 활기를 고스란히 다음 활동으로 이어갈 수 있다.

교사는 학생들이 빨리 토론을 마치고 주목해 주기를 바라겠지만, 학생들이 나누던 대화를 돌연히 중단하는 것은 원치 않을 것이다. 그래서 끝내기 신호로는 카운트다운이 많이 쓰인다.

끝내기 신호의 핵심 원칙은 다음과 같다. 우선 학생들이 신호에 맞춰 자동으로 반응할 수 있게 매번 한결같고 익숙한 신호를 사용해야 한다는 것, 정확한 신호를 보내야 한다는 것, 그리고 생각을 마무리할 시간까지 염두에 두어야 한다는 것이다.

정상에서 끝내라

이 기법을 사용할 때 시간 관리에 도움이 될 만한 일반적인 원칙이 두 가지 있다.

첫째, 이 기법은 대개의 경우 사전 준비활동에 속하기 때문에 정상에서 끝내는 게 좋다. 짝과 토론하기는 수업에서 한 주제를 다룰 때 결정적이고 집중적으로 사용하는 기법이 아니며 오히려 생각을 수확하고 다듬어 발전시키기 전의 예행연습 단계에 쓰기 적합한 기법이다. 돌아앉아 짝과 함께 토론한 다음에는 보통 학급 전체 토론이나 자율적인 글쓰기 활동으로 넘어가게 마련이다. 그러려면 이 기법 자체로 끝을 내기보다는 여기서 싹튼 생각을 계속 발전시켜 나가는 게 좋다. 그런데 짝과 함께 토론하는 시간이 너무 길어지고 그 과정에서 모든 생각을 다 쏟아낸다면 활력이 고갈되고 긴박감도 사라질 것이다.

이 기법을 사용하는 동안 학생들의 활력 수준을 그래프로 그려본다면 파도의 물마루 같은 형상이 될 것이다. 긴 내리막길이 시작되기 직전에 생각이 마구 터져 나오고 다음 단계로 넘어가고픈 열망도 극대화된다. 바로 그 순간 짝과 토론하기를 끝내야 한다.

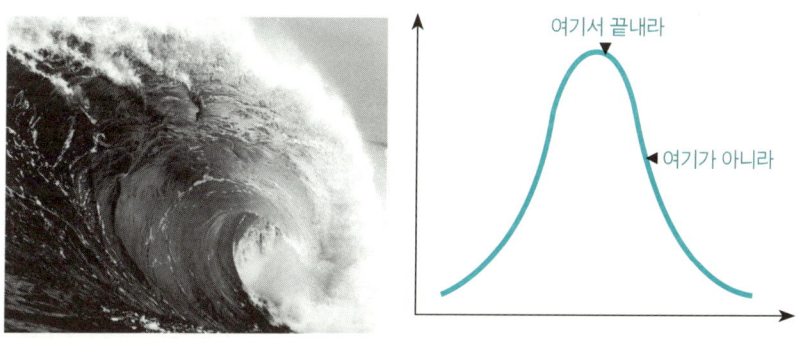

흥미와 활력이 점점 시들기 시작할 때가 아니라 최고조에 이르렀을 때 토론을 끝낼 수 있도록 끝내기 신호를 보내자.

정확한 시간제한

효율적 시간 관리를 위한 두 번째 원칙은 시간을 정확하게 지켜야 한다는 것이다. 이 기법에 할애할 시간이 얼마인지 정확히 알려줘야 학생들도 그 시간을 최대한 활용해 발언 순서와 시간을 조절할 수 있다. "45초 동안 돌아앉아 짝과 얘기해 보자", "2분 30초 동안 배경의 역할에 대해 짝과 함께 토론해 보자"와 같이 구체적으로 시간을 정해 줘라. 이때 시간은 어림값처럼 느껴지지 않는 구체적이고 독특한 숫자로 정하는 게 좋다.

또 스톱워치를 이용해 시간을 재면 전체 수업을 원만하게 진행할 수 있고 학생들의 토론 상황을 검토하는 와중에도 시간 흐름을 추적할 수 있다.

참여가 눈에 분명히 보이게 하라

어느 시범 수업에서 랭스턴 휴즈의 시 「지연된 꿈(A Dream Deferred)」의 할렘에 대해 토론하는 광경을 볼 기회가 있었다. "이 시에서 어떤 심상을 봤는지 1분 동안 짝과 토론해 봅시다. 자, 돌아앉아……." 교사는 잠시 말을 멈추고 학생들에게 서로 마주 보라는 신호를 보낸 다음 "말하세요"라고 했다.

'돌아앉아'와 '말하세요' 사이에 잠깐 멈춘 시간은 2초 정도였지만, 그동안 교사는 학생들이 모두 짝을 향해 돌아앉아 토론에 참여할 준비가 되었는지 교실을 훑어보며 확인했다.

어느 최고의 교사는 "무릎과 무릎이 마주하게" 돌아앉으라는 구체적인 요청을 함으로써 학생들이 짝과 함께 토론에 몰두하고 있는지 눈으로 확인할 수 있게 했다. 또 어떤 교사는 짝의 생각을 듣고 핵심 주장을 요약해 보라고 함으로써 이 기법에 책임감을 더했다. 그러면 학생들은 서로의 말을 더욱 열심히 듣게 되고, 교사도 학생들이 메모를 하며 집중하고 있는지 눈으로 확인할 수 있다.

이 기법에 책임감을 더하고 집중력을 극대화할 수 있는 다른 좋은 방법들을 살펴보자.

- '무작위로 호명하라' 기법을 투명하게 사용해 누구나 짝과 함께한 토론 시간에 얻은 통찰을 발표할 준비가 되어 있어야 한다고 강조한다. "1분 동안 이 시에서 본 심상에 대해 짝과 토론해 보렴. 그런 다음 몇 명을 무작위로 호명할 테니까 다들 뛰어난 생각을 친구들과 공유할 준비를 해두자. 시작!"
- '돌아앉아 짝과 함께 토론하게 하라' 기법을 '돌아앉아 짝과 함께 임무를 수행하라'로 변형시켜 보자. 짝끼리 의논해 텍스트에서 중요한 세부 사항 세 가지를 찾아본다거나 문제를 해결한다거나 장면을 묘사하는 데 유용한 단어들을 정리하는 등 글을 쓰게 해라. 이를 통해 교사는 학생들의 생각을 더욱 분명하게 점검하고 다양한 활동을 변형시켜 추가할 수 있다.
- 돌아앉아 짝과 함께 토론한 후 짝이 한 말을 요약해서 보고하게 해라. 그러면 짝의 말을 집중해서 경청하는 책임감 있는 자세를 유도할 수 있다.

후속 활동과 결합시켜 학생들의 이해도를 끌어올려라

최근 '마찰'을 주제로 한 어느 중학교의 과학 수업을 관찰한 적이 있다. 교사가 학생들에게 농구 시합에서 볼 수 있는 마찰의 영향에 대해 돌아앉아 짝과 함께 토론하게 했다. 시작 신호는 뚜렷했고 책임감 있게 토론에 임하는 긍정적인 분위기가 형성되었으며 학생들도 일제히 토론을 시작해 활기차게 의견을 나누었다. 그러나 짝과 함께 토론한 내용을 학급 전체와 공유하게 하자 상당수의 잘못된(마찰의 작용에 대해 잘못 이해하거나 잘못 적용한) 정보가 오간 게 확인되었다. 다시 말해 효율적이고 진지한 체계 안에서도 수준이 낮거나 심지어는 틀린 생각이 퍼질 수 있다는 것이다.

그러므로 이 기법은 수업에 참여하는 비율과 생각하는 비율을 쌓아나가기

'시작하는' 활동이 되어야 한다. 가장 좋은 방법은 이 기법에 엄격함을 더하도록 학생들의 이해 정도를 확인할 수 있는 후속 활동과 결합시키는 것이다.

학생들이 짝과 함께 토론한 후에는 학급 전체 토론이나 글쓰기, 토론 내용을 표로 만들어 비교하기 등의 활동과 연결 짓는 것이 바람직하다. 돌아앉아 짝과 함께 토론하며 떠올린 생각을 공개적으로 분석하고 교정과 개정을 거쳐 학생들이 좋은 것과 더 좋은 것, 틀린 것을 알아볼 수 있게 해주는 일이 중요하다. 또 글쓰기를 통해 생각을 더욱 깊이 있게 처리할 기회를 주는 것도 좋다.

어떤 후속 활동을 하면 효과적일까

학급 전체 분석

처음 든 생각이 늘 가장 좋은 생각은 아닐 수도 있으며, 종종 더 심오한 기준이나 분석을 통해 처음 생각을 다시 검토해야 더욱 강력한 생각을 완성할 수 있다는 것을 가르쳐줘라. "지금까지 떠올린 생각들을 살펴보고 그 중 가장 이해가 잘 되는 것을 골라보자"라든가 "마찰에 대해 아는 것을 이용해 지금까지 떠올린 생각들을 검증해 보자"라고 말할 수 있다.

학급 전체 토론

짝과 함께 토론한 내용을 가지고 학급 전체 토론에 임해 처음 생각들을 더 발전시키고 연장할 기회를 주자. "처음 떠올린 생각들을 발전시켜 보자. 다른 친구들의 의견을 듣고 처음 쓴 글에 자유롭게 덧붙여 보렴" 혹은 "다 함께 생각을 모아서 가장 좋은 예를 몇 가지 찾아내 보자"라고 학생들을 유도할 수 있다. 또는 돌아앉아 짝과 함께 토론하는 활동이 준비활동임을 인정하고 시작하는 방법도 있다. "몇 가지 생각을 나누어 봤을 테니 이제 다 함께 이 문장을 살펴보고 그 의미를 이해할 수 있을지 확인해 보기로 하자."

학급 전체 필기

이는 학생들이 짝과 함께 토론한 내용을 학급 전체와 공유하고 개선이나 개정 작업을 거쳐 우선순위를 가려내는 등의 후속 활동이다. 다른 학생들이 토론 과정에서 도출한 의견을 듣고 자신의 생각과 비교하며 발전시켜 한 가지 주제에 대한 다양한 생각들을 추적하도록 하는 게 이 활동의 목표이다. "3쪽 빈칸에 두 문장을 덧붙여보자"라든가 "이제 본문을 보고 우리가 다 함께 찾아낸 근거에 동그라미를 쳐보자. 친구들의 생각을 참고할 수 있도록 과제 꾸러미에 반드시 기록해 두렴"이라고 말할 수 있다.

지도를 통한 글쓰기

짝과 함께한 토론, 학급 전체 토론을 마무리하는 차원에서 가장 중요한 통찰을 하나의 완벽한 문장으로 표현하게 해라. '물질의 상태 변화'에 관한 학급 전체 토론을 끝마친 후에는 "자, 이제 다들 승화가 어떻게 이루어지는지 설명하는 문장을 90초 동안 써보자. '일반적으로 고체는'이라는 구절로 시작해 보는 거야. 시작"이라고 말할 수 있다. 또는 공동 글쓰기도 가능하다. "이 이야기에서 정말로 책임이 있는 사람은 누구이며 그것을 뒷받침할 수 있는 근거는 무엇인지 다 함께 한 단락으로 써보자."

어떤 교사들은 학생들의 실수를 분석하는 활동으로 '돌아앉아 짝과 함께 토론하게 하라'를 활용하기도 한다. 학생의 대답을 듣고 나서 "맞는 답일까? 맞다면 어떻게 해야 더 좋은 답변으로 만들 수 있을까? 틀렸다면 그 이유는 무엇일까? 30초 동안 짝과 함께 의논해 보자. 시작"이라고 말하는 것이다.

모둠 토론을 촉진시켜라

교사의 중재 없는 짧은 토론을 마련해 학생들의 자율권을 더 많이 허락해라.

교사는 학생이 발언할 때마다 엄격하고 집중력 있는 토론이 이루어질 수 있도록 끊임없이 유도하고 조절하며 토론을 지도한다. 그러나 때로는 모든 발언에 일일이 개입하지 않는 편이 나을 때도 있다. 특히 모둠 토론의 경우에는 학생들에게 더 많은 발언권과 자율권을 주는 게 좋다. 모둠 토론은 짧은 시간을 할애해 교사의 중재 없이 학생들끼리 자율적으로 토론하도록 허용하는 기법이다.

모둠 토론을 할 때는 3~5명 정도의 학생들이 서로 의견을 제시하고 난 후 교사가 개입해 평가하고 방향을 조정한다. 토론 중간에 교사는 다음에 말할 사람을 지명하는 것 외에 아무런 평가도 하지 않는다. 보다 복잡한 형태의 모둠 토론으로는 교사가 일부러 토론에서 완전히 물러나 있고 정해진 시간 동안 학생들끼리 토론 과정과 내용까지 관리하는 소크라테스식 토론이 있다.

그러나 또래끼리의 대화는 더 높은 수준으로 토론의 방향을 이끌어주는 사람이 없으면 자칫 비생산적으로 흐를 수 있다. 게다가 대화가 아무리 열띠고 엄격하게 이루어진다고 해도 늘 논리적인 허점이 발생할 위험이 있다. 일단 토론을 시작하기까지 얼마간 시간이 걸리고, 모든 학생이 다 참여하려면 몇 바퀴 돌아야 할 때도 있다. 일부가 토론에 열중하는 동안 나머지 학생들이 할 활동도 필요하다. 이런 어려움 때문에 최고의 교사들도 대규모 소크라테스식 토론은 자주 하지 않는다. 한 달에 한 번이나 한 학기에 두 번쯤 하는 정도이다.

그러므로 가장 효과적으로 학생들이 수업에 참여하는 습관을 길러주려면 매일 작은 규모의 토론을 규칙적으로 실행하는 게 좋다. 내가 지켜본 최고의 교사들은 대부분 하루 단 몇 분간이라도 보다 덜 형식적인 모둠 토론 시간을 갖는다.

최고의 교사 라이언 밀러는 이처럼 보다 단순한 형태의 토론을 지속적으로 실시할 때 학생들의 사고 능력이 발전한다고 믿는다. 그의 수업에는 몇 가지 기본적인 원칙이 있다.

첫째, 매일 2분간 학생들끼리 토론할 시간을 준다. 라이언은 매 수업마다 무척 어려운 문제를 내주고는 타이머를 2분 후로 맞춰놓고 뒤로 물러나 학생들끼리 직접적인 대화를 통해 문제를 풀어보게 한다. 이때 교사는 토론에 개입하지 않는다. 2분이면 토론을 하기에도 충분하고 질문이나 계산이 오락가락하는 일 없이 최고의 생각을 끌어낼 수 있는 시간이다. 타이머를 맞춰놓으면 교사 스스로 책임감 있게 토론 시간을 관리할 수 있고, 매일 하면 습관이 되어 학생들의 토론 기술도 점차 좋아진다.

둘째, 매일 모둠 토론을 통해 수업의 주제를 다루도록 한다. 이를 위해라이언은 매일 모둠 토론을 시작하기 전 서로 의견을 제시하고 대답하고 다른 사람의 의견을 바탕으로 자신의 의견을 다듬어나가는 방법 등의 기술을 가르친다.

모둠 토론을 할 때 교사는 토론의 내용에 관해서는 되도록 끼어들지 않는다. 그러나 주제에서 벗어난 발언이나 이전 사람의 의견을 무시한 발언 등 토론의 규칙에 어긋나는 일이 발생할 경우에는 곧바로 개입해 토론의 초점을 다시 맞춘다.

토론 주제를 학생들이 결정하게 하라

학생들이 토론의 주제를 결정할 수 있도록 해주면 생각하는 비율을 높일 수 있다. 브루클린의 비범한 학교 교사인 질리언 카트라이트는 오거스트 윌슨의 『펜스(Fences)』를 읽고 본문에서 분석할 가치가 있는 부분을 학생들이 직접 찾아보게 했다. 학생들은 8분 동안 본문을 읽으며 토론 주제가 될 만한 내용을 메모했다. 그런 다음 교사가 "자, 분석할 가치가 있는 부분은 어디일까요?"라고 묻자 토론이 시작되었다.

또는 토론의 주제로 삼을 만한 질문을 학생들이 직접 만들어보게 하는 것도 생산적인 방법이다. 예를 들어 학생들에게 토론의 주제가 될 만한 질문을 미리 만들어오게 하고, 그중에서 통찰력이 풍부한 질문을 몇 가지 골라 학급 전체 토론을 실시할 수 있다. 그 밖에 수업 전 준비활동으로 학생들에게 그날의 토론 주제를 계획하게 하는 것도 괜찮다. 이렇게 짠 토론 계획은 수업 내내 활용할 수 있다.

결론

지금까지 우리는 생각하는 비율과 참여하는 비율을 높이는 기법들을 질문하기, 글쓰기, 토론하기 영역으로 나누어 살펴보았다. 그러나 이 세 가지는 각각 독립적으로 기능하지 않는다. 각 영역이 모두 생각하는 비율과 참여하는 비율을 높이는 데 고유한 기능을 갖지만, 세 가지가 함께 어우러질 때 가장 큰 시너지 효과를 낳는다.

4부에서는 교실 내에 면학 분위기를 조성하기 위해 필요한 행동과 문화의 기초를 쌓는 방법에 대해 알아볼 것이다.

Teach Like A CHAMPION 2.0

4부

강력한 교실 문화 창조하기

10장에서 12장까지 선보일 기법들은 바람직한 교실 문화를 만들기 위한 것으로, 학생들이 좋은 인성을 갖추고 매사에 최선을 다하도록 하는 데 초점을 맞춘다. 교실 문화는 얼핏 보이는 것과 달리 매우 복잡한 현상이다. 교실 문화가 어떻게 조성되는지를 알고 나면 여기에서 소개할 기법들을 더욱 쉽게 이해할 수 있을 것이다.

학생들이 높은 학업 성취를 이룰 수 있는 강력한 교실 문화를 만들려면 교사는 학생을 다루는 다섯 가지 원칙(규율·관리·통제·영향력·참여) 및 기술을 익혀야 한다.

규율

많은 이들이 규율을 처벌과 같은 맥락에서 생각한다. 그러나 규율이라는 개념은 가르침이라는 의미를 품고 있다. 다시 말해 학생들이 어떤 일을 올바르고 성공적으로 하도록 가르친다는 뜻이다.

모순되는 일이지만 많은 교사들이 학생들에게 규율을 가르치면서도 이를 인식하지 못한다. 교사들은 교과 내용 외에 학생들이 사회에서 성공하고 공동체의 구성원이 되기 위해 갖추어야 할 습관 또한 필수적으로 가르쳐야 한다고 생각하지 않는다. 바르게 앉는 법과 공책을 정리하는 방법, 교사의 지시에 따르는 방법 등을 차근차근 알려주는 교사도 거의 찾아볼 수 없다.

규율을 가르친다는 것은 생활 속에서 학생들이 어떤 모습을 보여야 하는지를 가르치는 일이며, 이를 위한 계획을 세우는 데에는 많은 노력이 필요하다. 학생들을 어떻게 자리에 앉히고 줄을 세우고 필기를 하도록 할 것인가?

그러나 이 또한 수업의 일부분이기 때문에 교사는 학생들이 도달해야 할 기대치를 설정한 후에 규율을 가르치고 연습하는 데 많은 시간을 투자해야 한다. 그 결과는 실로 놀라울 것이다. 교사가 기대하는 모습대로 학생들이 변화해 가는 광경을 지켜볼 수 있을 테니 말이다.

관리

관리는 보상에 의해 행동을 강화하는 과정이다. 효과적인 교실 문화를 만들기 위해서는 관리 체계가 필요하다. 관리는 짧은 시간에 가시적으로 성과를 내기 때문에 나머지 네 가지 원칙을 완전히 무시하는 결과를 초래하기 쉽다. 그러나 다른 네 가지 요소가 갖추어지지 않았다면, 관리 체계만으로는 강력한 교실 문화를 창조할 수 없다.

학교나 교사가 관리에만 너무 의지하면 학생들은 오히려 결과에 둔감해지고 보상을 받으려는 술수만 늘 것이다. 학생들의 성취도는 이전과 동일하거나 떨어질 테고, 더 많은 보상을 주어도 나날이 무감각해질 것이다. 학생들에게 더 많은 보상을 주겠다는 신호를 보내는 것은 교사로서 자포자기하는 행동이나 다름없다. 학생들을 성공으로 이끄는 것이 아니라 실패로 이끄는 길이기도 하다.

강력한 관리는 효과적인 교실 문화의 긍정적인 부분이지만 나머지 네 가지 원칙과 결합해 실행할 때만 효과적이다. 학생들을 성공적으로 통제하기 위해서는 결과에 상관없이 제 할 일을 하고 그 일에 긍정적으로 임하도록 이끌어야 한다.

통제

통제는 결과를 고려하지 않고 요청을 따르게 만드는 것이다. 많은 사람들이 누군가를 통제하는 것은 나쁜 일이며 비민주적이고 강압적이라고 생각한다. 한 사람이 다른 사람을 통제하려 한다는 것은, 특히 교사의 경우에는 비난받을 일로 간주된다. 가르친다는 일의 본질은 스스로 생각할 수 있도록 돕는 것이기 때문이다.

그러나 학생들이 무언가 좋은 일을 하도록 유도하려면 그들의 행동을 통제할 수 있어야 한다. 특히 교사들은 그런 상황을 자주 겪는다. 역사를 공부하는 학생에게 "왜? 어떻게?"라는 질문에 답하도록 하고, 생각의 근거를 제시하게 하고, 힘든 과제를 부여해 특정한 가치를 가르치고, 서로를 존중하라고 타일러야 한다. 이처럼 긍정적인 통제는 많은 경우 좋은 결과를 가져온다.

내가 정의하는 통제, 즉 '누군가에게 결과를 고려하지 않고 요청을 따르게 만드는 것'은 대상의 주체성을 훼손하는 행위가 아니다. 학생들은 여전히 선택할 수 있다. 교실에서 통제란, 학생에게 동의하는지를 묻고서 무언가를 하도록 요청하는 것이다. 완전히 중립적인 선택이란 없다. 누군가의 눈을 똑바로 쳐다보며 단호하게 말하는 것은 분명히 통제력을 행사하는 일이다. 그러나 부드럽게 부탁하듯이 말하고 상대방이 하고 싶지 않을 수도 있는 일을 하게끔 만드는 것 또한 통제의 한 방법이다(역으로 상대방에게 고함을 지르는 행위는 통제의 방법이 아니다).

통제는 종종 자유의 밑바탕이 된다. 부모로서의 경험을 통해 나는 이 점을 이해하게 되었다. 부모는 아이들이 안전하게 길을 건널 수 있도록 가르친 후에야 비로소 아이들 스스로 판단해 앞서 걸어갈 자유를 줄 수 있다. 그러나 갑작스럽게 차가 튀어나오는 거리를 걸을 때면 아이를 불러 세워서 다치지 않도록 해야 한다는 것도 안다. 부모는 아이들을 보호하고 아이들이 성장할 기회를 제공하기 위해 아이들 행동의 일정 부분을 통제해야 한다.

최고의 교사들은 언어와 인간관계의 힘을 이해하기 때문에 학생들을 존중하는 동시에 상냥하게 요청한다. 이때 교사는 "자리로 돌아가서 공책에 필기를 시작하세요"와 같은 구체적이고 유용한 요청과 "조용!"처럼 모호하고 단죄하는 듯한 요구를 구분해야 한다. 통제는 분명하고 목적이 있어야 하며 문제 해결적이거나 배려하는 것이어야 한다.

영향력

교사의 영향력이란 학생들이 스스로 원하는 것을 깨닫고 실행하며 성공할 수 있도록 영감을 주는 것이다. 통제는 교사의 요청을 따르게 하는 것이지만 영향력은 교사가 원하는 바를 학생들이 내면화하여 스스로 원하도록 하는 것이다. 이처럼 학생들이 어떤 것을 수행하도록 긍정적인 신념을 심어주면 성취의 큰 동력이 된다.

그러나 영향력의 힘은 겉으로 잘 드러나지 않을 때가 있다. 규율과 관리와 통제가 중심이 되는 교실이 더 성공적으로 보일 수도 있고, 교사들조차 처음에는 영향력의 힘을 믿지 못할 수 있다. 그러나 학생들 스스로의 신념 없이 질서를 유지하는 것은 불가능하다.

영향력을 미친다는 것은 학생에게 신념을 갖게 하는 과정이고, 교실 문화의 최종 목표는 바로 학생들의 신념을 극대화하는 것이다.

참여

교실 문화가 빈약해지는 가장 일반적인 이유는 김빠지는 수업이다. 그러므로 훌륭한 교사는 언제나 학생들이 몰두하고 빠져들 만한 것을 많이 주려고 노력한다. 이를 위해서는 수업이 학생들이 에너지를 쏟아붓고 다른 비생산적인 일을 할 생각이 들지 않을 만큼 흥미롭고 중요해 보여야 한다. 최고의 교사들은 학생들이 열정적으로 변해 가는 자신의 모습을 보았을 때 비로소 수업에 집중할 수 있다는 사실을 알고 있다. 때문에 단순히 과제를 끝마치는 행위 자체에 초점을 두지 않는다.

이 책에서 제안하는 기법들은 위의 다섯 가지 원칙을 다양하게 적용한 것으로, 모든 교실 문화의 기초가 되는 교실의 체계나 일상적인 틀을 갖추는 데 초점을 맞추고 있다. 이어지는 장에서 최고의 교사들이 이 다섯 가지 원칙을 어떻게 적용해 견고한 교실 문화를 확립하는지 알아보기로 하자.

10장
효율적인 체계와 일상 확립하기

최고의 교사는 학기가 시작되고 처음 몇 주 동안 지속적인 실천과 관리를 통해 학생들에게 구체적인 일상을 가르친다. 이때 교사가 가르치는 체계는 질서를 위한 질서가 아니라 학생들이 더 생산적이고 독립적으로 행동할 수 있게 하는 질서이다. 시간이 지나면 이러한 절차는 자동적이거나 일상적인 것으로 정착해 별다른 지시 없이도 학생들 스스로 실행할 수 있게 된다.

- 절차 : 학생들이 교실에서의 반복적인 임무나 행동을 효율적이고 생산적으로 실행할 수 있도록 교사가 세운 계획.
- 체계 : 교사가 최종 목표를 성취할 수 있도록 하는 관련 절차들의 네트워크.
- 일상 : 일부러 인지하지 않아도, 혹은 교사가 재촉하지 않아도 학생들의 자유 의지로 수행할 수 있게 된 절차나 체계.

TECHNIQUE 기법 45
교실 입구에서 학생을 반갑게 맞이하라

교실 입구에서 교사가 학생들을 반갑게 맞이하면 학생들은 하루를 시작하면서 무엇이든 올바르게 하려고 다짐하게 된다.

학기 첫날의 인상만 중요한 게 아닙니다. 매일의 첫인상도 중요하다. 그래서 최고의 교사들은 학생 한 명 한 명과 처음 상호작용하는 방법을 매우 신중하고 전략적으로 궁리한다.

학생이 교실에 들어설 때 어떻게 맞이하는가가 나머지 수업 시간 동안의 기대치와 분위기를 결정한다. 교실 입구에서 교사가 학생들을 반갑게 맞이하면, 학생들은 하루를 시작하면서 무엇이든 올바르게 하려고 다짐하게 된다.

일반적으로 처음 교실에 들어올 때 학생들은 교사와 눈을 마주치며 정중하고 다정한 인사를 한다. 이때 교사는 학생들을 교실로 맞아들이면서 간단한 대화를 통해 우호적인 관계를 형성할 수 있다. "데이비드, 지난 시간에 낸 숙제 정말 잘했어", "샤이나, 어제 저녁 경기 훌륭했어", "윌리엄스, 오늘 무슨 좋은 일이 있는 것 같은데?" 같은 인사말을 나누어라.

이따금 학생들이 들어오는 모습을 묘사하거나 그들에게 기대하는 바를 상기시켜 주면서 인사를 나눌 수도 있다. "오늘 우리 퀴즈 시험 볼 거야. 유인물 잘 준비해 왔나 확인해 보렴. 복습하는 데 도움이 될 거야." 학생이 힘없이 악수를 나눈다거나 단정치 못한 복장을 했다면 바로잡아 줄 수도 있다.

문 앞에 서 있을 때는 이미 교실로 들어온 학생들을 계속 시야에 담으면서 새로 들어오는 학생들과도 인사를 할 수 있도록 양쪽을 모두 볼 수 있는 위치를 잡아라. 교실에 들어온 학생들의 긍정적인 행동을 알아보고 말로 표현해라. "곧바로 수업 준비를 해줘서 고맙다, 아폰테." "잘했어, 자밀라. 책상 한쪽에 숙제를 놔두어서 고맙구나." 몇몇 학생이 기대치에 못 미치는 모습을 보이면 어떻게 해야 하는지 부드럽게 일깨워주는 게 좋다. "다른 사람이 지나갈 수 있게 의자를 안쪽으로 잘 당겨 앉으렴." "교실에 들어와서는 목소리를 낮춰야 해요."

이 기법을 통해 학생들은 자연스레 교사만의 특별한 어조와 교육 방식을 느낄 수 있다. 이는 사교적일 수도, 따뜻할 수도, 사무적일 수도 있다. 결과가 어떻든 이 기법으로 교사는 다음 두 가지를 성취할 수 있어야 한다. 첫째는 서로의 안부를 간단히 확인하는 행위를 통해 학생과 교사 간에 인간적인 관계를 만들어나가는 것이다. 둘째는 학생들에 대한 교사의 기대를 강화시키는 것이다.

문 앞에서 학생들을 맞이하는 게 불가능하다면(교사가 교실을 옮겨 다니며 수업을 한다거나 학교 정책상의 이유 때문에) 수업의 공식적인 시작을 의미하는 다른 방법을 사용해도 좋다. 이를테면 수업 시간마다 책상 사이를 돌아다니며 학생들에게 짧게 인사를 할 수도 있다. 방법이 어떻든 간에 핵심은 학생들이 교실을 여느 장소와 다르게 여기도록 하는 것이다.

기법 46 수업 시작 전부터 준비하게 하라

수업이 시작되기 전에 무엇을 어떻게 미리 갖추어야 하는지 정확하게 설명해 주고 효율적인 일상을 만들어갈 수 있게 해라.

학생들이 교실에 들어와 수업 전 준비활동을 하는 동안 어떤 교사는 이 시간을 완전히 사무적인 용무를 보는 데 사용한다. 학생들에게 나눠줄 유인물을 스테이플러로 찍고 수업 도구를 정리하고 준비활동 문제나 수업 목표를 칠판에 쓰거나 심지어 잠시 생각을 정리하기도 한다.

최고의 교사들은 학생들이 문을 지나 교실로 들어오자마자 수업이 시작된다는 것을 안다. 따라서 그들은 학생들이 교실에 들어와 수업 전 준비활동 문제를 풀고 교재를 준비하고 곧바로 수업의 핵심에 도달할 수 있도록 가장 효율적이고 올바른 계획을 세운다.

수업 시작 전부터 학생들을 준비시키는 이유는 다음의 세 가지이다.

- 교실 문화는 날마다 똑같지 않다. 처음 몇 분간이 전체 수업의 분위기를 결정한다. 그래서 최고의 교사들은 학생들에게 따뜻함과 열정을 전달함으로써 경쾌한 분위기로 수업을 시작할 준비를 한다.
- 교사가 수업을 활기차고 집중력 있게 시작하면 학생들도 규율과 긴장감, 효율성을 신경 쓰며 수업에 임한다. 느슨하고 힘없이 시작한 수업은 잃어버린 에너지를 되살리려고 애쓰다가 결국 제풀에 무너지기 십상이다.
- 학생들이 숙달해야 할 수준 높은 학습 내용을 효율적으로 예습하거나 복습하게끔 준비시킨다. 수업 시작 전부터 준비를 한다고 해서 꽉 짜인 절차와 효율성으로 무장해야 한다는 게 아니다. 이는 학생들이 학업 성취에 필요한 도구를 갖추고 곧바로 수업에 들어갈 수 있도록 준비를 갖춰놓는 것을 말한다.

종이 울린 직후 최고의 교실에 들어가 보면, 학생들이 수업을 시작하기 전 준비하는 일상이 크게 세 부분으로 나뉜다는 것을 알 수 있다.

1. 수업 전에 할 일을 구체적으로 정해주기

학생들이 교실에 들어와 자리에 앉아 효율적이고 생산적으로 수업을 준비할 수 있도록 구체적인 습관을 들여야 한다.

- 교사가 문 앞에 서서 유인물을 나눠주는 것보다 학생들이 직접 탁자에서 가져가게 하는 편이 더 효율적이다. 교사가 나눠주면 시간이 더 걸릴뿐더러 문 앞에서 학생들을 맞이하며 수업의 기대치를 형성하고 관계를 쌓는 데 집중하기가 어렵다.
- 학생들이 자기가 앉을 자리를 미리 알아야 한다. 자리를 찾아 서성거리고 어디 앉을지 결정하느라 우왕좌왕하며 시간과 에너지를 낭비

하지 않도록 해라.
- 숙제를 어디에 어떻게 제출할지 교사가 따로 말하지 않아도 매일 같은 방식으로 진행할 수 있어야 한다. 수업 전 준비활동 내용도 늘 같은 자리에 게시해야 한다. 칠판에 써두거나 유인물로 나눠줘라. 수업 목표와 내용, 다음 시간 숙제 등도 매일 똑같은 곳에 게시하도록 하자.
- 생산적인 행동은 긍정적인 말로 인정해 줘라. ("곧바로 준비활동을 시작해 줘서 고맙다, 제임스", "린지는 벌써 오늘의 목표를 받아 적고 있구나") 학생들이 절차에 익숙해질수록 교사는 말을 줄여야 한다. 교사가 거의 말할 필요가 없도록 수업 전에 할 일들을 일상으로 만드는 것을 목표로 삼자.

2. 수업 전 준비활동

수업 전 준비활동은 학생들이 수업 시간의 성취를 극대화하고 부지런한 습관을 기르며 이미 숙달한 기술을 더 능숙하게 가다듬을 수 있게 해준다. 사실 수업의 숨은 어려움 가운데 하나는 학생들이 이미 배운 것을 한동안 활용하지 않아 잊어버리고 마는 것이다.

학생들이 수업 전 준비활동 문제를 다 푼 후에는 그 결과물을 최대한으로 이용해야 한다. 수업 전 준비활동에 관한 자세한 내용은 5장을 참고하기 바란다.

3. 수업 전 준비활동 검토하기

최고의 교사들은 수업 전 준비활동을 실행한 후 검토 시간으로 활력 있게 넘어갈 수 있도록 세심한 계획을 세운다.

트로이 예비학교의 5학년 수학 교사 브리짓 맥엘더프는 학생들이 수업 전 준비활동 문제를 푸는 동안 타이머를 맞춰놓고 교실을 순회하며 관찰한다. 학생들에게 준 시간이 거의 끝나갈 무렵이면 교탁 쪽으로 움직인다. 마지막 몇 초를 남겨두고는 어느새 웃으며 교탁 앞에 서서 정확하게 지시를 내린다. "연필을 내려놓고 선생님을 보세요. 5, 4······." 짧은 카운트다운으로 다급한 느낌을 전달하면서 동시에 마지막 생각을 정리할 약간의 시간을 준다.

브리짓은 확신에 찬 표정으로 노련하게 교실 안을 훑어보며 카운트다운의 '1'에 도달한다. 학생들이 모두 교사를 바라보면 교사는 제대로 준비활동을 마친 점을 칭찬하자는 신호를 보낸다. 학생들은 교사의 신호에 맞춰 일제히 "허!"라고 외치며 책상을 내리친다. 그러면 교사는 재빨리 낮은 목소리로 무작위 호명 기법을 이용해 연달아 질문을 던지면서 방금 푼 수업 전 준비활동 문제를 검토한다.

검토 시간에 학생들은 모두 연필을 들고 맞은 문제에는 확인 표시를 하고 틀린 문제는 수정해야 한다. 흥미롭게도 브리짓은 이때도 타이머를 사용한다. 할당한 4분이 지나면 수업 전 준비활동 문제의 검토도 끝이 난다.

브리짓의 수업에서 우리가 참고할 만한 몇 가지 방법을 살펴보자.

셋, 둘, 하나, 시작! : 브리짓은 타이머를 활용해 수업 전 준비활동과 검토 시간 사이를 분명하게 구분한다. 교사가 카운트다운을 하는 소리를 들으면 학생들도 교사가 수업 전 준비활동을 몹시 중요하게 생각한다는 느낌을 받는다. 또 신호에 맞추어 일제히 책상을 때리는 동작을 통해 수업 전 준비활동과 검토 시간 사이의 선을 분명히 긋는다. 번개처럼 빠른 전환으로 활력 있고 깔끔하게 다음 활동으로 넘어간다.

책임지고 검토하게 하라 : 학생들이 검토 시간에 집중력을 유지하고 토론

과정을 적극적으로 따라올 수 있도록 브리짓은 손을 들어 답을 발표하게 하는 기법과 무작위 호명 기법을 번갈아 사용한다.

이렇게 학생들과 함께 문제를 검토하는 동안 타이머가 울리면 할당된 시간을 다 썼다는 뜻이므로 마지막 문제를 마무리하고 본 수업으로 넘어간다. 오늘 수업은 특히 재미있는 내용을 공부할 것이라고 말해 학생들의 기대감을 높이는 것도 잊지 않는다. 또 수업에 필요한 자료를 모두 담은 과제 꾸러미를 미리 나눠주었기 때문에 수업 전 준비활동과 검토까지 마치고 곧바로 수업을 시작할 수 있다.

검토 시간을 최대한 효율적으로 사용하기 위해 '쓴 글을 전체 학생에게 보여주게 하라'(기법 39)와 '제대로 이해했는지 학생들이 직접 보여주게 하라'(기법 5)를 활용할 수도 있다. 기법 5는 학생들이 내용을 얼마나 이해했는지 정보를 수집할 때 유용하다. 기법 39는 모범적인 사례이든 일반적인 실수이든 학생들이 다 함께 내용을 검토하며 교훈을 얻게 할 수 있다.

머리글자(두음)로 행동 규칙을 정하라

수업 시간에 바르게 앉기, 말하는 사람에게 집중하기 등 핵심적인 기본 자세의 첫 글자만 떼어내 일종의 규칙을 정한다.

이 기법은 학생들이 집중해서 교사의 말을 듣고 자신의 능력을 최대한 발휘할 수 있도록 하기 위한 것이다. 핵심 행동의 첫 글자, 즉 머리글자를 떼어내 일종의 규칙을 정하는데, 물론 이때 사용하는 표현은 학교나 교실마다 다를 수 있다. 예를 들어 다음과 같은 일반적 행동 수칙이 있다고 해보자.

- 바르게 앉기
- 경청하기
- 질문에 답하기
- 고개 끄덕이기

- 말하는 사람에게 시선 주기
- 주변 사람 존중하기

어떤 학교에서는 이를 '바경질(바르게 앉아 경청하며 질문에 대답하기)'이라고 부를 테고, '고말주(고개를 끄덕이며 말하는 사람에게 시선을 주고 주변 사람을 존중하기)'라고 부르는 학교도 있을 것이다.

이렇게 머리글자를 사용하면 실생활에 적용하기가 쉽다. 가령 "바경질고말주!"라고 말해 재빨리 수업 준비를 시키는 것이다. 이런 방식은 학생들이 수업에 보다 집중하게 만든다. 물론 경우에 따라서는 일부만 적용해도 된다. 최고의 교사들이 가르치는 교실에서 학생들은 이처럼 정해진 표현을 하나의 명사처럼 기억한다.

또 학생들의 행동이 흐트러졌을 때 굳이 긴말하지 않고 "바경질 확인하세요"라고만 말해도 기대치를 일깨워 학생들 스스로 자세를 교정할 수 있게 해주기 때문에 훨씬 더 긍정적인 분위기를 형성한다.

효율성을 꾀하라

교실에서의 핵심 임무를 가장 빠르고 간단하게 실행할 절차를 알려주고 그것이 일상이 될 수 있게 연습시켜라.

교사라면 누구나 학생들이 머리말 채우기, 본문에 표시하기, 숙제 제출하기 등 반복되는 임무를 완수할 방법을 절차로 만들어 가르쳐준다. 효율적으로 계획된 절차는 교사의 가장 소중한 자원인 시간을 지켜주기 때문이다. 또한 학생들이 일일이 지시 사항을 듣지 않고도 해야 할 일을 다 하면 교사는 더 중요한 다른 것들을 가르치는 데 에너지를 쏟을 수 있다.

최고의 교사들이 절차를 마련하는 방법을 살펴보기로 하자.

1. 단순하게 하라

교사는 학생들이 핵심 임무를 완수할 가장 단순한 방법을 가르쳐야 한다. 질서의 일차적인 목표는 학습이므로 가장 단순한 절차가 최선의 절차이다.

기존 절차에 뭔가를 추가해도 될지 확신이 서지 않는다면 스스로에게 물어봐라. 이 추가 과정은 학생들이 임무를 완수하는 데 도움이 될 것인가? 학생들이 학기 내내 임무를 수행할 때마다 이 추가 과정도 실행하는 게 바람직한가? 시간과 생산성 중 무엇이 더 중요한가? 단계를 하나씩 추가할 때마다 위 질문에 스스로 답해 보고 그에 맞게 과정을 추가하거나 덜어내라. 하나의 절차를 구체적인 개별 단계로 쪼개면 교사도 학생도 기억하고 실행하기가 더 쉬워진다.

2. 빠르게 하라

어떤 일이든 가장 빨리 할 수 있는 방법을 가르쳐주고 수업 시간을 최대한 활용해라. 하루에 단 몇 초씩만 아껴도 장기간에 걸쳐 꽤 많은 시간을 절약할 수 있다.

학생들에게 가능하면 빨리 임무를 완수하도록 도전 과제를 주고 속도에 집중하며 절차를 실행하게 해라. 스톱워치로 진행 과정을 측정하며 점점 더 빠른 시간 안에 절차를 실행할 수 있도록 계속해서 도전하려는 의식을 학생들에게 심어줘라. "어제는 이 활동을 16초 만에 했어요. 오늘은 12초 만에 해보자!"

이때 중요한 점은 빠른 동시에 '올바르게' 해야 한다는 것이다. 대충 하면서 빨리 하느니 느리더라도 정확하게 하는 방법을 꾸준히 실천하는 게 좋다. 일단 정확히 할 수 있게 되면 속도는 점점 빨라질 것이다.

3. 말을 적게 하라

절차를 세울 때는 실행을 관리하는 말을 적게 할수록 좋다. 교사가 지시를 너무 많이 내리면 학생들이 자율적으로 실행하는 법을 내재화하지 못한다.

게다가 교사가 학생들에게 힌트를 준다거나 일깨워주기 위한 말을 너무 많이 하면 교사의 도움 없이 학생들 스스로 절차를 성공적으로 완수했을 때 찾아올 만족감이 줄어든다. 교사가 말을 적게 할수록 학생들의 독립심과 주인의식이 커진다.

절차의 각 단계마다 효율성과 명확성을 보장해 줄 발언을 미리 계획해 두자. 일관성 있는 언어를 사용하고 장황한 수식은 피해라. 시간이 지날수록 말을 줄이고 꼭 필요할 때만 학생들이 참고로 삼을 수 있는 비언어적 신호를 사용하자. 학생들이 준비된 것처럼 보이면 신호도 없애라. 그냥 학생들이 교사의 도움을 필요로 할 때만 개입해 절차를 강화해라.

4. 세부 사항까지 계획하라

최고의 교사들은 매 단계마다 교사와 학생이 각각 무엇을 할 것인지 세밀하게 계획한다.

노스스타 아카데미의 로라 편은 발음 연습과 읽기 활동 사이의 빠른 전환을 일련의 절차로 만들었다. 15초간의 발음 연습을 마친 학생들은 읽기 활동의 시작을 알리는 노래를 부르며 의자 밑에서 책을 꺼내 정확한 페이지를 펼쳤고, 올바른 자세를 갖추고 자리에 앉아 다음 활동을 기다렸다. 이 모든 과정이 교사의 도움 없이 이루어졌다.

이러한 빠른 전환은 교사의 세밀한 계획 덕분이었다. 로라는 일단 학생들이 쉽고 빠르게 책을 찾을 수 있도록 미리 의자 밑에 두게 했다. 그러면 교사가 일일이 교재를 나눠줄 때 발생하는 거래비용을 없앨 수 있다.

또 학생들이 준비하는 동안 교사도 책을 꺼낼 수 있게 자신의 책도 의자 밑에 넣어두었다. 게다가 접착식 메모지를 이용해 모두의 책에 읽어야 할 페이지를 표시해 두었기에 책을 뒤적이는 데 드는 시간과 노력을 없앨 수 있었다. 또한 타이머도 미리 손 닿는 곳에 두었다.

행동 외에 학업도 일상화할 필요가 있다

교실의 체계와 일상을 바로잡는다는 것은 단지 질서 있게 자리를 옮기고 숙제를 제출하는 등 행동과 관계된 임무만 대상으로 삼지 않는다. 반복적으로 발생하는 학업 관련 임무 역시 일상화할 필요가 있다. 예를 들어 본문에 주석을 달거나 표시하기를 일상화한다면 학업에 어떤 힘이 생길까?

교사는 학생들에게 "책을 읽을 때마다 손에 연필을 쥐고 있다가 중요한 부분에 밑줄을 치고 모르는 단어에는 동그라미를 치고 중요한 장면은 여백에 요약해 적으세요"라고 말해야 한다. 그러고 나서 굳이 지시하지 않아도 늘 이렇게 할 수 있게 연습을 시켜라.

날마다 훈련을 하다 보면 어느 순간에는 "5분 동안 책을 읽고 본문에 주석을 달아보세요. 시작"이라고만 말하면 된다. 더 이상의 설명이나 논의 없이도 핵심적인 학업 임무가 진행되는 것이다. 일단 체계가 잡히면 실행이 점점 쉬워지는 선순환이 일어난다.

절차에서 일상까지 전략적으로 투자하라

> 뛰어난 수준으로 해내는 것이 습관이 될 때까지 연습과 강화를 통해 절차를 일상으로 발전시켜 나가라. 핵심 절차를 일상화하려면 명확한 설명과 일관성, 무엇보다도 인내심이 필요하다.

일단 처음에 무엇을 해야 하는지 분명하게 설명하고 지속적으로 그것을 강화하면 학생들에게 훌륭한 습관을 길러줄 수 있다. 최고의 교사들은 이 과정의 중요성을 알기에 어떤 절차를 확립하려고 할 때 기초 작업에 전략적으로 투자한다.

그들은 핵심 절차를 일상화하려면 명확한 설명과 일관성, 그리고 무엇보다도 인내심이 필요하다는 것을 안다. 기초에 대한 투자를 미룰수록 학생들의 나쁜 습관은 더 단단히 굳어지게 마련이고, 한번 굳어버린 습관을 바꾸기란 매우 어렵다.

절차를 일상화하는 과정은 다음의 4단계로 요약할 수 있다.

1. 단계에 번호를 붙여라

어떤 일을 올바르게 하는 절차를 결정하면 일단 학생들이 그 절차를 내재화할 수 있도록 하나의 형식으로 만들어야 한다. 이때 세분화된 각각의 단계에 번호를 붙이면 편리하다. 예를 들어 3학년 학생들에게 의자에서 일어나 다 함께 바닥에 앉아 책을 읽을 수 있는 자리로 이동하는 법을 가르친다고 해보자.

먼저 "선생님이 '하나'라고 말하면 일어나서 의자를 책상 밑으로 밀어 넣어요. '둘'이라고 하면 문을 향해 돌아서세요. '셋'이라고 말하면 맨 앞사람을 따라 줄 서는 자리로 가세요"라고 가르쳐준다.

그런 다음에는 하나 둘 셋만 불러도 학생들이 각각의 단계를 실행할 수 있게 연습을 시킨다. 나중에 학생들이 이 절차에 완전히 익숙해지면 번호도 생략하고 "선생님이 '출발'이라고 하면 줄을 서세요"라고 말하면 된다.

2. 본보기를 보여주고 설명하라

학생들을 가르칠 때는 본보기를 보여주며 동시에 설명하는 게 필수적이다. 아무런 설명 없이 본보기만 보여주면 학생들은 교사의 시범에서 무엇을 배워야 할지 몰라 혼란스러워 한다. 본보기를 보여주지 않고 말로만 절차를 설명하면 배우는 데 시간이 훨씬 더 오래 걸린다.

줄리애너 워렐 교사는 학년 첫날 학생들에게 질문에 대답하기 위해 손을 드는 법을 가르치며 다음과 같이 말하고 행동했다.

"할 말이 있으면 반듯하게 손을 들어요. 손이 반듯하게 수직으로 보여야 해요." 교사는 오른팔을 반듯하게 들고 왼손으로 자기 오른팔을 가리키며 강조했다. "이때 공중에서 팔을 흔들면 안 돼요. 위아래로 반듯하게 팔이 보이도록 드는 거예요. 자, 선생님이 손을 내렸다가 다시 보여줄게요." 교사는 손을 내렸다가 다시 반듯하게 수직으로 들어 보였다. "확실하게 하는 거예요!"

이 절차를 가르치는 동안 줄리애너가 특히 뛰어났던 부분은 다음의 세 가지이다.

- 첫째, 절차에 '반듯하게 손 들기'라는 이름을 붙이고 어린 학생들이 잘 기억할 수 있도록 반복해 말했다. 또 학생들이 자세히 관찰할 수 있게 교실 안을 돌아다니며 시연해 보였다.
- 둘째, 학생들이 손을 들 때 흔히 저지르는 실수를 정확히 예측하고 본보기를 보여주었다.
- 셋째, '반듯하게 손 들기'의 모범 사례를 다시 보여주면서 학생들의 마음속에 성공적인 이미지를 각인시키고 스스로 연습해 보게 했다.

3. 가상 연습을 하라

어떤 절차에 숙달하려면 충분한 연습뿐만 아니라 시기적절한 피드백도 필요하다. 연습을 하되 아무런 피드백도 받지 못한다면 틀린 연습을 되풀이할 수도 있다. 이때 중요한 것이 가상 연습이다. 최고의 교사들은 다음과 같은 가상 연습을 통해 이러한 어려움을 해결한다.

개별 단계를 따로 연습한다 : 절차 중 한 단계만 골라 제대로 할 때까지 반복해서 연습한다. 그러면 막상 실행할 때 속도가 빨라지거나 앞뒤 단계와 매끄럽게 연결할 수 있다.

전략적으로 단순화하라 : 효과적인 실행을 위해 학생들의 주의를 분산할 수 있는 요소를 제거한다. 예를 들어 처음 몇 번은 실제 책 없이 전환하는 연습을 해보거나, 실제 미술용품 없이 도구를 치우는 연습을 하는 것이다.

실수하는 척한다 : 실수가 발생했을 때의 대응법을 알려주기 위해 일부러 흔히 일어나는 실수를 재현해 본다. "다들 오른쪽으로 가는데 너만 왼쪽으로 가면 어떻게 될까? 우리 한번 실제로 해보고 문제를 해결하자."

4. 학생들에게 주인의식을 넘겨라

학생들이 배운 대로 올바르게 절차를 완수할 수 있게 되면 최고의 교사들은 책임감의 바통을 학생들에게 넘겨준다. 그러면 학생들은 교실 안의 체계와 일상에 대해 성취감과 독립심, 주인의식을 느낄 수 있다.

절차와 일상을 재정립하려면 :
전혀 하지 않는 것보다는 늦게라도 하는 게 낫다

절차와 일상은 한 학기가 시작될 때 확립하는 편이 가장 좋지만, 도중에 새로운 절차나 체계를 마련해야 할 때도 있다. 학기를 시작하고 몇 달이 지났는데 갑자기 새로운 절차를 확립해야 할 필요가 생길 수도 있다. 혹은 교사가 학기 도중에 부임해 오는 일도 있다. 이렇게 '리셋'이 필요한 교실은 완전히 새로운 체계를 습득하거나 기존의 체계를 변형시켜야 한다. 원만한 '리셋'을 이루기 위해서는 다음의 사항들에 유의해야 한다.

- 새로운 구실을 만들어 목표와 연관 지어라.
- 방학이나 긴 연휴 후에 리셋해라.
- 투명성이 있어야 한다. 리셋을 하려는 이유를 분명하고 간략하게 설명해라.
- 우수한 학생들에게 새로 도입하려는 절차의 본보기를 보이고 설명하게 해라.
- 정확하게 칭찬해라. 기대를 뛰어넘는 성취를 거둔 학생은 칭찬해라. 리셋

> 이 어떤 벌이나 꾸지람이 아니라 높은 기대치도 충족시킬 수 있다는 믿음의 표현임을 보여줘라.

공개적으로 칭찬하라

이상의 세부 단계를 실행하는 과정에서 유독 뛰어난 성취를 보이거나 미덕의 모범을 보인 학생은 공개적으로 칭찬해 주는 게 좋다. 또 학생들끼리 큰 소리로 서로를 칭찬하게 함으로써 성취를 위해 노력하려는 마음을 북돋아줄 수 있다. 이때 교사는 학생들이 빠르고 열정적이며 깔끔하고 공개적인 칭찬을 할 수 있도록 처음부터 시간을 투자해 가르쳐야 한다.

다음은 공개적인 칭찬이 효과를 발휘하도록 하기 위해 유념해야 할 원칙이다.

빠르게 한다 : 1초 안에 칭찬 신호를 보낼 수 있어야 한다. 또 활기차게 시작했으나 점점 흐지부지해지는 칭찬보다 맥 빠지는 것도 없다. 제대로 할 수 있을 때까지 반복해서 연습을 시켜라.

소리나 리듬을 활용하라 : 공개적인 칭찬은 동작과 소리, 특히 두드리는 소리를 동반할 때 강력하다. 말을 많이 사용하지 않는 칭찬이 덜 질리게 마련이다.

모든 학생을 참여시켜라 : 공개적인 칭찬을 할 때는 모두가 참여하는 게 좋다. 교사가 이러한 기대치를 설정하고 강화해야 한다.

열정적으로 하라 : 칭찬을 주고받는 분위기가 활기차고 생생해야 한다. 열심히 공부하다가 잠시 쉰다는 느낌을 받을 수 있도록 짧고 재미있어야 한다. 공개적인 칭찬은 문장이 아니라 감탄사에 가까운 형태가 바람직하다.

스스로 참여하게 하라 : 학생들이 직접 공개적인 칭찬의 아이디어를 내고 발전시킬 수 있게 해라. 학생들은 지속적으로 신선하고 재미있는 생각을 떠올릴 테고 스스로 창조한 체계인 만큼 더 열정적으로 참여할 것이다.

TECHNIQUE 기법 50
다시 하게 하라

똑바로 줄 서기, 조용히 교실에 들어오기 등 기본적인 행동을 완벽하게 할 때까지 반복시키는 이 기법은, 연습을 통해 스스로 향상될 수 있다는 생각을 학생들에게 심어준다.

더 많이 연습하면 더 많이 향상된다. 따라서 학생들에게 연습할 기회를 많이 줄수록 그만큼 완벽한 수행을 기대할 수 있다. 이것이 '다시 하게 하라' 기법의 기본 개념이다. 학생들이 완벽하게 할 때까지 한 번 더 노력하게 함으로써 반복과 실천의 힘을 이용해 강력한 교실 문화와 규율을 세울 수 있다.

이 기법이 특히 효과적인 이유는 다음과 같다.

- 교사의 피드백이 더 큰 효과를 발휘하도록 해준다. 최근의 행동과학 연구들에 따르면 어떤 행동과 피드백 사이의 시간 간격이 짧을수록 행동을 바꾸는 데 훨씬 더 효과적이다. 예를 들어 몇몇 학생들이 무

질서하게 교실로 들어왔다고 해보자. 이때 교사가 곧바로 가볍게 꾸짖는 것과 점심시간에 놀지 못하도록 벌을 주는 것 가운데 행동을 변화시킬 가능성이 훨씬 낮은 쪽은 후자이다.

- 이 기법은 학생들이 잘못했을 때뿐만 아니라 일정 수준에 도달한 학생들이 더 잘하도록 격려할 때도 적용할 수 있다. "잘했어. 하지만 난 네가 더 잘할 수 있다고 생각해"라고 말하며 다시 하게 하는 것이다.
- 이 기법에는 채워 넣어야 할 서류 형식도, 학부모의 요구 사항도, 관리자에게 보고할 의무도 없다. 단지 교사 스스로 자신이 세운 목표에 도달하면 된다. 학교 차원의 보상 체계나 기타 정책들과 무관하기 때문에, 자율적이고 독립적이며 어느 교실에서나 활용할 수 있다.
- 이 기법은 집단의 성취를 이끌어내는 데 특히 효과적이다. 이를테면 줄을 설 때 한두 학생이 잡담을 하는 바람에 모든 학생이 다시 줄을 맞춰야 하는 상황에 처했다고 생각해 보자. 이 경우에는 집단 전체가 개별 학생의 행동에 대해 책임을 지게 된다. 이 같은 경험을 통해 학생들은 교사뿐 아니라 또래에게도 책임감을 느끼고 바람직하게 행동하려고 노력한다.
- 또한 이 기법은 성공으로 끝을 맺는다는 점에서 바람직하다. 어떤 일에 대한 최종 기억은 사람의 지각에 큰 영향을 끼친다. 이 기법에서 학생들이 수행해야 하는 마지막 임무는 일정한 순서에 따라 스스로 할 일을 당장 하는 것뿐이다. 성공할 때까지 반복해야 하지만 성공하기가 어렵지는 않다.
- 이 기법은 여러 번 실행할 수 있다. 10분 후에 똑같은 동작을 다시 하게 해도 무방하다. 교사가 학생들에게 똑같은 동작을 3번 정도 반복시키고 나서도 "나는 여전히 우리가 더 잘 해낼 수 있다고 생각해. 다시 해보자"라는 식의 긍정적인 태도를 보여줄 수 있다. 여기에 스

톱워치를 더하면 이 기법이 훨씬 더 강력해진다.

이와 같은 이점을 고려해 보면 최고의 교사들이 '다시 하게 하라' 기법을 자주 사용한다는 사실이 전혀 놀랍지 않다. 그러나 이 기법은 잘하는 것에 초점을 맞추어 긍정의 힘을 이끌어낼 때 가장 좋다. 훌륭한 교실에서는 "좋다", "잘한다", "최고로 잘한다"와 같은 말이 끊임없이 들려온다. 이 기법의 목표는 학생들이 교사의 지시를 따라 그저 무언가를 하는 게 아니라 매우 잘하게 만드는 것이다. 아주 사소한 것조차 말이다.

또한 이 기법은 무언가를 잘하기 위해 최선을 다하는 자신의 모습을 분명하게 보여준다는 점에서 학생들의 도전 의식을 북돋는 효과가 있다. "줄 서기를 다시 해봅시다. 이번에는 우리 반이 어떻게 이 학교에서 최고의 학급이 되었는지 증명해 보세요"라고 말하는 편이 "여러분, 지금은 너무 엉성하니 정확하게 할 때까지 반복할 거예요"라고 말하는 것보다 낫다.

결론

체계와 규율이 자유와 자율을 가져온다고 말하면 왠지 모순처럼 들릴 것이다. 그러나 실제로 교실 체계가 자연스럽고 일상적인 것이 될수록 학생들은 더 큰 자유를 느낀다.

도로 규칙은 운전자의 자유를 제한하려고 만든 게 아니라 운전자가 안전하고 자유롭게 다닐 수 있도록 하려고 만든 것이다. 그래야 자동차끼리 서로 부딪치지 않고 교통의 흐름도 원활해진다. 모두가 일반적으로 받아들이는 도로 규칙을 누군가가 무시하고 제멋대로 다닌다면 당연히 끔찍한 결과가 벌어질 것이다. 교실의 규칙도 마찬가지이다.

이어지는 11장에서는 최고의 교실에서 명백하게 행동의 기대치를 정하고 개선하기 위한 전략들에 관해 알아볼 것이다.

11장

수업을 위한 질서와 규칙을 100퍼센트 따르게 하기

교실 안에서 상호 존중의 분위기와 질서를 확립해 모든 학생들의 학습권을 보호하는 것은 교사의 책무이다. 그러나 많은 이들이 방해받지 않고 탐구할 수 있는 환경이 자연스럽게 형성된다고 오해한다. 또 학생들의 침묵을 강제하는 행위는 발언권을 뺏는 것이라고 생각하기도 한다. 그러나 바람직한 수업 환경을 조성하기 위해서는 학생들을 강제해야 할 때가 있다.

면학 분위기를 중시하는 교실을 만들려면 질서를 세워야 한다. 학생들은 누구나 학업을 우선으로 존중하며 긍정적인 질서가 잡히고 효율적인 문화가 자리 잡은 학교에 다닐 권리가 있다.

💡 기법들을 살펴보기에 앞서

면학 분위기 확립을 위한 질서 세우기

면학 분위기가 잘 갖추어진 교실에서 질서는 동전의 양면과도 같다. 질서를 위한 질서를 강조하거나, 엄격한 학업 풍토 없이 높은 행동상의 기대치만 요구하는 교실은 빈 껍질과 같다. 질서를 유지하는 데 너무 집중하다 보면 애초의 목적을 잃어버릴 수 있다. 질서정연하게 줄 서는 법을 가르쳐 놓으면 계속 줄을 세워두고 싶은 유혹을 느낄 수도 있다.

그러나 교실의 질서는 엄격한 학업 풍토를 이루기 위해 반드시 필요한 것이다. 학생들은 급우가 존중받는 분위기 속에서 질문에 대답할 수 있도록 조용히 해야 한다. 배움을 극대화하기 위해서는 가야 할 곳으로 빨리 갈 수 있게끔 줄을 서야 한다.

그러므로 다음 두 가지를 모두 명심하는 게 좋다. 첫째, 행동에 대한 기대치가 높지 않으면 엄격한 학업도 없다는 것. 둘째, 질서는 목적이 아니라 수단이라는 것.

물론 우리의 목표는 가능하면 수업을 방해하지 않도록 단순하면서도 효율적으로 학생들의 행동에 대한 기대치를 설정하고 유지하는 것이다. 효율적으로 질서를 확립하고 긍정적인 교실 문화를 이루기 위한 기법들은 지속적으로 연구할 가치가 있다. 매우 기술적이고 세밀한 기법들이지만 때로는 마법 같은 결과를 가져오기도 한다.

100퍼센트 기법

최고의 교사는 학생들을 100퍼센트 장악한다. 100퍼센트의 학생들이 100퍼센트의 시간에 100퍼센트 교사의 지도를 따르기를 기대한다. 최고의 교사는 예외적인 상황에서도 다른 교사보다 일찍 개입해 적절히 대처한다. 어찌나 섬세한 방식으로 상황에 개입하는지 수업의 흐름을 무너뜨리는 일도 없다.

이들이 사용하는 기법은 단순하면서도 강력한 힘을 지닌다. 이 장에서 소개할 100퍼센트 기법들은 교실 안의 질서와 문화를 확립하기 위한 크고 작은 실천들이다.

TECHNIQUE
기법 51

언제나 학생을 보고 있음을 알려라

비생산적인 행동을 간파하는 능력을 키우고 학생들에게도 교사가 늘 보고 있음을 일깨워줌으로써 비생산적인 행동을 예방해라.

학생들의 비생산적인 행동을 막으려면 우선 그 행동이 일어날 때마다 마치 레이더처럼 훑어볼 수 있어야 한다. 우리가 어렸을 때는 선생님이 우리의 일거수일투족을 모두 보고 있다고 생각했다. 정말로 선생님은 "뒤통수에도 눈이 달렸다"라고 말했고 우리도 선생님이 시키는 대로 행동했다.

또 어떤 선생님은 학생들을 별로 주의 깊게 지켜보는 편이 아니라 그 시간이면 종종 과감하게 행동하기도 했다. 그런 교실은 학업에 대한 책임감도 부족했고 또 친구들 사이에 누가 더 장난을 많이 칠 수 있는지 은근히 경쟁하는 분위기도 있었다.

무질서한 행동은 일단 시작되면 걷잡을 수 없이 번질 우려가 있으므로

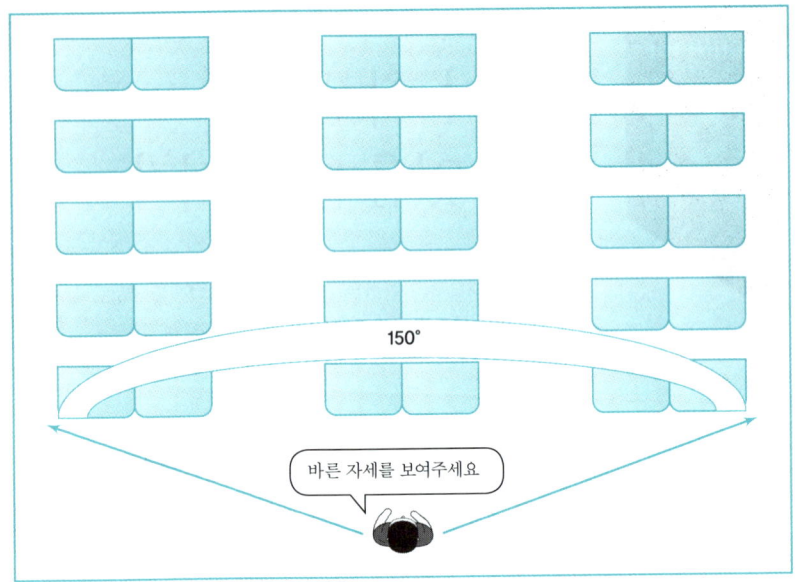

a. 일반적인 교사의 위치

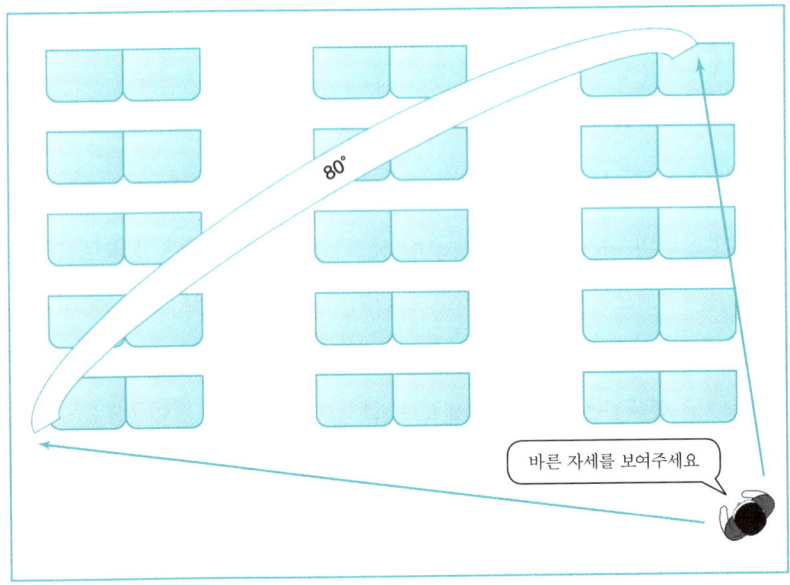

b. 패스토어 교사의 위치

최고의 교사라면 교실에서 무슨 일이 일어나는지 늘 볼 수 있어야 한다.

일단 교실을 레이더처럼 훑어보려면 회전이 중요하다. 패트릭 패스토어나 레이철 킹 같은 최고의 교사들이 수업을 하는 모습을 보면 규칙적으로 교실을 훑어보는 습관이 배어 있음을 알 수 있다. 이들은 몇 분에 한 번씩 핵심 지시 사항을 전달하고 나면 의식적으로 교실 전체를 훑어본다.

패트릭과 레이철 같은 교사들은 교실을 훑어볼 때 구석 자리에 선다. 이렇게 하면 약간의 변화를 통해 새로운 각도에서 교실을 더욱 분명하게 살펴볼 수 있다. 교실 앞쪽에 서서 교실을 훑어보려면 약 150도의 각도를 몸을 틀어가며 봐야 한다(a). 그러나 구석 자리로 가면 전체 교실을 훑어보는 데 80도의 시야로 충분하다(b).

학생을 보고 있음을 보여줘라

메이슨 교사는 돌멩이 표본과 저울을 가지고 과학 수업을 하고 있다. 학생들은 일련의 단계에 따라 돌멩이의 부피와 질량을 측정해야 한다. 100퍼센트 생산적인 행동이 특히 중요한 수업이다. 만약 학생들이 탁자에서 표본을 떨어뜨리고 저울을 가지고 장난을 치기 시작한다면 수업 분위기가 빠른 속도로 붕괴될 수 있다.

"1번 표시가 된 돌멩이 표본을 찾아 앞에 놓으세요." 교사는 학생들에게 지시하면서 곧바로 아래를 내려다보고 노트를 두 번 점검한 다음 시계를 흘낏 보며 시간을 어떻게 할당할지 생각한다. 그러나 몇몇 학생들은 교사가 1번 돌멩이 표본을 앞에 놓는지 여부를 확인하지 않는다는 사실을 간파했다.

이때 교사가 학생들에게 지시 사항을 전달하고 곧바로 잠깐 고개를 들어 왼쪽에서 오른쪽으로 1~2초 동안 교실을 훑어봤다고 해보자. 이렇게 지시를 내린 후 몇 초 동안 학생들이 지시 사항을 잘 따르는지, 맹점은 없는지 철저히 점검하고 나서 고개를 숙여 노트를 볼 수도 있다.

교사가 지시 사항을 전달하고 나서 아무 행동도 취하지 않으면 학생들이 교사의 지시를 따르는지 어쩌는지 모르거나 신경 쓰지 않는 것처럼 보일 수 있다.

반대로 학생들의 지시 수행 여부에 교사가 신경을 쓰고 있음을 보여준다면 이는 학생들에게 매우 강력한 장려책이 된다.

기법 52 눈으로 확인할 수 있는 지시를 내려라

학생들이 교사의 지시를 즉시 눈에 보이게 따르도록 해라. 그만큼 학생들에게 어떤 지시를 내릴지 신중하게 생각해라.

눈에 잘 보이는 행동을 시켜야 학생들이 교사의 지시를 따르는지 제대로 확인할 수 있고 학생들도 스스로 옳게 하는지 분명하게 알 수 있다.

눈에 보이는 지시 사항을 내려라

교사는 레이더처럼 교실 안을 훑어봄으로써 교사가 보고 있음을 알리고, 눈에 보이는 리셋으로 교실을 통제할 수 있다. 교실 안의 질서가 흩어지려 할 때 학생들의 주의를 환기하고 질서를 회복할 방법을 생각해 보자.

- 관찰할 수 있는 지시 사항을 전달한다.

- 학생들이 교사의 지시를 따르는지 의도적이고 전략적으로 교실을 점검한다.
- 교탁 앞이 아닌 구석에서 교실 전체를 훑어본다.
- 교사가 지시한 것을 곧바로 따른 학생을 두 명 정도 언급하면서 인정해 준다. 상황이 그리 낙관적이지 않다면 적어도 한 명의 학생을 교정하거나 개선해라.

리셋을 눈에 보이는 형태로 사용하면 매우 효과적이다. 그러나 때로는 이 방법을 써도 교실의 질서가 회복되지 않을 때가 있다. 그럴 경우에는 지시의 강도를 높여야 한다. 학생들의 주의를 환기하고자 한다면 "선생님을 보세요"라고만 말하기보다 "연필을 내려놓고 선생님을 보세요"라고 말해라. 이 경우 학생들은 새로운 지시 사항에 포함된 책임감의 강도가 올라갔다는 것을 감지한다. 그러면 지시 사항을 분명히 따라야 한다는 생각이 더 강해지고 질서도 빠르게 회복된다.

볼 수 있어야 관리할 수 있다. 눈으로 확인할 수 있는 지시 사항을 내릴 때 학생들이 따를 가능성이 커지고 교사도 관리 감독하기가 더 쉬워진다. 즉 "책 꺼내" 대신 "책을 꺼내 앞에 펼쳐놓자"라고 하고 "글쓰기를 하고 있어야지" 대신 "연필이 움직이는 게 보여야 한다"라고 하는 것이 좋다.

한편 학생들은 교사의 지시를 따를 때 자신들이 할 수 있는 최소한만 하려는 경향이 있다. 암묵적으로 "이 정도면 될까요?" 혹은 "이 정도면 만족해요?"라고 묻는 것이다. 이때 눈에 보이는 지시 사항을 분명히 전달한다면 기대치의 최저한도를 높일 수 있다. 예를 들어 교사가 손을 반듯하게 위로 들라고 했을 때 학생이 손을 반쯤 들고 속으로 "이 정도면 돼요?"라고 묻는 경우가 없도록 미리 기대치를 강화해야 한다. 지시를 내릴 때는 분명한 기준을 제시하고 일관성 있게 그 기준을 유지해라.

TECHNIQUE 기법 53 최소한으로 개입하라

수업에서 벗어난 학생들을 최소한의 개입으로 교정함으로써 수업 시간을 극대화하고 '사건 발생'을 최소화해라.

교사의 목표는 수업을 원만하게 진행할 수 있도록 100퍼센트의 집중과 순응을 확보하는 것이지만, 학생들의 순응을 목표로 지속적인 개입을 하다 보면 오히려 수업을 하기가 거의 불가능해지고 마는 모순이 발생한다. 모든 학생을 수업에 참여시키려다 오히려 수업에 소홀해지고 결국 모두가 수업에 참여하지 못할 수도 있다. 심지어는 교사가 한 학생을 교정하는 동안 다른 학생들이 딴전을 피우기도 하는데, 그러다 보면 수업을 재개했을 때 더 많은 학생이 수업에서 벗어나 있는 결과를 낳기도 한다.

최고의 교사는 수업 외적인 것에 눈을 돌리는 학생에게 개입하되 교정하는 과정이 거의 눈에 띄지 않도록 하고, 보다 중요하게는 수업을 끊김 없이 진행하면서 교정을 병행한다. 학생의 사생활을 보호하면서도 침착하고 꾸준하게 개입하고, 되도록 빨리 개입함으로써 나머지 학생들에게 생생한 수업을 전달할 수 있도록 한다.

최소한으로 개입하면서도 100퍼센트에 도달하도록 학생의 행동을 교정하는 여섯 가지 방법을 수업에 대한 침해 정도가 가장 낮은 것부터 순서대로 살펴보자.

1. 비언어적 개입하기

수업에 집중하지 않는 학생들에게 시선을 보내라. 사실 대개의 경우 수업이 중단되는 것은 학생보다는 교사 때문이다. 그러므로 시선을 보내는 것과 같은 비언어적 개입을 통해 수업이 궤도를 벗어나지 않게 조정해야 한다.

비언어적인 개입이 수업을 방해해서는 안 된다. 교사는 계속 가르치고 움직이면서 수업의 흐름 속에서 문제 행동을 교정해야 한다. 나는 최근 한 교실에서 교사가 수업에서 벗어난 학생의 행동을 비언어적인 개입으로 교정하는 모습을 보았다. 교사는 진행 중이던 토론을 중단시키고 학생들이 모두 지켜보는 가운데 문제 행동을 한 학생에게 다가갔다. 그리고 자세를 바르게 하라는 신호를 주고 학생이 지시를 따르는지 가만 지켜보았다. 그 동안 수업은 중단된 상태였고 교사와 나머지 학생들은 모두 그 학생을 바라보고 있었다. 개입 방식은 비언어적이었지만 성공적이지는 않았다.

덧붙이자면 비언어적 개입은 일정한 범위 안에서 실행할 때 가장 효과적이다. 수업을 벗어나는 특정 행동을 한두 가지 선택해 그 행동을 교정하기 위한 개입의 신호를 만드는 게 좋다. 약속된 신호를 통해 수업을 중단하지 않고도 비언어적 개입이 가능하게 해라.

2. 긍정적 방식으로 집단 교정하기

비언어적 개입보다는 침해 정도가 높지만, 여전히 침해가 덜한 교정 방법이다. 전체 학생에게 해야 할 일과 하지 말아야 할 일을 빠르게 상기시켜 줌으로써, 비언어적 개입과 마찬가지로 수업에서 벗어난 행동을 빨리 잡아내기에 좋다.

여기서 긍정적이라는 말은 이 개입 방법을 사용할 때 언제나 부정적인 문제를 지적하기보다 긍정적인 해결책을 제시해야 한다는 뜻이다. 또 집단이라는 말은 특정 학생이 아닌 전체 학급을 대상으로 한다는 의미이다. 최소한의 침해를 목적으로 하므로 이 교정은 매우 간결하고 경제적인 언어를 사용해야 한다. 예를 들어 "자세가 바른지 확인하세요"라고 짧게 말하고 다시 수업으로 돌아가는 식이다. 특정 학생에게 책임을 상기시키고 싶다면 이 방법과 더불어 비언어적 개입도 사용할 수 있다. "다들 책을 읽고 있어야 해요"라고 말하면서 문제 행동을 한 학생과 눈을 마주치고 고개를 살짝 흔들어 보이는 것으로 충분하다.

3. 불특정 학생을 개별적으로 교정하기

익명으로 개별적인 교정을 하는 방법이다. 해결책을 제시한다는 면에서 긍정적 집단 교정과 비슷하지만, 이 경우에는 기대에 어긋난 행동을 하는 사람이 있음을 (익명으로) 분명히 밝힌다. 긍정적 집단 교정과 결합하면 다음과 같이 사용할 수 있다. "선생님을 보세요(긍정적 집단 교정). 두 명이 더 집중해야겠어요(불특정 개별 교정)."

긍정적 집단 교정처럼 이 방법 역시 눈을 마주치거나 고개를 빨리 끄덕이는 등 비언어적 개입과 결합해 사용할 수 있다.

4. 개별적 교정하기

순응하지 않는 학생들을 개별적으로 조용히 교정해 준다. 나머지 학생들에게는 자율 학습을 시키고 교사가 교탁을 벗어나 돌아다닐 때 개입하면 침해 정도가 훨씬 낮아질 것이다.

예를 들면 학생들에게 "짝과 함께 방금 배운 핵심 용어의 정확한 뜻을 아는지 확인해 보고 30초 후에 다시 토론해 보자. 시작!"이라고 과제를 준 다음 문제 행동을 보인 학생에게 다가가 몸을 숙이고 가능하면 작은 목소리로 말하는 것이다. 이때 교사가 목소리를 낮출수록 문제를 공개적으로 드러낼 마음이 없음을 보여주기 때문에 훨씬 효과적인 개입이 된다.

특히 "내가 바르게 앉으라면 바르게 앉는 모습을 보여줘야 해"라고 말해 교사의 권위를 강조하기보다, "이건 네가 배워야 할 중요한 내용이란다"라고 목적을 강조하는 편이 효과적이다.

5. 개별적 칭찬하기

개별적 칭찬은 개별적 교정의 동반자이다. 이는 개별적 교정처럼 학생에게 다가가 조용히 긍정적으로 피드백하고 칭찬하는 방법이다. 학생들이 교사의 개입에 대해 긍정적인 느낌을 받으면 교사에게 더 마음을 연다. 교사는 칭찬과 비판의 균형을 맞춤으로써 비판할 때에도 신뢰를 얻을 수 있다.

6. 공개적 교정하기

모든 교정을 빠르고 개별적으로 할 수만 있다면 좋겠지만, 교실이란 늘 그렇게 매사가 흘러가도록 내버려두지 않는 복잡한 공간이다. 가끔은 공개적으로 일부 학생을 교정해야 할 때도 있다. 다만 이때도 잘못을 야단치기보다 무엇을 해야 할지를 말해 줘야 한다. 이와 같은 지적을 통해 해당 학생 역시 학급 대다수가 실행하고 있는 긍정적 행동을 습득할 수 있다.

"퀸튼, 연필이 움직이는 게 보여야 해. 조세피나처럼. 또 말리차이처럼." 가끔은 교사의 관심을 강조할 수도 있다. "퀸튼, 연필이 움직여야 해. 저기 뒷줄 학생들처럼 열심히 하는 모습을 보여주렴. 고맙다, 퀸튼. 훨씬 좋아졌어."

또한 공개적 교정을 할 때에는 속도의 중요성을 염두에 두어야 한다. 특별한 상황을 제외하고는 길게 말하지 않는 편이 좋다.

겉으로 드러나지 않는 방식으로 문제를 해결하는 것은 교사의 권위를 강화시킨다. 그러나 이러한 방식으로 빠르게 정리할 수 없는 상황이라면 수업에 지장을 주지 않기 위해서라도 단호하게 대처해야 한다. 다만 여타의 상황과 마찬가지로 감정적이지 않은 방식으로, 재빨리 대응해야 한다. 혼란스러운 상황이 발생했을 때 흔들리지 않고 단호하게 대처하기 위한 매뉴얼을 마련해 두는 것도 바람직하다.

개입에 관한 일반적인 오해

앞에서 나는 수업 침해 정도에 따라 개입 방법을 나누었지만 이 여섯 가지 개입이 하나의 과정이나 공식이라고 생각하는 사람들이 있다. 그러나 교사는 상황에 따라 효과적인 개입 방법을 골라 사용해야 한다. 첫 번째 방법을 썼다가 곧바로 다섯 번째로 옮겨가는가 하면, 몇 단계를 왔다 갔다 해야 하기도 한다. 가끔은 수업을 벗어나는 행동을 보인 학생에게 몇 가지 개입 방법을 동시에 사용해야 할 때도 있다.

일반적인 오해 가운데 하나는 문제 행동을 하는 학생을 무시하거나 거꾸로 바르게 행동한 학생을 칭찬하는 게 가장 침해 정도가 낮은 개입이라고 생각하는 것이다.

그러나 교사가 학생의 문제 행동을 무시한다면 이는 가장 침해 정도가 높은 개입이다. 그만큼 문제 행동이 지속되고 확대될 가능성이 크기 때문이다. 교사는 문제 행동에 최대한 빨리 대처하면서 최소한으로 개입하는 것을 목표로 삼아야 한다.

침착하고 단호하게 말하라

상호 존중하는 분위기를 확립하고 침착성을 유지함으로써 학생들로 하여금 갈등 없이 단계적으로 지시 사항을 따르게 해라.

훌륭한 교실 관리자는 꾸준히 방향타를 쥐고 있다. 역사나 과학을 토론할 때는 열렬해질 수 있지만 학생더러 자리에 바르게 앉으라거나 수업에 집중하라고 말할 때는 침착하다. 이런 교사들은 대체로 심각한 갈등 없이 노련하게 학생들의 순응을 이끌어낸다. 침착하고 단호하게 가르칠 수 있는 일곱 가지 일반적인 원칙을 알아보자.

1. 문제를 일찍 포착해라

가끔 우리는 문제를 가만히 놔두면 저절로 해결되리라고 믿는다. 그러나 이는 문제를 참고 견디겠다는 메시지를 전달하는 것과 같기 때문에 문제가 오히려 더 악화되고 지속되는 결과를 낳는다. 결국에는 교사도 짜증이

나게 마련이고 나중에 가서는 더 센 해결책을 들고 개입해야 한다.

문제가 커진 후에 더 강력하게 개입하느니 일찍 개입하는 편이 낫다. 아직 문제의 규모가 작을 때 교사와 학생 모두 웃을 수 있는 긍정적인 분위기에서 행동을 바로잡도록 해라.

2. 권력보다 목적을 중시하라

교실에서 문제 행동을 교정하는 이유는 해당 학생뿐만 아니라 나머지 학생들까지 다 함께 성공적으로 배우게 하기 위해서이다. 교사의 권력을 강화하는 것이 아니라 학생들이 배우고 성취하도록 돕는 게 교정의 목적임을 늘 강조해라. "선생님이 바르게 앉으라면 바르게 앉아야 해"와 같은 말은 피해라. "바르게 앉는 게 학생의 옳은 자세란다" 쪽이 장황한 수사도 피하고 요점을 정확히 포착한 말이다.

3. "고맙다"는 가장 강력한 말이다

학생이 교사의 지시에 따라주면 "고맙다"라고 말하자. 교실이 아무리 혼란스럽더라도 아직 이 공간 안에서 예의와 관계가 완전히 무너지지 않았음을 보여줘라.

과학 시간에 마야가 산만한 행동을 하는 것을 봤다면 "마야, 손을 가만히 해주겠니?"라거나 더 바람직하게는 "마야, 손을 앞으로 가만히 포개고 있어다오"라고 말하는 게 좋다. 마야가 손을 포개는 걸 봤다면 낮고 부드러운 목소리로 "고맙구나"라고 하자.

고맙다는 말은 학생들에 대한 교사의 기대치를 강화하고, 교사의 지시에 따르는 게 자연스러운 행동임을 은연중에 일깨워준다. 학생이 지시에 따라주었기 때문에 고맙다고 말하는 것이다. 그 말을 들은 다른 학생들도 교사의 지시에 따르면 인정받는다는 것을 배운다.

4. 보편적인 언어를 사용하라

기대치는 보편적인 것이지 개인적인 것이 아님을 일깨워줘라. "선생님 말을 들어야지"도 괜찮지만 "우리와 함께 해야지"가 더 낫다. 배우는 일은 팀 스포츠이며 나머지 학생들은 교사의 기대치를 충족하고 있음을 전달하기 때문이다. "우리 학교 학생답게" 혹은 "배우는 학생답게"라는 표현 역시 개인이 아닌 집단을 향한 기대치를 일깨워준다.

5. 밝은 얼굴을 보여라

밝은 얼굴로 가르치자. 적어도 "나는 이 일이 좋다. 나는 이곳 사람들이 좋다. 내가 이곳을 책임진다"라는 뜻을 드러내는 표정을 지어야 한다. 최고의 교사들은 늘 이렇게 밝고 자신감 넘치는 얼굴로 교실을 훑어본다.

이때 밝은 얼굴을 해야 한다고 해서 억지로 활짝 웃어 보일 필요는 없다. 그저 만족스러운 표정으로 "나는 여기가 좋다. 내겐 계획이 있다"라고 말하는 얼굴, 자신만의 방식과 학생들의 나이에 적합한 긍정성과 자신감을 내비치는 얼굴이면 된다.

6. 긍정적인 시선을 보내라

타인과 관계를 쌓을 때 가장 중요한 의사소통은 신뢰를 보이고 그 신뢰를 증명하는 것이다. 이쪽에서 먼저 신뢰한다는 신호를 보내면 상대방도 끝까지 믿고 따라오는 게 바로 신뢰의 힘이다.

학생들에게 뭔가를 요청하고 나서 다시 확인하는 과정이 중요할 때가 있다. 이때 교사는 요청을 하고 돌아섰다가도 다시 한 번 신뢰의 신호로 시선을 던져야 한다. 학생들은 교사의 요청에 협력할 것인지 스스로 결정할 시간을 필요로 하는데, 이때 교사의 긍정적인 시선이 중요한 역할을 한다. 일단 요청한 후에 잠시 기다렸다가 긍정의 시선을 던지고 다시 약간의 시간을 더 주는 게 좋다. "선생님은 뒤로 물러났다가 다시 너희를 돌아볼 거야. 그때는 연필을 손에 쥐고 글쓰기를 시작하는 모습을 보고 싶구나."

물론 긍정의 시선을 던졌는데도 학생이 지시를 따르지 않으면 단호한 후속 조치가 필요하겠지만, 대부분의 경우 침착하고 자신감 넘치는 긍정의 시선을 통해 학생들에게 교사의 영향력을 전달할 수 있다.

7. 꾸준히 방향을 조절하라

일반적으로 학생의 행동을 관리할 때는 침착하고 한결같아야 한다. '일관된 감정을 유지하라'(기법 61)에서 자세히 살펴보겠지만, 행동을 관리할 때 교사가 감정을 내비치면 학생은 자신의 행동을 진심으로 반성하는 데 어려움을 겪는다. 학생들의 행동 때문에 교사가 흥분했다는 인상을 주지 마라. 학생들이 마땅히 해야 할 일에 집중하게 해라.

문제 행동에 대한 결과를 책임지게 하라

TECHNIQUE 기법 55

필요하다면 학생에게 행동에 대한 결과를 책임지게 해라. 책임을 지울 때는 빠르고 점층적이며 일관성이 있어야 한다. 또 학생들에게 빨리 수업으로 돌아갈 수 있음을 보여주는 게 좋다.

학생들에게 결과에 대한 책임을 지게 하는 방법은 악명 높을 정도로 까다롭다. 또한 책임 지우기가 늘 의도한 효과를 낳는 것은 아니다. 행동을 교정하기는커녕 오히려 악화시키고 만 경험을 해보지 않은 교사가 있을까? 나는 최고의 교사들의 수업을 관찰하며 늘 의도한 효과를 불러오는 책임 지우기 방식을 목격했다.

효과적인 책임 지우기 방식

효과적인 책임 지우기는 실수가 발생한 상황을 이용해 학생들에게 교훈을 주고 효율적이고 합리적인 의사결정을 강화한다. 책임 지우기의 목표는 학생들의 행동을 발달시키고 교훈을 주는 것이다. 효과적으로 학생들에게 책임을 지우려면 다음 사항에 유의해야 한다.

빨라야 한다

문제 행동이 발생한 즉시 책임을 물어야 행동과 그 결과의 관계가 밀접해진다. 특히 처벌이 아니라 행동을 바로잡는 게 목적이라면 행동 직후 곧바로 책임을 지게 해야 한다. 일찍 개입할수록 나중에 더 깊이 개입할 필요가 없다.

학생들이 떠들거나 장난을 치며 교실로 들어올 때 곧바로 "여러분, 문 쪽으로 돌아가 학생답게 다시 교실로 들어오세요"라고 말하는 게 "방과 후에 다들 남으세요"보다 더 효과적이다.

점층적이어야 한다

책임을 점층적으로 지워야 학생들도 감당할 수 있을 정도의 대가를 치르고 실수에서 교훈을 얻는다. 그러므로 처음에는 문제 행동을 하려는 의욕을 꺾는 수준으로 가볍게 시작해 점점 강도를 높여라.

단계적으로 책임을 지우는 것의 또다른 장점은 행동의 심각성에 비례해 반응의 정도를 전략적으로 높여갈 수 있을 뿐만 아니라 학생들에게도 결과에 대한 책임을 분명하게 인식하고 행동을 교정할 여지를 준다는 것이다.

일관성이 있어야 한다

학생들이 자신의 행동에 대한 교사의 반응을 예측할 수 있어야 한다. 다시 말해 "내가 X를 하면 Y가 일어날 것이다"라는 사실을 알아야 한다. 어떤 일이 일어날지 확실히 알지 못하면 시험해 보고픈 마음이 든다. 교사가 일관성 있는 언어와 접근법을 사용하면 학생들에게 책임을 지울 때 거래비용이 줄어들고 학생들도 분명하게 이해할 수 있다.

수업 중 활동이 바뀔 때마다 관리 체계도 따라가야 한다. 의자에 앉아 수업을 받을 때나 바닥에 앉아 활동할 때나 학생들은 늘 일관성 있는 체계와 접근법을 알고 있어야 한다. 그렇지 않으면 곧바로 한계를 시험해 보고 싶은 마음을 실천으로 옮길 것이다.

개인적이지 않아야 한다

책임을 지울 때에는 어디까지나 공적으로 판단해야 한다. 즉 사람이 아닌 행동을 판단해야 한다. 학생의 사생활을 지켜주는 것은 학생에 대한 배려이자 교사와 학생의 관계를 지키는 길이다. 또 문제 행동을 공개적으로 드러내지 않으므로 교사의 관심을 끄는 행동을 유도하거나 공개적인 대치 상태가 발생할 가능성을 줄여준다.

교사가 감정적으로 대응하면 오히려 학생은 그런 결과를 불러온 행동을 반성하지 않는다. 책임을 지울 때는 중립적인 표정과 일관된 말투를 사용하고 온화하고 열정적으로 계속 수업을 이어가라.

책임을 지울 때의 원칙

행동을 지적하라

행동을 지적하며 책임을 지워야 학생들은 자신이 선택한 행동과 책임 사이의 연관성을 깨닫는다. 비생산적인 행동이 무엇이었는지 아주 빠르고 간단하게 지적하면 학생들도 자기관리법을 배울 수 있다.

문제 행동을 지적할 때는 일관성을 보여야 한다. 한 가지 좋은 방법은 학생의 이름을 말하고 행동을 밝히고 책임을 지우는 것이다. "마이클, 떠들었으니까 벌점 2점."

어떤 식으로 말하든 학생이 책임져야 할 행동이 무엇이고 그 행동을 개선하려면 어떻게 해야 하는지 분명히 알 수 있게 해라. 이때 같은 행동에는 같은 결과를 부여해야 더 체계적으로 보이고 학생이 반발할 가능성도 줄어든다.

수업으로 돌아올 수 있게 해라

교사가 결과에 책임을 지도록 했다는 이유로 마음의 문을 닫아버리거나 마지못해 지시를 따르는 학생을 만나본 적이 있을 것이다. 이런 학생들은 교사가 자신에게 등을 돌렸다고 느낀다. 그러나 교사의 목적은 어디까지나 학생을 생산적인 방향으로 이끄는 것이다. 그러려면 학생에게 여전히 성취 가능성이 있음을 보여주는 '회복' 발언을 하는 게 좋다. "벌점 2점. 이제 연필을 들어. 선생님은 네가 할 수 있다는 걸 알아. 다시 글쓰기로 돌아가자"처럼 말하는 게 좋은 예이다.

간결하게 말해 속도를 지켜라

문제 행동을 포착했을 때 설교나 일장 연설을 늘어놓으면 나머지 학생들까지 집중력이 떨어지고 문제 행동이 다시 발생할 가능성도 커진다.

무엇을 하면 안 되는지가 아니라 무엇을 해야 하는지를 설명해라 : "마이클, 마지막 경고야. 다른 데 그만 쳐다봐!"보다 "마이클, 여기를 보렴"이 낫다.

군더더기를 최소화해라 : "벌점 2점이야. 수업 시간에 만화를 그렸잖니. 조금 더 바르게 행동할 수 없겠니?"보다 "벌점 2점이야. 선생님이 말하면 이쪽을 봐야 해"가 낫다.

본궤도로 돌아가라

학생에게 책임을 지울 때 교사의 목표는 학생의 문제 행동에 개입하고 물러나 다시 수업으로 돌아가는 것이다. 학생들이 본궤도로 돌아오게 하려면 교사는 책임을 묻는 시간이 끝났음을 보여줘야 한다.

온화하면서도 활기차게 수업을 재개하고 침착한 태도로 개입이 끝났음을 보여줘라. 심지어 문제 행동을 한 학생에게도 질문을 던지거나 실행을 인정해 주면 그 학생도 더욱 긍정적인 자세로 수업의 흐름에 동참할 것이다. 이는 교사가 용서를 값진 미덕으로 여긴다는 사실을 본보기로 보여주는 바람직한 태도이다.

중요한 질문, 책임을 지울 것인가 교정해 줄 것인가?

교실을 관리하다 보면 책임을 지울지 교정해 줄지 결정해야 하는 어려운 상황이 찾아온다. 이때 참고하면 도움이 될 만한 일반적인 원칙을 몇 가지 소개한다.

문제 행동을 꾸준히 반복하는가 : 학생이 그러면 안 된다는 걸 알면서도 고집스럽게 문제 행동을 되풀이한다면 교사는 반드시 책임을 물어야 한다. 특히 교정에 나섰는데도 계속 잘못을 범할 때는 결과에 책임을 지도록 해야 한다.

수업을 얼마나 방해하는가 : 학생의 행동이 다른 학생들이 공부하는 데 방해가 되지 않는다면 교정을 해주는 게 낫다. 그러나 수업을 방해할 정도라면 책임을 지게 해야 한다.

문제 행동의 동기가 무엇인가 : 학생이 교사의 기대치를 시험하는 게 분명하다면 책임을 지워라. 의도적인 저항을 못 본 척 넘기면 해당 학생이나 다른 학생들에게 미치는 교사의 영향력이 반감된다.

둘 다 해라 : 책임 지우기와 교정 중 하나를 선택하는 게 아니라 둘 다 할 수도 있다. 그럴 때는 교정부터 하고 책임을 지우면 학생에게 반성할 시간을 줄 수 있어서 좋다. 또한 교정을 통해 학생이 지시에 따른다면 꼭 책임을 지울 필요는 없다는 사실을 다른 학생들에게도 일깨워줄 수 있다. 그러나 행동을 교정하기에 앞서 책임부터 묻는다면 학생이 감정적으로 반발하거나 마음의 문을 닫아버릴 가능성이 훨씬 높다.

분명하게 말하라

특히 통제가 필요한 순간에 언어적인 습관과 비언어적인 습관을 계획적으로 사용해 교사의 권위를 분명하게 확립해라.

특별한 '무언가'를 가진 교사들은 교실에 들어서자마자 분위기를 장악한다. 학생들은 자리에 앉아 교사의 지시를 기다린다. 이 '무언가'가 정확하게 무엇인지, 어떤 교사들이 어떤 이유로 이런 자질을 갖추게 되는지 설명하기는 어렵다.

다만 이는 학생들과 인간적인 관계를 쌓아나가며 존중과 신뢰를 받고, 침착하고 자신감 있는 태도를 갖춘 교사들에게서 흔히 볼 수 있는 자질이다.

이런 자질을 갖춘 최고의 교사들은 학생들에게 '분명하게' 말함으로써 교사의 권위를 확립하고 강력한 교실 문화를 창조할 수 있다.

분명하게 말할 때의 여섯 가지 원칙

1. 공식적인 대화 양식을 통해 권위를 드러내라

대화의 취지나 시선의 교환, 자세, 몸짓, 표정, 억양 등이 모두 대화 양식이다. 일상적인 편안한 대화 양식으로 중요한 메시지를 전달한다면 메시지의 중요성을 약화시킬 수 있다.

공식적인 대화 양식은 메시지의 중요성을 강조하며 상대방으로 하여금 목적의식을 갖고 대화에 집중하게 한다. 이는 교실에서도 마찬가지이다. 교사가 질문에 대답하는 학생 쪽으로 살짝 몸을 기울인 채 서 있다. 교사의 시선은 일정한 곳에 머물러 있다. 교사는 단어 사이를 분명하게 구분하며 통제된 말투로 "여러분, 자리에서 일어나세요"라고 말한다. 이러한 대화 양식은 말하는 사람의 차분한 권위를 전달한다.

최고의 교사들은 공식적인 대화 양식을 활용해 권위를 드러낸다. 최고의 교사들이 몸짓을 사용한다면 그 역시 메시지를 담고 있는 하나의 신호이다. 공식적 대화 양식은 기법을 효과적으로 실현하기 위한 수단이다.

2. 바른 자세로 서라

꼭 따라야 할 지시를 내릴 때는 다른 일을 동시에 진행하지 마라. 학생들에게 지시를 내리며 유인물을 나눠준다면 교사의 지시가 그다지 중요하지 않다는 메시지를 전달하는 것과 다를 바 없다. 지시가 중요하다는 점을 표현하고 싶다면 학생을 마주 보고 직접적으로 말해라. 확실하게 시선을 마주쳐라. 똑바로 서거나 살짝 몸을 기울여라.

3. 침착을 유지하라

학생들이 지시에 따르지 않을까 봐 걱정이 되고 학생들을 통제하기 어렵다고 느끼면 교사는 본능적으로 목소리가 커지고 말이 빨라진다. 이는 교사가 초조해 하고 두려워하며 자제력을 잃었음을 보여주는 징표이다.

교사의 목소리가 커지면 오히려 교실은 더욱 소란스러워지고 학생들이 훨씬 더 쉽게 떠들 수 있는 환경이 조성된다. 목소리를 낮추고 침착하고 차분한 태도를 유지해라. 이를 통해 학생들이 경청하게 만들어라.

4. 중요한 것만 말하라

적게 말하는 것이 많이 말하는 것보다 훨씬 더 강력하다. 말을 적게 하면 교사는 자신이 준비되어 있으며 말하는 목적을 알고 있음을 학생들에게 보여줄 수 있다. 말이 빨라지고 많아지는 것은 초조함과 망설임의 표시이며, 이 경우 학생들은 언제든지 교사의 말을 무시할 수 있다.

학생들에게 몇 가지 선택 사항을 주고 우선순위를 정하게 하기보다는 단 하나의 결론만 강조하는 편이 낫다. 그러면 학생들은 무엇이 중요한지 확실하게 알 수 있다. 과도한 말과 산만함을 피해라. 모든 일들이 분명하고 깔끔하게 처리되길 바란다면 잠시 말을 중단해라.

5. 경청하게 하라

모든 학생들은 교사의 가치 있는 말을 경청할 권리와 책임이 있다. 교실에서 가장 중요한 말은 단연코 교사의 말이어야 한다. 따라서 교사의 말이 중요하다는 사실을 학생들에게 인식시켜 주는 일종의 습관을 만들어나가야 한다.

일단 말을 시작하기 전에 학생들이 아무 소리도 내지 않을 때까지 기다려라. 어떤 소리도 교사의 목소리와는 경쟁할 수 없다는 사실을 분명히 해라. 교사의 말에 귀 기울이는 것이 선택 사항이 아님을 보여줘야 한다. 게다가 누가 발언할지를 통제하는 것은 교사의 권위를 세우는 일이자 가르침의 필수 요소이다.

어떤 교사는 말을 하다가 중단하기도 한다. 학생들이 완전히 집중할 때까지는 말하지 않겠다는 의사를 표현하기 위해서이다. 교사가 발언을 중단하면 잡담하는 학생들에게 조용히 하라고 역설적으로 지시하는 셈이 되기에 학생들을 쉽게 통제할 수 있다.

6. 주제를 벗어나지 마라

일단 대화의 주제를 정했다면 그와 무관한 말을 하지 마라. 이는 특히 대화의 주제가 학생들의 행동과 책임에 관련된 경우에 더욱 중요하다.

학생에게 행동에 대한 책임을 지라고 말하는데, 그 학생이 화제를 돌리려고 하는 순간이 종종 있을 것이다. 보통은 변명을 하거나 교사의 관심을 딴 데로 돌리기 위함이다. 이때 바로 개입해야 강력한 교실 분위기를 확립할 수 있다.

> 교사 : 제임스, 잡담을 하는구나. 노란색 경고 스티커를 붙이렴.
> 제임스 : 제가 아니에요!
> 교사 : 경고 스티커를 붙여.
> 제임스 : 샤니스가 말했어요! 저는 듣고만 있었어요!
> 교사 : 스티커를 붙이라고 했다. 어서 일어나 노란색 경고 스티커를 붙여.

이때 제임스가 누구와 말하고 있었는지 밝히려 드는 게 당연해 보일 수도 있겠지만, 교사의 지시를 따를 때까지 다른 이야기를 꺼내서는 안 된다. 일단 교사의 처음 지시를 따르고 난 후에 새로운 주제로 대화를 시작하도록 할 수 있다.

구체적으로 지시하라

학생에게 무엇을 어떻게 해야 할지 자세하고 분명하게 알려줘라. 무엇을 하지 말 것인가가 아니라 무엇을 할 것인가를 말해 줘라.

학생들이 수업에 집중하지 않는 잠재적인 원인은 세 가지가 있다. 첫째는 저항이다. 교사가 지시한 것을 하고 싶지 않고, 또 교사가 어떻게 생각하든 신경을 쓰지 않기 때문에 수업에서 벗어나는 행동을 하는 것이다. 둘째는 무능이다. 이는 학생들이 교사의 지시를 이해하지 못하거나 딴생각을 하느라 듣지 못하는 것을 말한다. 마지막 원인은 기회주의이다. 어떤 일이 일어날지 아직 불분명한 회색지대를 자신에게 가장 유리하거나 재미있는 상황으로 해석하는 것이다.

학생들이 교사의 말을 의도적으로 잘못 해석할 수 없게끔 구체적이고 분명하게 지시를 내리면 저항과 무능을 구별할 수 있다. 학생에게 "집중해라", "똑바로 앉아라", "어서 활동을 시작해라"라고 지시를 내렸는데 학생이 따르지 않는다면, 그 일을 할 수 없는 것인지 아니면 하지 않는 것인지 알아내야 한다. 문제가 무엇이냐에 따라 교사의 반응도 달라져야 한다.

무능이 문제가 되는 경우를 살펴보자. 교사의 임무는 가르치는 것이다. 학생이 그 일을 할 수 없는 상황에서 교사의 지시를 따르지 않았다고 벌을 내리는 것은 부당하다. 다시 말해 이해하지 못했거나 이해할 수 없다고 해서 벌을 내려선 안 된다. 이는 학생과의 관계를 망치는 지름길이며, 학생이 스스로의 무기력함을 느끼고 포기하도록 부추기는 셈이다.

심리학자들에 따르면 이런 상황에서 사람들은 무기력을 학습하게 된다. 기대한 결과와 실제 결과가 다를 경우, 자기 자신의 선택과 그로 인해 나타나는 결과가 서로 무관하다고 생각해 포기하는 일이 발생한다.

반면 저항의 경우에는 그 자리에서 단호하게 대응해야 한다. 그렇게 하지 않으면 교사의 말을 듣지 않아도 처벌받지 않는다는 선례를 남기게 되고, 다른 학생들도 같은 행동을 하려 들 것이다.

그러므로 교사는 무능은 가르침으로, 저항은 처벌로 대응해야 한다. 오늘날 많은 교사들이 일상적으로 이 둘을 구별하는 데 실패하고 있다. 그러나 무능과 저항을 구별하는 것은 '구체적으로 지시하라' 기법의 가장 중요한 부분이며, 교실 문화를 만들어가는 데 있어서 핵심적인 수단이다. 가르쳐야 할 때 가르치고 권위를 행사해야 할 때 행사해라.

효과적인 지시의 세 가지 원칙

1. 분명하고 구체적이어야 한다

최고의 효과를 이끌어내는 지시는 학생들이 명확하게 수행할 수 있도록 정확하고 구체적이어야 하며 관리 가능한 행동들에 초점을 맞추어야 한다. 이를테면 단순히 집중하라고 하는 대신 "연필을 책상에 내려놓고 선생님의 눈을 보세요"라고 말하는 것이다.

2. 순차적이어야 한다

지시를 통해 원하는 효과를 거두려면 구체적이고도 분명한 행동을 순차적으로 설명해야 한다. 수업에 집중하지 않는 학생에게 "두 발은 책상 아래에 두고, 연필을 내려놓고, 눈은 선생님을 봐야 해요"라고 말하는 식이다.

3. 관찰할 수 있어야 한다

학생이 지시에 따르는지 분명하게 파악하려면 먼저 관찰 가능한 행동을 하게 해라. 가령 학생에게 집중하라고 말하는 것은 특정 행동을 할지 말지에 대해서는 언급하지 않는 셈이므로, 학생이 "저는 집중하고 있었어요"라고 항변할 여지가 있다. 그러나 "집중해" 대신 "두 발을 책상 아래에 두고 손에 쥔 연필을 내려놓은 후 선생님을 보세요"라고 말한다면 교사는 학생이 지시에 따르는지를 단번에 알 수 있다.

최고의 교사들이 사용하는 '구체적으로 지시하라 2.0'

지난 4년 동안 나는 최고의 교사들의 수업을 지켜보며 효과적이고 구체적인 지시 방식 몇 가지를 새로 발견할 수 있었다.

일관성 있게 지시하라

같은 지시를 내릴 때는 계속해서 같은 표현을 사용하는 습관을 들여라. 항상 "연필은 책상 위에"라고 말했다면 경우에 따라 "연필은 책상 위에 두세요", "연필은 제자리에", "연필 내려놓고" 등으로 말을 바꾸지 마라. "연필은 책상 위에"라고 일관성 있게 말해라. 지시하는 말을 표준화하면 길게 설명하거나 묘사하지 않고도 구체적인 지시를 효율적으로 따르게 할 수 있다.

몸짓을 추가하라

학생들이 따라주기를 바라는 행동과 비슷한 몸짓을 추가해 비언어적 신호를 사용하면 학생들도 교사의 지시를 쉽게 이해할 수 있다. 처음에 학생들이 지시를 따르지 않더라도 침착함을 잃지 말고 계속 지시에 집중하는 편이 좋다. 중립적인 표정이나 미소를 머금은 온화한 표정으로 비언어적 신호를 곁들여 지시를 전달하는 것도 도움이 된다.

지시를 제대로 이해했는지 확인하라

분명하지 않은 지시는 따르기가 쉽지 않다. 이 문제를 해결하려면 학생들이 교사의 지시를 제대로 이해했는지 확인해 볼 필요가 있다. 학생들에게 직접 교사의 지시를 이해했는지 물어보거나 지시한 행동을 미리 연습해 보게 해라. "선생님이 바인더를 어디에 갖다 놓으라고 했는지 손으로 가리켜보세요. 좋아요. 출발."

단순하게 지시하라

학생이 교사의 지시를 정확하게 따르지 않으면 보다 구체적인 행동을 요청하거나 단계를 쪼개는 식으로 단순하게 지시해라. 예를 들어 "일어서서 문으로 가세요"라고 지시했는데 학생이 따르지 않으면 "책상 앞에 서세요"라고 먼저 지시해라. 그래도 따르지 않으면 "의자를 뒤로 밀어요. 잘했어. 이제 자리에서 일어나자. 고맙구나"라고 말해라. 지시를 쪼개면 가르치기도 쉽고 학생이 지시를 따르도록 기대치를 강화할 수 있다.

투명하게 지시하라

일상적인 행동을 시작하기 전 미리 구체적인 지시를 내리면 실행 가능성과 학생들의 자율성을 높일 수 있다. 예를 들어 타이머가 울리기 전에 "타이머 울리는 소리가 들리면 연필을 책상에 내려놓고 검토할 준비를 하세요"라고 말하면, 행동을 요구하기 전에 기대치를 분명하게 일깨워주고 학생들 스스로 실행할 수 있게 해준다. 학생들도 단순히 주어진 지시를 따르는 단계에서 기대치를 기억하는 단계로 옮겨간다.

최고 수준을 기대하라

학생이 지시를 따르지 않는 근본 원인이 분명하지 않아도, 학생들이 선의를 품고 노력하고 있으며 지시 사항을 제대로 이해하기만 하면 분명히 따를 거라고 믿어줘라. 예를 들어 자세를 바르게 하라고 지시했는데 학생이 따르지 않는다면 이렇게 말하자. "선생님이 분명하게 말하지 않은 모양이구나. 자세를 바르게 하라는 건 소리를 내지 말라는 뜻도 포함된 거야." 이렇게 학생들에게 교사의 권위를 확실하게 보여주면서 동시에 학생들이 지시를 따라주리라는 기대치도 강화할 수 있다.

결론

지금까지 우리는 최고의 교사들이 집중적이고 생산적이며 긍정적인 교실 문화를 만들어가는 방법에 대해 알아보았다. 그러한 문화를 확립하는 길은 다양하지만, 최고의 교사들이 가르치는 교실에서 공통적으로 확인할 수 있는 특성은 '100퍼센트의 순응'이다. 최고의 교사가 가르치는 교실에 앉아 있는 학생들은 교실이 언제나 집중적인 토론과 밀도 있는 사고, 진지한 글쓰기가 이루어지는 곳이라는 사실을 명심하고 있다.

물론 생산적인 교실 문화를 확립한다는 것은 단순히 학생들의 행동거지만 잘 다뤄서 될 일이 아니다. 교사와 학생 간의 관계 역시 중요하다. 모든 바람직한 관계가 그렇듯 교사와 학생 간의 관계 역시 신뢰의 토대 위에 구축된다.

12장에서는 교사와 학생이 서로 신뢰하는 환경을 조성하기 위해 최고의 교사들이 사용하는 기법들에 대해 알아볼 것이다.

12장

학생과의 신뢰감 쌓기

말에 담긴 메시지는 말하는 사람의 어조에 따라 미묘하게, 때로는 완전히 달라진다. 따라서 말하려는 주제와 상관없이 오로지 의사소통이 이루어지는 환경의 영향 때문에 본래의 의도와는 다른 메시지가 전달되기도 한다.

교사와 학생 사이에 이루어지는 대화의 목적은 잘못된 행동을 교정하거나 칭찬하거나 질문하거나 또는 가르치기 위함일 것이다. 학생은 교사와 대화를 나누는 과정에서 화가 나거나 신이 나거나 언짢아지거나 의욕을 잃거나 또는 고마운 마음을 가질 수 있다.

그렇다면 교사는 대화를 통해 학생의 삶을 변화시킬 수 있을까? 대화만으로 존경받는 교사가 될 수 있을까? 이 장에서는 학생과 교사 간에 신뢰를 쌓을 수 있는 대화의 기술, 의사소통 기법에 대해 알아본다.

긍정적으로 제시하라

긍정적인 말투로 생산적인 피드백을 전달함으로써 학생들에게 동기와 영감을 불러일으키고 더 잘할 수 있게 지도해라.

사람들은 부정적인 경험보다 긍정적인 경험에 의해 더 많이 동기화된다. 이는 교실에서도 마찬가지이다. 그렇다고 수업에서 벗어난 행동이나 수업 분위기를 무너뜨리는 행동에도 엄격하게 반응하지 말라는 것은 아니다. 교사는 학생의 잘못된 행동을 교정하고 필요할 경우 분명하고 엄격하게 교정해야 한다. 이때 부적절한 행동을 지적하는 대신 긍정적인 행동 방식을 제시하는 편이 교정 효과가 더 크다. 학생의 성취를 바라며 선의를 신뢰한다고 말해 주는 것이다.

그렇다고 무작정 긍정적인 행동을 강화시키는 데만 초점을 두어서는 안 된다. 예를 들어 데이비드가 수업과 무관한 행동을 하고 있는데 다시 수업에 집중하라고 말하는 대신에 데이비드 주변 학생들의 '긍정적인' 행동을

4부 강력한 교실 문화 창조하기 371

칭찬한다고 해보자. 이러면 그저 그런 평범한 행동을 칭찬함으로써 오히려 학생들의 기대치를 낮추는 결과를 불러오게 된다. 또는 학생들이 교사의 칭찬을 데이비드의 행동에 정면으로 맞서는 것을 두려워한 비겁한 행위로 받아들일 수도 있다. 요컨대 교사는 데이비드의 행동을 직접적이되 긍정적인 방식으로 다루어야 한다. "데이비드, 최선의 모습을 보여주렴!" 혹은 "데이비드, 바른 자세로 앉았는지 스스로 확인해 보자"라고 말해라.

'긍정적으로 제시하라'는 학생들에게 이전보다 더 나은 지식과 행동을 제시하는 것을 목적으로 한다. 바람직하지 않은 행동을 긍정적인 방식으로 교정해 준다는 것이 이 기법의 최대 장점이다. 이를 성공적으로 해내기란 어려운 일이지만 성공할 경우 큰 효과를 볼 수 있다.

이 기법의 구체적인 방법은 다음과 같다.

해야 할 일을 구체적으로 알려주기

학생들에게 더 이상 개선의 여지가 없다는 식으로 말하지 마라. 대신 무엇을 해야 하는지, 나아가 다음에는 어떤 일이 일어날지에 대해 이야기를 나누어라.

하지 말아야 할 일이 아니라 해야 할 일을 구체적으로 제시해라. "바른 자세가 아니구나"라고 하기보다 "바른 자세를 보여줘"라고 말해라. "키나, 계속 뒤를 돌아보지 마"라고 하기보다 "키나, 눈은 앞을 향해야지"라고 말해라.

최선을 가정하기

전체 학생을 대상으로 이야기할 때, 어떤 학생의 나쁜 행동이 고의적이라는 것이 확실해지기 전까지는 긍정적인 태도를 유지해라. "여러분, 1분 안에 의자를 집어넣으라고 했는데 어떤 학생들은 하지 않았네요", "수업 좀 그만 방해해", "왜 내가 준 피드백을 참고해 글을 쓰지 않았니?"와 같은 말들은 문제의 원인이 특정 학생들의 이기심이나 게으름 같은 부정적인 특성 때문이라고 가정하는 것이다.

반면 "여러분! 1분 내로 하세요. 그런데 어떤 학생들은 의자 넣는 걸 잊어버린 모양이네요" 혹은 "여러분이 의자를 마음속에서 잠깐 빼놓았나 봐요. 원래대로 되돌려 놓을까요?"라고 말한다면 이는 학생들을 향한 교사의 신뢰를 보여주는 것이다. 여전히 학생들이 최선을 다하고 있다는 가정하에 하는 말이기 때문이다.

'긍정적으로 제시하라' 기법은 장점이 많다. 학생의 행동을 비난하지 않음으로써 교사는 자신의 감정을 배제할 수 있고, 학생의 의도를 자의적으로 판단하지 않아도 된다. 또 학생들의 의욕을 고취시킬 수도 있다.

한편으로 이 기법은 교사 스스로 자신의 권위에 대한 믿음을 갖게 해준다. 학생이 일부러 수업에서 벗어난 행동을 한 게 아니라 최선을 다하고 있음을 가정하면, 학생과 교사의 관계를 긍정적으로 강화하면서 동시에 교사의 통제력에 대한 믿음을 보여줄 수도 있다.

학생들에게 말할 때 '혼동'이라는 표현을 사용하는 것도 좋다. "잠깐만, 어떤 학생들은 선생님의 지시를 혼동한 모양이야. 다시 해보자." 또 교사가 실수한 것처럼 말하는 방법도 있다. "여러분, 잠깐만. 선생님이 지시 사항을 분명하게 전달하지 못한 것 같아. 각자 조용히 단락 안의 모든 동사를 찾아보세요. 자, 시작."

학생들이 저지른 약간의 실수가 '지나친 열정' 탓인 것처럼 표현하는 것도 괜찮은 방법이다. "복잡하고 표현력이 풍부한 문장을 쓰고자 하는 여러분의 열정은 기쁘지만, 이 문장은 너무 화려해서 분명하게 이해가 되지 않네요."

최선을 가정하는 방법을 쓸 때에는 남용하지 않도록 주의해야 한다. 학생이 명백하게 나쁜 의도를 드러낸다면, 즉 교사를 향해 불손한 태도를 보이거나 도전하거나 시험하려 든다면, 최선을 가정하는 기법을 써서는 안 된다. 이때는 책임 지우기나 개별적 교정과 같은 더욱 실천적인 개입을 통해 문제 행동을 직접 다뤄야 한다. 다만 아무리 상황이 비관적이어도 학생의 구체적인 행동을 비판해야지 사람 됨됨이를 비판해서는 안 된다. "그 행동은 정직하지 못했어"가 "넌 정직하지 못하구나"보다 바람직하다. 어쩌면 "그 행동은 정직하지 못했어. 선생님은 네가 그런 아이가 아니라는 걸 알아"라고 말하는 편이 나을 수도 있을 것이다.

익명성 보장하기

학생들이 노력을 기울이고 있다면 더 많은 기회를 주어라. 소란을 피운 특정 학생을 곧바로 지목해 교정하는 것보다 전체 학생에게 "여러분, 잠시만 기다려요. 나는 여러분이 차분하게 기다리는 모습을 보고 싶어요"라고 말하자.

또한 "몇몇 학생들이 끝까지 지시에 따르지 않네요. 우리 다시 한 번 해 봅시다"라는 말은 익명성을 보장하면서도 학생들이 최선을 다하도록 독려할 수 있다. 물론 학생들이 노력을 기울이지 않는다면 더 이상 익명성을 유지하기가 쉽지 않겠지만, 처음부터 특정 학생을 지목하지 않는 편이 좋다. 또 익명으로 책임을 지움으로써 집단으로서의 책임감을 강조할 수도 있다.

긍정적인 부분 말하기

다음 두 교실에서 일어난 대화를 비교해 보자.

교사 1: (지시 사항을 전달하다 잠시 멈추고) 세 명이 필요해요. 바로잡아 줘서 고맙다, 데이비드. 이제 거의 다 준비가 되었어요. 아, 이제 준비가 끝났군요. 시작합시다.

교사 2 : (같은 상황에서) 두 명이 여기에 집중해야 해요. 어떤 사람은 듣지를 않네요. 여기 선생님의 지시에 집중하지 않는 학생이 있어요. 기다릴 거예요. 선생님 시간을 낭비하면 나도 여러분 시간을 낭비할 거예요.

첫 번째 교사는 자신의 지시에 따라 학생들의 태도가 점점 개선되는 상황을 진술하면서 교실 분위기를 긍정적으로 이끌어간다. 학생이 지시를 따르면 칭찬이 아니라 인정을 해주고, 기대한 대로 하는 것과 '잘하는' 것을 혼동하지 않으려고 한다. 이 교사가 가르치는 교실의 학생들은 정상적인 모습을 보이려고 노력할 것이다.

두 번째 교사는 상황이 잘못되어 가는 모습을 진술한다. 학생들이 마치 교사의 말을 무시하는 것처럼 말하며 학생들의 관심을 끌고 있다. 현 상황의 부정적인 부분을 진술하며 자신의 불안감을 노출하고 있는데, 이 자기 실현적인 예언 때문에 부정적인 행동이 실제로 나타나게 된다.

첫 번째 교사는 '긍정적인 부분 말하기'의 좋은 예이다. 이 교실의 학생들은 긍정적이고 건설적인 행동을 하는 게 당연한 일이라고 생각하게 되고 그만큼 교사의 지도에 긍정적으로 반응할 가능성이 커진다.

교사 1 : (학생들에게 주제문을 쓰라는 지시를 내리고) 연필이 움직이는 게 보이네요. (잠깐 멈추었다가) 생각이 마구 흘러나오고 있어요. (속삭이는 소리로) 좋아, 마커스. 로베르토, 어서 읽어보고 싶구나.

교사 2 : (같은 상황에서) 아직 모두 준비가 되지 않았어요. 주제를 생각하는 데 선생님이 도와줘야 하나요, 단드레? 다시 말하지만 이건 여러분이 하고 말고를 선택할 수 있는 활동이 아니에요.

첫 번째 교사는 긍정적인 부분을 말하고 있을 뿐만 아니라 학생들에게 기대감을 심어줌으로써 수업의 방향까지 올바르게 이끌고 있다. 한편 두 번째 교사의 부정적인 진술은 학생들로 하여금 잔소리와 비난이 어디로 향할지에 온통 관심을 쏟게 만든다.

긍정적인 부분을 언급하는 것은 유익한 의사소통 방법이지만 잘못 실행하지 않도록 주의해야 한다.

- 긍정적인 부분이 있을 때만 말해라. 그저 그런 것은 언급하지 마라.
- 학생들이 어떻게 해야 기대치에 도달할 수 있을지 고민할 때 집단행동을 유도하기 위한 방편으로 사용해야 한다. 기대치에 미처 도달하지 못한 개별 학생을 교정하는 방법으로는 사용하지 않는다.

도전 의식 자극하기

학생들은 자신이 할 수 있음을 보여주고 싶어 하며 경쟁에서 이기는 것을 좋아한다. 학생들을 도전하게 하고 경쟁하게 해라. 그럼으로써 스스로의 가능성을 보여주도록 자극해라.

학생들은 개별적으로든 집단적으로든 다양한 방식으로 경쟁할 수 있다.

- 학급 내에서 서로 다른 집단끼리 경쟁하기
- 학급 밖에서 다른 집단과 경쟁하기(다른 반끼리)
- 추상적인 대상(시간, 시험, 자신의 나이나 학년에 맞는 수준)과 경쟁하기

- 추상적인 기준과 경쟁하기("너희가 이 수준에 도달했는지 보고 싶구나.")

한편 학생들의 도전 의식을 자극할 수 있는 표현으로는 다음과 같은 것들이 있다.

- "여러분은 이번 주에 아주 잘했어요. 한 단계 더 끌어올릴 수 있을지 어디 한번 봅시다."
- "선생님은 여러분이 공부하는 모습을 지켜보는 게 참 좋아요. 하지만 선생님이 교실 뒤로 물러나 있으면 어떻게 될지 궁금하군요."
- "멈추지 않고 10분 동안 계속 쓸 수 있는지 한번 볼까요. 준비됐나요?"

칭찬은 정확하게 하라

TECHNIQUE 기법 59

학생들이 목표를 가지고 노력하는 모습을 칭찬해라. 학생들은 교사에게 인정받은 행동을 반복하려고 하며 긍정적인 모험을 시도할 것이다.

학생들에게 건설적이고 중요한 피드백을 전달해 동기를 부여하고 목적의식을 심어주는 게 '긍정적으로 제시하라' 기법의 목적이라면, '칭찬은 정확하게 하라' 기법은 긍정적인 피드백의 이점과 신뢰성을 극대화하는 것이다.

다음 표에서 보듯 긍정적인 말투는 칭찬을 할 때도 중요하다. 만약 빈정대는 듯한 말투로 긍정적인 피드백을 준다면 결코 생산적인 결과를 얻지 못할 것이다.

빈정대지 않는 것도 중요하지만, 긍정적인 강화를 최대한 이용하는 게 더 중요하다. 긍정적인 행동을 강화하고자 할 때는 학생의 특성이 아니라 행동을 칭찬하는 정확한 칭찬 기법의 원칙을 따라야 한다.

	긍정적인 말투	부정적인 말투
교정하는 내용 (충분하지 못한 문장에 대한 반응)	**긍정적인 제시** "시작이 좋구나. 과학자다운 언어를 사용해서 한 번 더 써보면 좋겠다."	**비판**(종종 잔소리나 의욕 꺾기) "아직도 기술적인 용어를 쓰지 않았구나."
긍정적인 내용 (잘 쓴 문장에 대한 반응)	**정확한 칭찬** "잘했어. '체세포분열'이라는 말을 썼을 뿐만 아니라 세포가 체세포분열을 '통해' 나뉜다고 말했구나."	**빈정대기** "여길 좀 봐. 과학적인 어휘를 쓸 수는 없겠니?"

긍정적인 말투와 부정적인 말투의 예시

특성이 아닌 행동을 칭찬하라

학생의 문제 행동을 교정할 때는 공개적으로 요구하기보다 스스로 고칠 수 있도록 하는 편이 좋다. 반면 긍정적인 행동은 모두가 공유하는 것이 바람직하다. 긍정적인 행동 방식을 제시하고 그렇게 행동한 학생을 공개적으로 칭찬하면 학생들의 긍정적인 행동을 강화할 수 있다.

이때 칭찬은 개인의 특성이 아니라 행동에 관한 것이어야 한다. 연구에 의하면 똑똑함을 칭찬하는 것과 열심히 활동하는 모습을 칭찬하는 것에는 큰 차이가 있다.

후자는 노력한다면 쉽게 도달할 수 있는 지점이다. 학생들은 한번 칭찬받은 행동을 다시 하려 한다. 이런 칭찬은 학생들로 하여금 노력을 기울이게 하며 모험을 시도하게 한다.

이에 반해 특성을 칭찬하면 반대의 결과가 나타난다. 똑똑하다는 칭찬은 학생에게 자신감이 아니라 두려움을 준다. 덜 똑똑해 보일까 봐 어려운 과제를 기피하는 등 모험을 덜 시도한다. 그러므로 가능한 한 구체적으로 칭찬하고, 특성이 아니라 행동을 칭찬해라.

목적에 맞게 칭찬하라

행동을 칭찬한다는 것은 보통 힘든 일을 했거나 성실한 모습을 보였을 때 칭찬하는 것을 의미하지만, 내가 관찰한 최고의 교사들은 학습 목표와 연관 지어 학생들을 칭찬했다. 예를 들어 접속사를 사용하는 집중적 글쓰기를 하고 있다고 해보자. 교사는 교실을 순회하며 학생들이 접속사를 첨가하거나 고쳐 쓰게 함으로써 수준 높은 글을 쓰도록 유도한다. 혹은 '쓴 글을 전체 학생에게 보여주게 하라'(기법 39)를 이용해 학생이 쓴 글을 공개적으로 칭찬할 수도 있다.

"여러분, 여기를 보세요. 멜라니가 쓴 글입니다. 이 부분을 보세요. 구체적인 접속사를 사용했죠? 이렇게 고치니까 두 단락이 더 뚜렷한 대조를 이루게 되었어요. 글 전체로 보아도 조화를 이루었고요. 이렇게 하는 겁니다. 아주 잘했어요, 멜라니." 이제 멜라니는 자신이 어떻게 성공했는지를 알게 되었을 뿐만 아니라 성공은 행동에 의해 결정된다는 것도 이해하게 되었다.

인정과 칭찬을 구별하라

교사는 인정과 칭찬을 의도적이면서도 조심스럽게 구분해야 한다. 학생들이 기대를 충족시켰을 때는 인정해 주고 뛰어난 성취를 거두었을 경우에는 칭찬해 주자.

기대를 충족시킨 학생들은 가능한 한 자주 인정해 주는 게 좋다. "수업 받을 준비가 되었구나." "내가 말한 대로 잘하고 있네, 고마워." 이렇게 학생들이 한 일을 간단하게 언급하고 가치판단이나 말투의 변화 없이 고마움을 표현하는 것이다.

그러나 칭찬은 "잘했어!", "정말 대단한 일을 했구나!"와 같이 학생이 기대치를 넘어선 성취를 올렸을 때 열정적인 말투로 하는 것이다. "준비해 줘서 고맙다, 마커스"는 인정이다. "통찰력이 대단하구나, 마커스!"는 칭찬이다. 이 두 가지를 구별하는 게 중요하다. 두 가지 예를 거꾸로 뒤집어보면 이해하기 쉬울 것이다. 만약 마커스에게 수업 준비를 한 게 환상적인 행동이었다고 말한다면 이는 그만큼 교사의 기준이 낮았다는 뜻이고 마커스가 기대치를 충족할 줄 미처 몰랐다는 말과 같다.

또한 이는 칭찬의 값어치를 떨어뜨릴 수 있다. 마커스가 문학작품에 대해 훌륭한 분석 글을 써와도 똑같이 '환상적'이라고 칭찬한다면 그것은 정시에 교실에 들어온 것과 뛰어난 글을 쓴 것에 대해 똑같은 평가를 내리는 결과를 낳는다. 그만큼 학생의 성취도는 점점 낮아질 것이다.

사실 칭찬을 잘못 활용할 경우의 부작용은 이미 입증되었다. 최근의 연구에 따르면 학생들은 잦은 칭찬을 오히려 자신이 잘 못하고 있음을 나타내는 표시로 해석한다. 또 학생들은 흔해빠진 칭찬을 받으면 실패했다고 여기는데, 이렇게 해석하는 것은 대부분 옳다. 칭찬은 진정성을 담고 있어야 한다.

말투나 분위기를 다양하게 조절해 가며 칭찬하라

교사들은 종종 긍정적인 강화든 부정적인 강화든 공개적으로 하게 되므로 자신의 발언이 교실 안의 다른 학생들에게 어떤 영향을 끼칠지도 신경써야 한다. 큰 소리로 말할 것인가 작은 소리로 말할 것인가. 공개적으로 말할 것인가 개별적으로 말할 것인가.

중요한 피드백을 전달할 때에도 학생들의 사생활을 지켜주는 게 좋다. 11장에서 살펴보았듯이 학생들은 속삭이는 말투나 비언어적인 신호로 교정해 주는 것을 선호한다. '최소한으로 개입하라'(기법 53)에서 다룬 개별적 교정이 좋은 예이다. 그러나 칭찬의 경우는 어떨까?

약간 공개적인 칭찬은 강력한 효과를 발휘할 수 있다. 잠시 학생들이 하던 일을 멈추게 한 다음 한 학생이 쓴 문장을 큰 소리로 읽어주고 모두에게 말한다. "정말 문장이 강해졌지? 능동형 동사를 쓰면 문장에 힘이 생겨!" 교사가 칭찬한 행동을 다른 학생들도 따라할 수 있으므로 공개적인 칭찬에는 분명히 이로운 측면이 있다.

그러나 예기치 못한 순간에 학생에게 다가가 "능동형 동사를 쓰니까 문장이 정말 강해졌구나. 마치 대학 논문 같아"라고 속삭이는 것 또한 강력한 칭찬이 될 수 있다. 사실 이렇게 뜻밖의 상황과 말투 조절을 이용해 긍정적인 강화를 전달할 때 가장 효과가 크다.

공개적인 칭찬에 비해 개별적인 칭찬은 온전히 칭찬을 받는 사람만의 것이므로 더 진정성이 있다. 또 교사가 일부러 학생에게 개별적으로 말을 걸면 그만큼 중요한 말을 하려 한다는 뜻을 넌지시 내비치는 셈이 된다.

그러므로 공개적인 칭찬을 할 때는 다른 사람도 듣고 칭찬받은 행동을 따라하고 싶은 마음이 들게 한다는 이점과 칭찬을 듣는 사람이 느끼는 진정성의 이점 사이에서 균형을 이뤄야 한다. 학생의 자부심을 높이기 위해 억지로 하는 칭찬이나, 학생들을 통제하기 위해 만들어낸 칭찬은 학생들에게 진정성이 부족하다는 느낌을 줄 수 있다.

학생과 교사의 대화는 옆에 앉은 다른 학생의 행동이 아니라 대화를 나누는 바로 그 학생의 행동에 관한 것이어야 한다. 빌 옆에 앉은 샐리더러 들으라고 빌을 칭찬한다면, 교사는 스스로 칭찬의 진정성과 진실성을 깎아내리는 셈이 된다.

TECHNIQUE 기법 60

온화한 동시에 엄격하라

높은 기대치와 배려, 존중의 메시지를 보낼 때는 온화하면서도 엄격한 태도를 취하라.

어느 한 사람이 얼마나 온화한지는 그가 얼마나 엄격한지와 무관하고, 그 반대도 마찬가지이다. 사람은 오로지 온화하기만 할 수 없고 엄격하기만 할 수도 없다.

교사는 온화함과 엄격함 모두를 추구할 뿐만 아니라 두 가지 특성 모두를 지녀야 한다. 확고하며 엄격한 태도를 취하면서도 긍정적이며 열정적이고 배려하는 모습을 보인다면 학생들에게 높은 기대가 담긴 강력한 메시지를 전해줄 수 있다. '온화한 동시에 엄격하라' 기법을 보다 효과적으로 활용하고자 한다면 다음의 방법들을 함께 살펴보자.

당신이 무엇을 어떻게 할지 설명하라 : 어떤 방식으로 학생들을 지원할 계획인지 설명해라. "프리야, 우리는 학습 시간을 낭비하지 않을 거야. 암기하는 것을 내가 도와줄게."

행동과 사람을 구분하라 : "너는 사려 깊지 못해"가 아니라 "네 행동은 사려 깊지 못해"라고 말해라.

잘못은 일시적으로만 다뤄라 : 학생이 잘못했을 때는 그것이 과거의 일임을 알려줘라. "네가 잘못을 하긴 했지만, 다시 원래대로 돌아와 최선의 모습을 보여주렴." 일단 잘못을 다루었다면 다음에 할 일은 용서하는 것이다.

비언어적인 행동을 활용하라 : 학생의 어깨에 다정하게 팔을 살짝 얹고 "유감이지만 숙제를 다시 해야겠구나"라고 말해라. 또는 학생의 눈높이로 몸을 낮추고 "선생님한테 친구에게 말하는 것처럼 이야기해선 안 돼"라고 확실하게 설명해라.

일관된 감정을 유지하라

학생의 배움과 성취를 일관성 있게 촉진하기 위해 교사의 감정을 다스려라.

어떤 교사들은 강력한 감정이 강력한 메시지를 전달하는 데 도움이 된다고 여긴다. 목소리를 높이면 학생들이 더 잘 들을 거라고 생각하기도 한다. 그러나 일반적으로 교사가 부정적인 감정을 강력하게 내비치면 교사와 학생 간의 긴장만 고조될 뿐이다.

불손한 학생에게 교사가 버럭 화를 낸다면 학생은 더 강력하게 말대꾸를 하는 식으로 반발할 것이다. 작은 실수를 더 키우는 셈이다. 학생은 자신의 행동을 반성하기보다 오히려 교사의 감정에 집중한다. "선생님은 왜 나한테 소리를 지르지? 다른 사람한테 소리를 지를 때보다 나한테 더 크게 소리를 지르는 게 아닐까?"

일관된 감정을 유지하는 데 도움이 될 몇 가지 방법을 살펴보자.

천천히 걸어라 : 학생의 행동에 개입해야 할 때는 천천히 다가가라. 그 짧은 시간 동안 마음을 가다듬고 신중하게 말을 골라라. 그러면 학생들에게 교사의 침착성을 보여줄 수 있다.

사람이 아닌 행동을 비판하라 : "너는 무례해"보다 "그 행동은 무례해"라고 말하는 편이 낫다. 더 나아가 "무례하게 행동하다니 너답지 않구나. 즉시 바로잡으렴"이 훨씬 낫다.

학생과의 관계를 챙겨라 : 많은 교사들이 학생이 형편없는 행동을 했을 때 "너에게 정말로 실망했어"라는 식으로 말한다. 그러나 "나는 너에게 더 많은 것을 기대해" 혹은 "우리 반 학생들 가운데 네게 거는 기대가 가장 크단다"라는 말로 대신하는 편이 더 좋은 결과를 가져온다. 감정을 일관성 있게 유지하는 교사는 학생들의 탄탄한 신뢰를 얻는다. 그렇게 되면 무엇보다 학생들과 지속적으로 우호적인 관계를 맺을 수 있다.

일반화하지 마라 : "너는 항상 그러더라"라고 말하거나 "넌 왜 늘 이렇게 하니?"라고 물어보는 것은 학생의 행동이 아니라 사람 됨됨이를 비판하는 일이다. 이러면 문제를 더 키울 뿐이다. 게다가 구체적이지도 않으므로 교정이 아닌 '적발'에 그치고 만다.

잘못된 답변에는 훈계하지도, 변명을 허용하지도 마라

학생들이 잘못된 대답을 할 때 훈계하지 마라. "아니야, 우리는 이미 그 부분을 이야기했어. 어떤 표시인지 알았어야지"라고 말하지 마라. 그렇다고 틀린 답에 대해 변명을 허용하지도 마라. "괜찮아. 그건 정말 어려운 문제였거든."

배우는 과정에서 학생들은 수시로 잘못된 답변을 할 수 있다. 잘못된 답변도 배움의 한 부분이기에 변명할 필요가 전혀 없다.

교사는 잘못에 대해 이야기하느라 많은 시간을 허비하기보다 빨리 옳은 답을 찾도록 하는 데 전념하는 편이 낫다. 예를 들어 학생이 틀린 답을 댔다면 "노아, 다시 한 번 해보자. 이 문제를 풀려면 제일 먼저 무얼 해야 할까?"라고 말하자. 이와 같은 질문을 받으면 학생들은 긴장감이 생겨 정신을 차리고 스스로 문제를 이해해 보려 노력할 것이다.

잘못된 답을 지적할 때는 최대한 빠르고 단순하게 해라. 그리고 학생들이 계속 향상될 것이라는 점을 전제로 접근해야 한다. 학생이 잘못 답하는 것은 일상적인 일이므로 부정적인 느낌을 가질 필요가 없다. 실제로 모든 학생들이 옳게 답했다면 이는 교사가 부여한 과제가 너무 쉬웠다는 뜻이기도 하다.

옳은 답변에는 호들갑을 떨지도 치켜세우지도 마라

교사가 학생의 정답이나 바른 행동에 호들갑을 떤다면 이는 학생들이 바르게 대답했다는 사실에 매우 놀랐다는 뜻을 전달하는 셈이 된다. 앞에서 말했듯이 '똑똑하다'라고 칭찬받은 학생들은 위험을 감수하지 않으려고 한다. 만약 실수를 한다면 더 이상 똑똑하다는 칭찬을 받지 못할까 봐 두려워하기 때문이다. 반면 노력에 대해 칭찬받은 학생들은 오답을 말할 위험을 감수하면서도 끊임없이 도전하고 그 과정에서 자극을 받는다.

학생이 답을 맞히면 그냥 인정을 해줘라. "맞았어, 노아. 잘했어." 물론 "정말 통찰력 있는 대답이구나, 카라. 훌륭해!"와 같이 칭찬하고 싶은 순간도 있을 것이다. 단, 그 칭찬이 지나쳐서 교사의 참뜻이 희석되지 않도록 조심해라.

우리 교실만의 즐거운 요소를 만들어라

학생들의 배우려는 노력을 인정해 주고 학습 과정에서 즐거움을 찾도록 만들어라.

　　　　　　최고의 교사들은 열정과 에너지, 재미와 유머를 넉넉히 베풀면서 가르친다. 힘든 공부에 대한 해독제로 학생들에게 즐거움을 줄 뿐만 아니라 공부 자체가 즐거운 일이 되도록 한다. 학습의 과정에서 즐거움을 발견하면 학생들은 행복을 느낀다. 이는 높은 성취를 올리는 교실을 만드는 또다른 요인이다.

　즐거움은 상황에 따라 여러 형태로 변형될 수 있다. 소란스럽게 혹은 조용히 노래를 부르거나 춤을 출 수도 있고 그 밖에 재미있고 다양한 놀이를 상황에 따라 활용할 수도 있다.

　재미있고 흥미로운 수업 방식을 찾는 것은 교사들의 주된 화두이다. 물론 즐거운 순간은 그 자체로 끝나지 않는다. 재미있고 즐거운 시간 또한 학생들이 하루의 목표를 달성하는 데 기여해야 한다. 또 빨리 찾아왔다 빨리 사라질 수 있어야 한다. 즐거움이 설교로 끝나는 것보다 더 나쁜 일도 없다. 그러므로 최고의 교사들은 학생들에게 즐거움을 나누는 것뿐만 아니라 즐거움을 관리하는 법도 가르쳐준다.

다음은 최고의 교사들이 교실에서 활용하는 재미있는 방법들이다.

경쟁을 통한 놀이

학생들은 도전과 경쟁과 놀이를 모두 좋아한다. 예를 들면 누가 더 빨리 곱셈을 하는지, 세계 여러 나라의 이름을 누가 더 많이 댈 수 있는지 겨루는 식이다. 교과 내용에 기반한 릴레이 경주도 있고 어떤 학교에서는 수학 시간에 배운 내용을 응용해 야구를 하기도 한다.

'우리만의 것' 만들기

학생들도 어딘가에 소속되었다는 사실에 기쁨을 느낀다. 교실 문화의 핵심적인 기능 가운데 하나가 구성원들로 하여금 '우리' 안에 소속되었음을 느끼게 해주는 것이다. 문화에는 독특한 언어, 이름, 의식, 전통, 노래 등이 포함되므로 얼마든지 '우리만의 것'을 만들어나갈 수 있다.

그래서 최고의 교사들은 학생들에게 소속감을 심어줄 수 있는 방법을 늘 궁리한다. 그중 하나가 바로 별명 지어주기이다. 모든 학생들에게 별명을 지어주고 교실에서 호명할 때나 복도에서 인사할 때 이름 대신에 별명을 부른다. 학생들은 별명을 지어준 사람을 자신에게 관심을 가진 사람으로 인식한다.

비밀스러운 신호나 특별한 용어를 만들어내는 경우도 있다. 때로 교사들은 말 대신 학급에서 정한 노래를 부르는데, 이 노래는 우리들의 노래이므로 모두가 가사를 알고 왜 부르는지도 안다.

어떤 교사는 개인적인 에피소드를 활용하기도 한다. 매 시험 전마다 '상황이 어려워지면 금세 포기하고 마는 내 사촌 마샤' 이야기를 들려주면서 "우리 교실에는 마샤처럼 행동하는 사람이 없어야 해요"라고 격려한다.

노래, 춤, 연극

노래, 춤, 연극 등은 학생들의 사기를 높이고 공동체 의식을 길러준다. 또한 무언가를 직접 몸으로 해보고 그와 관련된 노래를 부르는 것은 정보를 기억하는 데 효과적인 방법이기도 하다. 7학년 때 스페인어 선생님에게 배운 스페인어 가사의 〈징글벨〉은 잊어버리려고 해도 잊히지가 않는다. 이렇게 무언가에 대해 노래로 배우면, 특히 약간 우스꽝스럽거나 특별하거나 규칙적으로 부르는 노래라면 평생 기억에 남는다.

유머 활용하기

유머와 웃음은 행복의 기본 조건이다. 따라서 이 방법은 행복하고 만족스러운 교실 환경을 만들어내는 강력한 수단이기도 하다.

한 교사는 수학 시간에 노래로 수학 공식을 가르쳤다. 학생들이 노래로 학습하는 습관을 들인 후, 어느 날 교사는 원둘레 값을 구하는 노래를 학생들에게 알려주었다. "이 노래는 우리만의 비밀이에요. 아무에게도 이야기해서는 안 돼요. 누가 원둘레 값을 구하는 노래를 아느냐고 물으면 모른다고 말해야 해요. 우리는 이 노래를 모르는 거예요."

그 후 원에 대해 공부할 때마다 교사는 물었다. "자, 원둘레에 관한 노래를 알고 있니?" 학생들은 "아니요!"라고 대답했다. 이렇게 교사는 유머를 이용해 학생들이 원둘레에 관한 수학 공식을 절대로 잊어버리지 못하게 했다.

뜻밖의 상황 만들기

예상치 못했던 상황이 생기면 더 설레고 재미있고 우습고 놀랍게 마련이다. 이는 교실을 모험의 공간으로 만들어준다.

한 미술 교사는 평상시 학생들 앞에서 상자 안에 풍경, 정물, 전통 문양이 그려진 그림 등을 넣는다. 교사는 다음과 같이 말하고 수업을 시작한다. "이 비밀 상자에는 아주 재미있고 멋진 것들이 들어 있어요. 오늘 우리가 이야기할 것들이기도 하죠. 빨리 여러분에게 보여주고 싶네요." 교사는 수업 시간 중에 상자 안을 살짝 훔쳐보거나 "오! 이게 내 손을 무는걸!" 하는 식으로 과장된 연기를 한다. 그러면 학생들도 빨리 보고 싶어 안달을 낸다.

어느 3학년 교사는 어휘 카드를 넣은 봉투를 학생들에게 하나씩 나눠주고 "아직 열어보지 마. 선생님이 말할 때까지는 안 돼"라고 속삭인다. 마침내 봉투를 열어본 학생들은 자신의 카드에 적힌 단어를 확인하는 즐거움을 맛본다.

결론

다섯 가지 원칙의 시너지

강력한 교실 문화를 창조하기 위한 다섯 가지 원칙은 규율, 관리, 통제, 영향력, 참여이다. 이 가운데 어느 한 가지만 가지고 활기찬 교실 문화를 만들기는 어렵다. 때문에 교사는 다섯 가지 모두를 최대한 활용해야 한다.

예를 들어 통제를 사용하되 규율은 사용하지 않는 교사의 학생들은 뭐든 스스로 하는 법을 배우지 못하고 늘 단호한 지시만을 기다릴 것이다. 통제를 사용하지 않는 교사는 책임 지우기를 과용할 테고 결국 효과성이 훼손될 것이다. 통제와 관리 없이 참여와 영향력만 사용하는 교사는 활기차지만 비효율적인 교실 문화를 만들어 일부 학생들이 배움의 길에서 벗어나는 결과를 초래하고 말 것이다. 규율을 제대로 세우지 못한 교사의 학생들은 충분한 실천을 경험하지 못하거나 학업 성취의 습관을 배우지 못했기 때문에 성공의 준비를 철저히 갖추지 못한 채 학교라는 소우주를 떠나갈 것이다.

최고의 교실은 이 다섯 가지 원칙의 고유한 균형을 추구한다. 이렇게 생산적인 교실 문화를 만들려면 교사 스스로의 방식과 학생들에게 맞는 방식 간의 적절한 배합이 이루어져야 한다.

맺음말

끝은 또다른 시작이다

위대한 예술가, 운동선수, 음악가가 그와 같은 성취를 할 수 있는 원동력은 바로 그들이 기법의 측면에 집중하기 때문이다. 끊임없이 현실을 개선해 나가는 과정을 통해 기술에 열정이 더해지고, 이는 결국 위대한 차이를 만들어낸다. 이렇게 기법에 집중하고 끊임없이 개선해 나가는 것은 뛰어난 교사들이 가는 길이기도 하다. 그래서 나는 『최고의 교사는 어떻게 가르치는가』 초판에 100퍼센트 만족하지 못하고 계속해서 개선과 성장을 도모할 수밖에 없었다.

내가 교육을 예술에 비유한 까닭은 가르치는 일이 그만큼 어렵고 신중함과 수완을 요구하며, 각각의 기법을 익히는 데에도 일정한 기술과 노력이 필요하기 때문이다. 이 책에는 오늘날의 학교가 직면한 여러 문제 상황을 변화시키고 학업 성취 격차를 감소시킨 교사들의 지혜가 종합적으로 담겨 있다. 물론 이 책에서 소개하고 있는 기법들이 모든 교사에게 적합할 수는 없기 때문에 일부는 수정하고 보완해서 당신의 교실을 변화시킬 수 있도록 노력해야 한다.

뉴올리언스에 콜리지에이트 아카데미를 설립한 나의 동료 벤 마르코비치는 특히 학업 성적이 부진한 학생들을 모아놓고도 첫해부터 본보기가 될 만한 성과를 냈다. 셀 수 없이 자주 열었던 교사 회의와 연수를 통해 이 책에 나온 기법들을 집중적으로 활용한 결과였다.

그러나 최근 벤에게 교사들이 이 기법들을 활용할 수 있게 만든 비결을 물었을 때 그는 단호하게 말했다. "비결은 따로 없네." 그저 자신은 교사들에게 기법들을 소개하고 결과를 관리했을 뿐이라고 했다. 교사들이 이 기법들을 활용할지 말지는 각자의 자유이며, 기법은 목표가 아니라 결과를 위한 수단이라는 게 그의 주장이었다. 나는 그의 의견에 전적으로 동의한다.

나는 이 책이 다음과 같은 이유로 다른 책과 다르기를 바란다. 이 책은 특정한 이념을 지향하는 원칙이나 맹세가 아니다. 교사들이 조금이나마 수월하게 수업 목표를 성취할 수 있도록 도와주는 책일 뿐이다. 이 책이 추구하는 바는 책에 수록된 기법들을 교사들이 고스란히 받아들이는 것이 아니라, 저마다 다른 학생들의 성취에 맞게 개선하는 것이다. 아무리 좋은 생각이라도 수단이 아닌 목적이 되는 것은 바람직하지 않다.

여기 담긴 기법들은 현장에서 일하는 뛰어난 교사들을 관찰하고 분석한 결과이다. 그러나 이 책을 저술하는 몇 년 동안 나의 글쓰기 방식도 달라졌다. 이 책은 맨 처음 비범한 학교 교사 연수 자료로 시작했다가 보다 분명한 교수법 지침서로 변화했으며, 비로소 한 권의 책이 되었다가 다시 초판을 개선한 개정증보판이 되었다.

나는 독자들이 이 책을 읽는 것이 가치 있는 일이 되기를 희망하며 그만큼 개정증보판에 깊이를 더하고자 했다. 특히 뛰어난 교사들이 떠올린 값진 생각들을 빠짐없이 수록해 깊이와 집중력을 더하고자 했다.

처음에는 각 기법들의 내용도 불완전한 용어와 짧은 문단으로 기술되어 있었다. 현장의 교사들에게 이를 시도하게 하고, 응용해 보게 하고, 수업을 개선해 나가도록 하면서 비로소 이 책에서 진정으로 유용한 부분들을 완성할 수 있었다. 끊임없는 응용과 개선을 통해 원래 좋은 기법들이 더 좋은 기법으로 발전할 수 있었고, 전에는 눈에 띄지 않았던 점들이 새로 드러나기도 했다.

이 책을 읽는 동안 유용하겠다 싶었던 부분이 있다면 그것은 거기에 수많은 교사들의 쉼 없는 노력이 담겨 있기 때문이다. 끝은 또다른 시작이다.

감사의 말

지혜를 모아준 모든 교사들에게 바치는 책

먼저 유치원부터 대학원까지 내 생각을 이끌고 형성해 주었던 수많은 훌륭한 선생님들에게 감사드려야겠다. 우드 에이커스 초등학교의 코스그로브 선생님은 3학년이었던 내게 수학의 문을 열어주었다. 7학년 때 웨스턴 중학교의 루이스 선생님은 주제 단락을 '올바르게' 쓰는 방법을 가르쳐주었다. 이 기술을 깨우친 후로 대학 때까지 줄기차게 활용할 수 있었다. 12학년 역사 시간에 『캔터베리 이야기』를 읽을 필요가 없다고 생각했다가 월트 휘트먼 고등학교의 길홀 선생님 덕분에 더듬더듬 본문을 읽어보고서 중세 사람들이 실제로 꽤 재미있었다는 사실을 알게 되었다.

정말 사랑했던 선생님들이 있다. 졸업 후에도 오랫동안 찾아갔던 코스비 선생님. 약간 딱딱해 보일 수도 있지만 영어 수업은 텍스트에 집중해야 하며 정확한 해석이 중요하다고 주장했던 엄격한 시몬스 선생님도 있다. 시몬스 선생님은 어린 내가 좋아했던 신나는 일들을 허락하지 않았기에 안타

깝게도 졸업 후 다시 만날 생각은 하지 못했다. 하지만 문학작품을 집중적으로 철저하게 읽는 법을 처음 가르쳐준 분이기에 어른이 된 후로 선생님 생각을 100번 정도는 했을 것이다.

내게 『노인과 바다』를 건네준 선생님은 누구였더라? 헤밍웨이의 이 소설은 내게 진심으로 말을 건 최초의 책이었다. 부모님이 외식을 발표한 날 밤, 나는 집에 혼자 남아 책을 읽기로 결정했다. 아마 열한 살이나 열두 살 무렵이었을 것이다. 당시 내게는 어려운 책이었지만 유난히 기대치가 높았던 어느 선생님 덕분에 우연히 내 손에 들어왔을 것이다. 그런데도 그 책을 내게 준 선생님이 누구였는지는 끝내 기억이 나지 않는다.

당연히 지금 나의 직업도 여전히 선생님들에게 배우는 것이다. 주제는 바뀌었지만 원칙은 같다. 내게는 아직도 수업을 관찰할 수 있게 아량을 베풀어 깊이 있고 지속적인 것들을 가르쳐주는 선생님들이 많다. 그 순간 곧바로 알아보는 것도 있고 나중에야 불현듯 깨닫는 것도 있으며 시간이 한참 흐른 후에야 비로소 알게 되는 것도 있다.

그들이 내게 가르쳐준 것들이 이 책의 요점이 되었지만, 어쩔 수 없이 이름을 모르는 분들도 많다. 이 기회에 동료이자 성가신 외부인으로서 내게 수업 관찰과 연구를 허락해 준 모든 교사들에게 감사의 말씀을 드리고 싶다. 그들에게 배운 것을 다른 이들과 공유하는 것은 내게 떨어진 크나큰 책임이다.

'내가' 배워온 것들은 사실 '우리가' 배워온 것들이다. 여기서 '우리'는 '비범한 학교'의 최고의 교사 팀이다. 존 코스텔로, 댄 코튼, 콜린 드리그스, 호아킨 에르난데스, 젠 킴, 트레이시 코렌, 롭 리처드, 에리카 울웨이에게 감사를 전한다. 이들은 교육에 대한 이해와 교수법에 대한 사랑은 말할 것도 없고 교육에 대한 끊임없는 통찰력으로 나를 도와주었다. 이 책에 유독 좋은 생각이 담겨 있다면 아마 그들의 생각일 것이다. 이보다 더 즐거운 팀은 없다.

그 밖에 비범한 학교의 동료들, 특히 우리 학교의 지도자들, 동료 관리자들, 대표이사 브렛 페이저를 비롯해 우리와 함께해 온 수많은 분들에게 감사드린다. 나는 교육에 관한 깊이 있는 성찰을 갖춘 비범한 학교의 일원임이 자랑스럽다. 비범한 학교는 훌륭한 교사진과 수업으로 가득한 조직, 그리고 무엇보다 훌륭한 가르침을 중시하는 조직을 만들어주었다. 이곳에서 일하면서 갖게 되는 유일한 걱정은 내가 하는 일이 적어도 동료들의 노력만큼은 가치를 지녀야 한다는 부담감이다.

글쓰기는 시간이 오래 걸릴 수 있다. 그런 면에서 이 책의 출판을 처음 생각해 내고 흔들림 없이 지지해 준 편집자 케이트 가뇽의 통찰력과 인내심에 고개를 숙인다. 그녀를 비롯해 데브라 헌터, 레슬리 이우라를 포함한 출판편집 팀은 온갖 방식으로 이 책이 빛을 볼 때까지 거들어 주었고 교사들에게 도움이 될 수 있다는 잠재력을 끝까지 믿어 주었다. 또 편집자 닉 앨버트의 길잡이가 없었다면 개정증보판이 나오기는 어려웠을 거라고 고백한다.

나 자신을 전문적인 작가로 여기기 시작한 것은 불과 최근의 일인데, 이는 모두 레이프 사갈린의 덕분이다. 레이프는 에이전트라기보다 생각의 동반자에 가깝고 나의 노력이 사람들에게 유익할 수 있다는 사실을 깨닫게 도와주었다. 글쓰기에 대한 전망을 찾아주고 구체적인 실현을 목표로 삼아 슬기롭게 길을 안내해 준 그에게 진심으로 고맙다는 말을 하고 싶다.

이 책과 교사 연수 프로젝트를 지원해 준 뉴욕의 카네기재단과 컨패밀리재단에도 감사의 인사를 드린다.

무엇보다 대범하게 프로젝트를 시작하고 뉴어크 노스스타 아카데미를 설립한 후 비범한 학교와 릴레이 교육대학원을 설립한 노먼 앳킨스가 있다.

노먼은 빈곤층 학생들과 특권층 학생들의 성취도 격차를 줄일 수 있다고 믿고 다양한 프로젝트를 실현하고자 노력해 왔다. 그 프로젝트 가운데 하나가 바로 최고의 교사들이 교실에서 이룬 기적을 종합해 책으로 묶어내는 것이었다. 노먼은 내가 바로 그 일의 적임자라고 생각했다. 그의 의지와 신념, 그리고 아낌없는 지지에 대해 진심 어린 감사의 말을 전하고 싶다.

사랑하는 세 아이를 보며 나는 부모가 아이들을 교육의 길로 보낼 때 그곳에서 헌신하는 교사와 학교가 있다는 사실을 매일 깨닫게 된다. 아이들 덕분에 나 또한 이 일에 최선을 다해야 한다고 결심한다. 지칠 때면 아이들과 함께하는 순간이 얼마나 즐겁고 감사한지 생각하고 다시 힘을 얻는다. 아이들은 재미있고 사려 깊으며 독립적인 영혼을 지니고 내게 찾아온 귀한 선물이다. 아무리 멀리 떨어져 있어도 언젠가 아이들과 함께 저녁 식사를 하고 잘 자라는 인사를 해줄 수만 있다면 견디지 못할 역경은 없는 것 같다.

마지막으로 아내 리사에게 가장 큰 마음의 빚을 졌다. 내가 앞으로 해나갈 가장 중요한 일의 책임과 기쁨을 리사와 함께 하고 있다. 바로 우리 아이들을 키우는 일이다. 리사가 몇 년 동안 내가 맡아야 할 양육의 '절반'을 상당 부분 떠안아준 덕분에 이 책도 쓸 수 있었다. 리사가 했던 그 모든 일에 대해 감사한다.

그리고 무엇보다 햇살 같은 당신에게 감사한다.

최고의 교사는 어떻게 가르치는가 2.0

초판 1쇄 2016년 9월 5일
초판 10쇄 2024년 5월 15일

지은이 | 더그 레모브
옮긴이 | 이주혜
감수 | 구정화
펴낸이 | 송영석

주간 | 이혜진
편집장 | 박신애 **기획편집** | 최예은 · 조아혜 · 정엄지
디자인 | 박윤정 · 유보람
마케팅 | 김유종 · 한승민
관리 | 송우석 · 전지연 · 채경민

펴낸곳 | (株)해냄출판사
등록번호 | 제10-229호
등록일자 | 1988년 5월 11일(설립일자 | 1983년 6월 24일)

04042 서울시 마포구 잔다리로 30 해냄빌딩 5 · 6층
대표전화 | 326-1600 **팩스** | 326-1624
홈페이지 | www.hainaim.com

ISBN 978-89-6574-559-4

파본은 본사나 구입하신 서점에서 교환하여 드립니다.